Découvrez l'histoire par les archives de presse

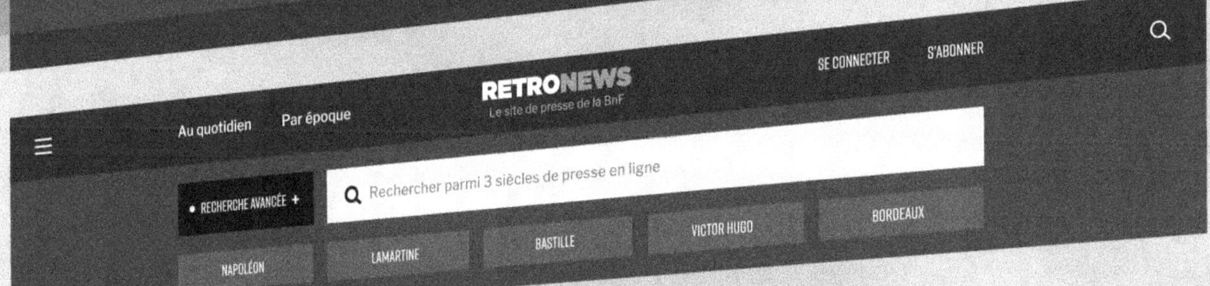

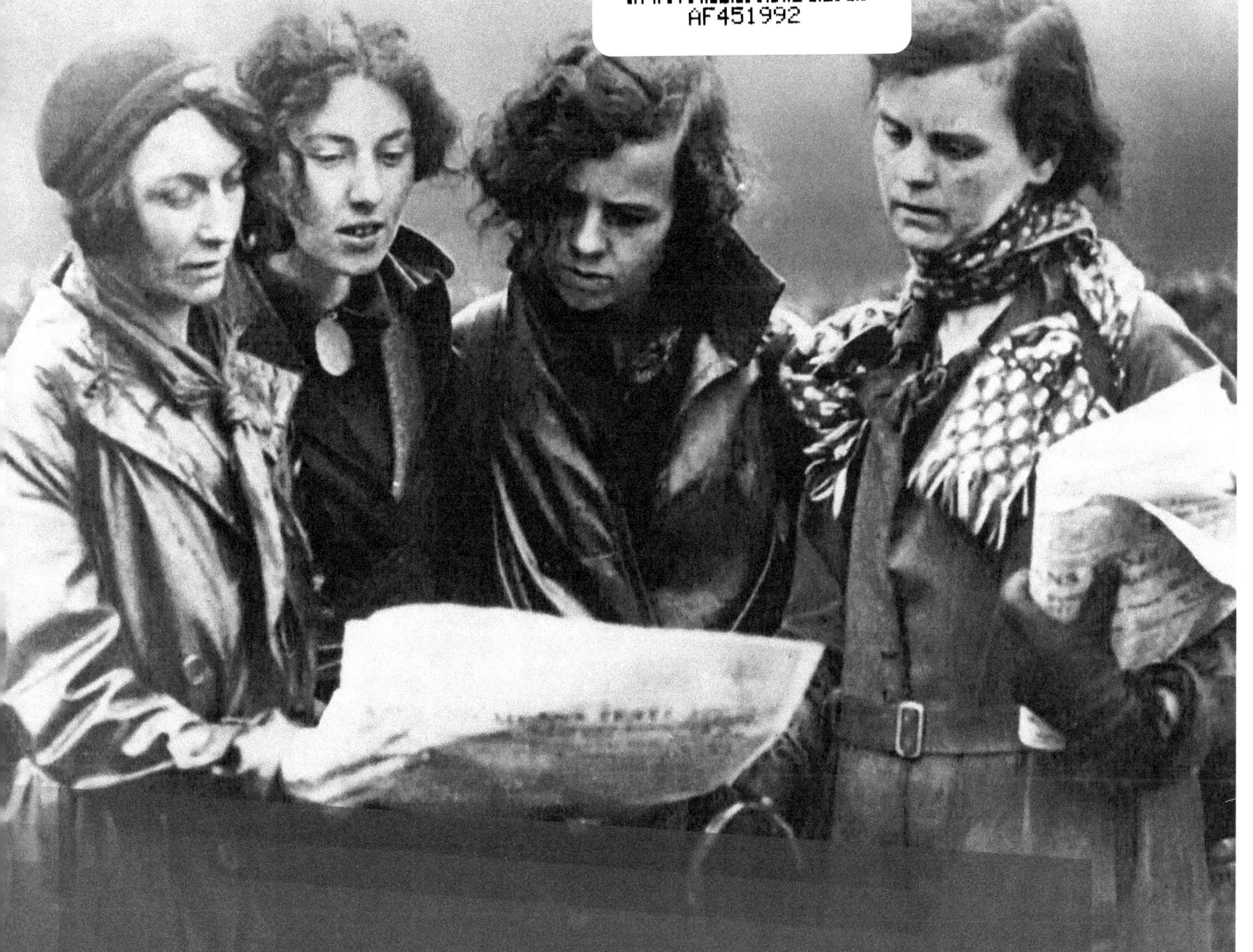

RETRONEWS

Le site de presse de la BnF

www.retronews.fr

ESSAIS D'ART LIBRE

ESSAIS

D'ART LIBRE

REVUE MENSUELLE

TOME QUATRIÈME

Août 1893-Janvier 1894.

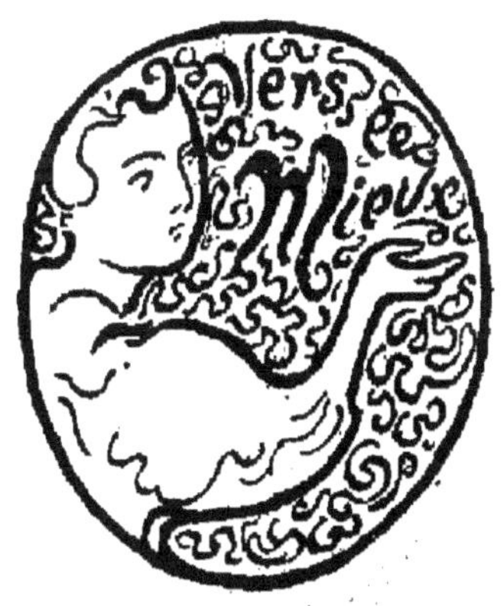

PARIS

ADMINISTRATION ET RÉDACTION DES ESSAIS D'ART LIBRE

8, rue Jacquier, 8.

E. GIRARD ÉDITEUR

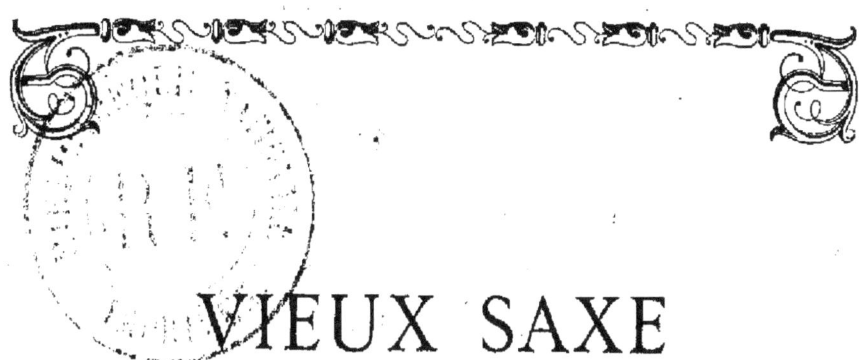

VIEUX SAXE

V.

LES FUNÉRAILLES D'UN SIÈCLE

PERSONNAGES

LA COMTESSE SILVIA.
LE MARÉCHAL.
LE BARON AGÉNOR.
LA BARONNE HORTENSE.
LE COMMANDEUR.
UN JEUNE HOMME.
LA PRINCESSE.
LA DOUAIRIÈRE.
LE PRÉSIDENT.
LE CONSEILLER.
CINCINNATUS.
PLUSIEURS PRISONNIERS,
DEUX COMMISSAIRES.
UN GUICHETIER.

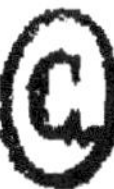

Les Funérailles d'un Siècle

La salle commune dans la prison de la Conciergerie. — Étroites fenêtres grillées.
— A droite, portes donnant sur les cellules ; au fond, grande porte de chêne
garnie de barres de fer.

SCÈNE PREMIÈRE

UN GUICHETIER, UN COMMISSAIRE, CINCINNATUS.

LE GUICHETIER.

Ça ira ! citoyen commissaire ; nous en avons ici cinquante de ces sacrés bougres d'aristocrates ! Et ne te gêne pas pour en envoyer d'autres, on sait le moyen de faire de la place, n'est-ce pas, Cincinnatus ?

CINCINNATUS.

Oui.

LE GUICHETIER, enflant la voix.

« Élargissez Monsieur! » J'ai siégé à l'Abbaye. Vois-tu,
citoyen commissaire, le tribunal est trop lent : plus on
en saignera de ces cochons, mieux ça ira! Les fournées,
les fournées, tonnerre de Dieu! Je ne sais pas pourquoi
les chariots ne sont pas venus hier; on disait pourtant
qu'on allait purger les prisons.

LE COMMISSAIRE.

Oui, oui. N'est-ce pas l'heure de la promenade en
commun, citoyen guichetier? Tu oublies de sonner la
cloche.

LE GUICHETIER.

Ces bougres là! c'est moi qui les ferais promener...
jusqu'à la place de la Révolution! Patience, patience,
leur tour viendra! (Il sort.)

CINCINNATUS, vite et bas.

Eh bien, quelles nouvelles?

LE COMMISSAIRE, même mouvement.

Bonnes. C'est pour aujourd'hui. Nous jouons le tout
pour le tout; il a les Jacobins, mais nous avons la Convention... Je vais essayer de gagner un jour encore : un
jour de sursis, peut-être est-ce le salut. (Une cloche tinte.)
La cloche! je ne veux pas les voir! Adieu et prends
garde! (Il sort.)

SCÈNE II.

LE MARÉCHAL, LE COMMANDEUR.

LE MARÉCHAL.

Ce n'est pas la mort qui m'effraie, mon vieux Commandeur, mais cette incertitude horrible! C'est avant-hier que leur tribunal de sang nous a condamnés. Pourquoi les chariots ne sont-ils pas venus hier, pourquoi?

LE COMMANDEUR.

Avez-vous soif de la mort, Monsieur le Maréchal?

LE MARÉCHAL.

Je ne la désire pas plus que je ne la crains. Je l'ai vue passer bien des fois sur les champs de bataille, sans que je détourne la tête pour l'éviter. Je ne demande qu'à la la voir venir en face et vite... ou s'éloigner.

LE COMMANDEUR.

Ce répit est peut-être notre salut! (Bas.) Vous savez qu'un complot grandit contre nos tyrans; il devait éclater dans la première décade de thermidor, comme ils disent; c'est après-demain qu'elle finit. On n'entend rien à travers ces épaisses murailles, mais qui sait si dehors la révolte n'a pas commencé?

LE MARÉCHAL.

Dieu vous entende, mon ami, non pour moi, mes jours sont comptés, mais pour vous, pour votre pauvre nièce et son mari, pour tous nos amis d'ici... et pour elle, pour elle! Ma fille, ma pauvre enfant, tant de douleurs, tant de larmes, tant de deuils! Quand je pense à tout cela, je ne puis retenir mes larmes. Ce serait horrible!... (Il pleure.)

LE COMMANDEUR.

Calmez-vous.

LE MARÉCHAL.

Ah! les hommes de proie! Ils peuvent bien me prendre, moi son père; je ne suis qu'un vieillard inutile, et quand ils ont tué le roi, ils n'ont pas à épargner le plus fidèle de ses gentilshommes. Ils ont massacré son mari, mais c'était un homme, et il s'est défendu, tandis qu'elle, elle, une femme, une enfant! Avez-vous entendu son acte d'accusation, hier? une seule ligne : « Tête à guillotiner sans rémission. » Les lâches! les lâches!...

LE COMMANDEUR.

Ma nièce aussi. Pauvres enfants, toute deux unies jusque dans la tombe.

LE MARÉCHAL , sanglotant.

Ils l'ont condamnée, condamnée à mort! Elle aussi, sur la charrette, les mains derrière le dos, comme une empoisonneuse, elle, ma joie et mon amour, elle, la chair de ma chair, elle montera les degrés elle s'agenouillera, elle tendra son beau cou... Ah! non, non, non! On ne tue pas les femmes!

LE COMMANDEUR.

Du courage, mon vieil ami! La Comtesse ne s'est-elle pas déclarée enceinte? Un sursis, c'est le salut!

LE MARÉCHAL , d'une voix sourde.

Ce n'est pas elle qui l'a déclaré, c'est moi. Nous étions

là tous à l'en supplier; un mot pouvait la sauver, elle ne l'a pas dit. Alors, j'ai feint de me résigner, mais j'avais reconnu parmi les guichetiers, un ancien laquais du Comte, déguisé en Cincinnatus; il s'est laissé attendrir; j'ai fait la déclaration et je l'ai signée du nom de la Comtesse... C'est un mensonge, je le sais, mais je ne crois pas avoir à en rougir, puisque c'est pour sauver mon enfant.

LE COMMANDEUR.

Pardieu, oui, Maréchal, j'aurais fait de même pour ma pauvre nièce, si je l'avais pu. Mais je ne sais quel pressentiment me dit que nos angoisses sont vaines, et que ce jour verra notre salut à tous, oui, à tous, mon vieil ami! (Il lui serre la main.)

LE MARÉCHAL , secouant la tête.

Croyez-vous que je tienne à la vie? L'échafaud n'aura que mon corps, car mon âme est morte. J'ai vu périr tous les miens, assassiner par une horde de brigands ma femme, ma pauvre chère Maréchale, aveugle et infirme, qui se traînait en m'appelant... J'ai reconnu sa voix, vous dis-je; je n'ai pas même pu la venger, j'avais quatre-vingts ans et j'étais seul. J'ai fui mon château en flammes, mes terres confisquées, mes vassaux révoltés; j'ai cherché refuge ici, auprès de mon gendre, et je n'ai trouvé que son cadavre. Depuis lors je n'apprends que des morts, je ne vois que des désastres. La veille de mon arrestation, j'ai croisé l'horrible charrette; j'ai reconnu le Duc, le fils de mon plus vieil ami, et sa femme; il se sont inclinés de mon côté comme pour demander ma bénédiction; et maintenant, je perds ma fille, ma fille`

adorée... Ah! Commandeur, croyez-vous que je tienne
à la vie?

LE COMMANDEUR.

Hélas! qui pourrait y tenir? Nous ne voyons que du
sang, nous ne respirons que du sang! De mes yeux aussi,
j'ai vu tomber le Comte, votre gendre, et j'ai pleuré de
rage de ne l'avoir pu sauver!

LE MARÉCHAL.

Vous le connaissiez mieux que moi.

LE COMMANDEUR.

C'était un noble cœur; je n'ai point su d'âme plus
douce ni plus fière.

LE MARÉCHAL, d'une voix brisée.

Il aimait bien ma fille.

LE COMMANDEUR.

C'était un noble cœur; jamais il ne fut au dessous de
sa fortune; à l'assemblée de sa province comme aux
États généraux, nul ne l'a dépassé en dévouement au
roi et à la nation. C'était une âme antique; il a été blessé
aux journées d'octobre, emprisonné au 20 Juin, pros-
crit au 10 Août, massacré en Septembre; l'émeute l'a
toujours trouvé en travers de sa route; il n'a jamais reculé devant le despotisme, de quelque côté qu'il vint;
il a toujours combattu pour la liberté, et c'est pour
elle qu'il est mort.

LE MARÉCHAL.

Il aimait bien ma fille.

LE COMMANDEUR.

J'étais sur la terrasse des Feuillants quand je l'ai vu
de loin entourer par une bande d'hommes à piques; il

a essayé de les calmer. Au milieu de leurs cris de mort, je l'entendais : « Mes amis, mes amis... » puis il s'est affaissé ; il a voulu mettre l'épée à la main, mais de nouveaux coups l'ont abattu. Il est beau, pour un magistrat du peuple, de mourir pour la liberté.

LE MARÉCHAL, relevant la tête.

Il est plus beau encore de mourir pour sa patrie ; les os de nos ancêtres ont blanchi sur vingt champs de bataille ! Ah ! plutôt mille fois cela que mourir sur l'échafaud aux ignobles huées de la populace ! Heureux encore si je meurs seul, et je parviens à la sauver !

LE COMMANDEUR.

Prenez garde, Monsieur le Maréchal, la voici.

SCÈNE III.

LES MÊMES, LA COMTESSE.

LE MARÉCHAL, recevant la Comtesse dans ses bras.

Ma fille, vous êtes pâle et tremblante ; quel malheur nouveau, plus grand que ceux que nous connaissons ?

LA COMTESSE, abattue.

Ah ! mon père, l'horrible réveil chaque jour... Ces crieurs qui viennent hurler sous les grilles de la prison leurs listes de mort pour que chacun puisse entendre les noms de ceux qu'il aime, ou qu'il connaît ! Hélas !

ce sont les seules nouvelles que nous ayons du dehors,
et elles sont atroces...

LE MARÉCHAL.

Qui donc encore?

LA COMTESSE.

Vous rappelez-vous, mon père, qui nous appelions
le petit Abbé? Il était à la Conciergerie depuis trois jours,
et je viens d'entendre son nom parmi les exécutés d'hier.

LE COMMANDEUR.

Pauvre petit Abbé, ce n'était qu'un enfant blond et
rose quand nous l'avons connu. Que Dieu ait son âme!

LA COMTESSE.

On l'a vu passer hier soir; il était sur la troisième
charrette, et il souriait, quoiqu'un peu pâle... A quels
jours heureux ce souvenir me ramène?... Pauvre Marquise, elle qui l'aimait si sincèrement, si elle venait à
apprendre l'affreuse nouvelle...

LE MARÉCHAL, triste.

Elle ne peut plus l'apprendre, ma fille.

LA COMTESSE, avec angoisse.

Quoi! la Marquise?

LE MARÉCHAL.

Ma fille, du courage!... (Après un silence.) La Marquise a
été exécutée la semaine dernière, en province, avec sa
fille aînée, une enfant de dix-huit ans.

LA COMTESSE.

Grand Dieu! mais c'est horrible! c'est horrible! Que
leur avons nous fait, pour qu'ils poursuivent avec tant
de fureur notre mort? Vous étiez si bon, mon père; et
moi-même, pourquoi demandent-ils ma tête?

LE MARÉCHAL.

Ne parlez pas ainsi, Silvia. L'échafaud, c'est bon pour nous autres, ce n'est que voler quelques heures à la vie, mais vous si jeune, si belle, vous ne pouvez pas, vous ne devez pas mourir !

LA COMTESSE.

Ah ! mon père, voudriez-vous m'ôter le seul bonheur qui me reste, celui de mourir avec vous ? Que ferai-je, quand j'aurai tout perdu, enfant, mari, père, à survivre ici-bas comme une statue du Deuil. Oh ! si ma vie pouvait racheter la vôtre !... (Au Commandeur.) N'est-ce pas vous, Commandeur, qui avez empêché mon père d'émigrer ?

LE MARÉCHAL.

Je ne m'en repens pas, ma fille. Oh ! je ne blâme pas non plus les beaux jeunes hommes qui se sont levés à l'appel de leurs princes ; vous savez que je ne partage pas sur ce point vos idées. Mais, à mon âge, on ne quitte pas le sol des ancêtres ; le rôle de martyr est celui qui sied à un vieillard.

LE COMMANDEUR.

Et d'ailleurs, là-bas non plus, même quand on cherche la mort du soldat, toujours souriante, on n'est pas à l'abri de l'autre. Le Chevalier, ce grand jeune homme qui avait jadis donné le signal du départ pour Coblentz, a été fait prisonnier ; il est monté sur l'échafaud, à Strasbourg.

LA COMTESSE.

Encore lui ! Nous sommes donc les derniers survivants de tout le monde ? La main de Dieu est sur nous...

Embrassez-moi mon père, vous n'aurez bientôt plus de fille.

LE MARÉCHAL , l'entourant de ses bras.

Tais-toi, Silvia, tais-toi, par pitié! Je te dis que tu vivras, entends-tu? je t'ordonne de vivre!

LE COMMANDEUR.

Voici nos compagnons d'infortune; peut-être sauront-ils quelques nouvelles.

SCÈNE IV.

LES MÊMES, NOMBREUX PRISONNIERS.

(Le Maréchal et la Comtesse s'éloignent.)

LE COMMANDEUR.

Ma nièce, où donc est-elle?

LE BARON.

Dans sa cellule à réparer sa rob e.(Souriant.) On n'a pas songé à nous laisser nos gens. Je pense qu'elle descendra bientôt, ne serait-ce que pour vous embrasser; qui sait si ce ne sera pas pour la dernière fois?

LE COMMANDEUR.

Alors, cet appel de mort qu'on n'a pas fait ici...

LE BARON.

On l'a fait dans les autres pavillons : soixante-douze tête...

LE COMMANDEUR.

C'est notre dernier espoir qui s'envole...

(Ils s'éloignent.)

LA PRINCESSE, à un homme vêtu simplement qui la conduit.

Nous y voici; je vous remercie de votre obligeance, Monsieur.

L'HOMME, s'inclinant.

Madame la Princesse, c'est moi qui vous baise respectueusement la main.

LE MARQUIS.

Eh quoi, Monsieur Pons, vous faites la cour à Madame, vous n'y pensez donc pas? on va vous élever jusqu'à nous.

L'HOMME.

Jusqu'à six pieds au-dessus du sol...

(Ils s'éloignent.)

PREMIER PRISONNIER.

C'est vrai, mais j'espère quand même; d'étranges bruits de salut s'éveillent dans l'air; un grand mouvement se prépare...

SECOND PRISONNIER.

Nous en avons tant vu de ces grands mouvements!... C'était Condé qui arrivait avec ses gentilshommes, Brunswick qui était à douze heures de Paris, Monsieur qui débarquait au Havre, les Vendéens qui marchaient sur la capitale!... Ce serait folie d'y croire encore.

PREMIER PRISONNIER.

Non, car ils en sont réduits à se manger entre eux; si Robespierre est renversé, ce sera par ses complices dont il a juré la mort, Tallien, Chénier, Collot, que sais-je?

SECOND PRISONNIER.

Et que gagnerions-nous au change? Tallien est un bourreau, Chénier a fait emprisonner son frère!

PREMIER PRISONNIER.

Non, c'est pour le sauver qu'il joue sa tête. Mais prenons garde, les guichetiers nous écoutent...

(Ils s'éloignent.)

LE MARQUIS.

Eh bien! Madame la Princesse, commencez-vous à vous accoutumer à ce nouveau genre de vie?

LA PRINCESSE.

Il faut avouer, Monsieur le Marquis, que cela me change étrangement de mes anciennes habitudes, et que la présence de mes nouveaux laquais (Montrant les guichetiers.) n'est pas pour me consoler de l'absence de mes gens, mais ceci n'est pas sans curiosité, et je ne regrette point de l'avoir vu. Savez-vous que nous nous sommes amusées comme des folles hier? nous faisions répétition de notre prochain spectacle; c'était charmant. (A un prisonnier qui passe.) N'est-il pas vrai, Monsieur? Vous vous acquit-tiez à merveille de votre rôle.

TROISIÈME PRISONNIER.

Il était si facile Madame; j'étais accusateur public, je requérais toujours la mort, et ne me trompais jamais.

UN QUATRIÈME.

Et moi, j'étais juré; je votais toujours la mort, et ne me trompais pas davantage.

UN CINQUIÈME.

Tandis qu'il n'est pas commode pour l'accusé de trouver une pensée fine... Ne rien dire, il semble qu'on a peur; parler c'est presque de l'affectation; le rôle est embarrassant.

LE MARQUIS

Le plus simple est encore de hausser les épaules, comme Biron.

LE QUATRIÈME.

De refuser de répondre.

UNE JEUNE FEMME.

Non, de se défendre avec simplicité, comme a fait le roi; ils s'imaginent alors qu'ils ont jugé sérieusement, et peut-être cela diminue-t-il leurs remords.

LE TROISIÈME.

Il est bien plus commode en effet d'être exécuté, c'est ce qui a le mieux réussi dans notre répétition d'hier. Savez vous, Mesdames, que vous nous êtes fort supérieures de ce chef? C'est désespérant, nous aurons toujours l'air emprunté là-dessus...

LE QUATRIÈME.

Manque d'habitude.

LE TROISIÈME.

C'est pour cela que nous répétons.

LA PRINCESSE.

On sait si bien mourir aujourd'hui! D'ailleurs, c'est facile, rien à dire...

LE CINQUIÈME.

Comment rien à dire! mais j'espère bien...

UNE VIEILLE DOUAIRIÈRE.

N'allez pas haranguer le peuple, Monsieur; il n'y a rien de plus mauvais genre aujourd'hui.

(D'autres groupes passent.)

UN CONSEILLER.

Quoi! vous ici, Monsieur le Président! Vous ici!

LE PRÉSIDENT, souriant.

Eh oui, mon cher Conseiller, je me suis avisé sur mes
vieux jours d'être un mauvais sujet, et de me faire mettre en prison.

LE CONSEILLER, hochant la tête.

Ah! Monsieur, qui nous aurait prédit ceci, quand
nous nous rencontrions chez M. d'Espréménil, avant
les États Généraux!

LE PRÉSIDENT.

Et vous aussi, quoique du ci-devant Parlement, avez
fait le mauvais sujet?

LE CONSEILLER.

Mais, pas du tout, Monsieur le Président, je n'ai rien
fait, rien dit; c'est une déplorable erreur. Certes, je ne
suis pas inquiet sur mon compte, mon acte d'accusation
est un tissu de contradictions; j'ai passé la nuit à préparer ma défense; j'ai hâte d'aller devant le tribunal révolutionnaire. Oh! je ne voudrais pas être à la place de
mes juges, je les embarrasserai bien.

LE PRÉSIDENT.

Persévérez dans cet espoir, Monsieur le Conseiller.
(Fredonnant.)

   « L'espoir, il est vrai, nous soulage
   « Et nous berce, un temps, notre ennui. »

Ce que vous dites de votre acte d'accusation ne m'étonne
guère, j'ai lu le mien... Si cela avait encore le sens
commun!...

(Ils s'éloignent.)

SCÈNE V.

LA COMTESSE, UN JEUNE HOMME.

LE JEUNE HOMME.

C'est vous enfin, Madame; je vous cherchais partout!
Si vous saviez mes angoisses depuis deux jours que nos
bourreaux nous privent de ces réunions, notre unique
mais si grande joie. Je tremblais à l'idée de ne plus vous
revoir... Le bruit a couru que vous étiez passée avant-
hier devant le tribunal révolutionnaire. Heureusement
il n'en est rien.

LA COMTESSE.

Si, Monsieur, j'ai comparu avant-hier.

LE JEUNE HOMME.

Vous!

LA COMTESSE.

Avec mon père, le Commandeur, et bien d'autres
encore... Nous avons été tous condamnés à mort, naturellement.

LE JEUNE HOMME.

Mais alors, on vous a fait grâce; l'exécution a toujours lieu le lendemain...

LA COMTESSE, secouant la tête.

On nous a seulement oubliés. Ce qui n'était pas pour
hier sera pour aujourd'hui.

LE JEUNE HOMME.

Oh! je vous en supplie, Madame, ne parlez pas ainsi; laissez moi croire au salut; un jour c'est peut-être notre vie à tous; demain Robespierre sera renversé.

LA COMTESSE.

Je sais que vous êtes bon, Monsieur, mais ne me plaignez pas trop, car je ne me plains pas moi-même; la mort de mon enfant, de mon mari, de ma mère, la condamnation de mon père ont rompu tous les liens qui me retenaient ici bas; je ne courrai pas à la mort, mais je ne lui résisterai pas, non plus.

(Le jeune homme s'éloigne.)

LA BARONNE, entrant et courant à la Comtesse.

Silvia, ma chère Silvia! (Elles s'embrassent.) Je n'osais pas descendre de ma cellule à l'idée d'apprendre une horrible nouvelle.

LA COMTESSE.

Les chariots ne sont pas venus hier...

LA BARONNE.

Serait-ce la fin de ce cauchemar atroce?

LA COMTESSE.

On nous a seulement oubliés, et l'échafaud a eu hier sa ration accoutumée, ou presque... Quel crime avons-nous donc commis pour que la mort nous fauche tous? Je viens encore d'apprendre d'autres deuils...

LA BARONNE.

Oui, je sais, l'Abbé et le Chevalier; cela nous reporte bien loin, ma chère Silvia, à nos années de jeunesse...

LA COMTESSE.

Nous étions folles; nous cherchions le bonheur où il n'était pas.

LA BARONNE.

Et non pas où il est, dans l'amour des siens.

LA COMTESSE, d'une voix sourde.

Dans la mort!

(La Baronne s'éloigne.)

LE JEUNE HOMME, revenant à la Comtesse.

Ah! Madame, je viens de voir M. le Maréchal; l'espoir dont il est rempli me gagne : vous vivrez, Madame, vous vivrez!

LA COMTESSE.

Mon bon père m'aime tant qu'il ne peut se résigner à désespérer; je ne sais comment l'y amener, et je vous supplie de m'y aider, Monsieur, car le réveil serait trop cruel.

LE JEUNE HOMME.

Je vous dis que vous vivrez, Madame. Ce n'est point imagination mais connaissance de manœuvres que vous ignorez encore.

LA COMTESSE, avec amertume.

Sauveront-elles aussi mon vieux père? Ressusciteront-elles ma mère et mon mari? Ne parlez pas ainsi, Monsieur, je vous le répète, je n'existe plus... (Avec une voix plus douce.) Pensez plutôt à vous-même qui êtes si jeune, si plein de vie et de génie, qui voulez vivre et qui vivrez. (Elle le calme en lui prenant les mains; puis, d'une voix caressante.) Répondez-moi donc, vous ne m'avez pas encore parlé de vous; comment vous trouvez-vous?

LE JEUNE HOMME, avec un sourire triste.

Toujours plus tranquille.

LA COMTESSE.

Que je suis fière de vous avoir calmé, car c'est moi, n'est-ce pas? qui vous ai calmé. Vous souvient-il du premier jour où je vous vis, l'air enflammé, tonner d'ardentes imprécations contre nos bourreaux? Savez-vous que vous me fîtes peur?

LE JEUNE HOMME.

J'avais tort, je l'ai bien compris à votre entrée dans vos longs vêtements de deuil. J'ai cru voir le génie du martyre qui venait humilier ma colère.

LA COMTESSE, à demi-voix.

Il y a pourtant des colères vengeresses

LE JEUNE HOMME, s'exaltant.

Ah! ne me le dites pas, Sylvia. Je sens bouillonner en moi de longs flots de haine, et c'est vous seule qui les empêchez de déborder, vous pourtant dont ils voudraient la mort!... Je ne pourrais donc pas les pétrir dans leur fange, les marquer d'un fer rouge, leur cracher au visage, ces assassins! ces lâches!

LA COMTESSE.

Par pitié, calmez-vous!

LE JEUNE HOMME.

Est-il donc défendu de maudire l'infamie? Suis-je au-dessus de la nature humaine? Et que dis-je de moi? ne les maudissez-vous pas de même? Ne vous ont-ils pas tuée, vous aussi, Silvia, dans votre mari, dans votre mère, dans votre père qui va monter sur l'échafaud avec ses cheveux blancs...

LA COMTESSE, *se tordant les mains.*

Ah! ne me parlez pas ainsi, vous êtes trop cruel!... Oubliez-vous la promesse que vous m'avez faite? Hélas! le roi n'a-t-il pas pardonné à ses bourreaux?

LE JEUNE HOMME.

Le roi porte malheur à qui l'approche; tous ceux qui l'ont défendu devant la Convention sont morts ou proscrits; je suis le dernier.

LA COMTESSE.

Mais non; vous ne pouvez pas mourir; vous êtes trop jeune, trop beau et trop grand! On ne tue pas les cygnes, même en temps de révolution.

LE JEUNE HOMME.

Que m'importe à présent? Moi aussi j'ai hurlé de haine et sangloté d'angoisse; je me suis débattu sous l'horrible vision du couteau sanglant et j'ai pleuré comme femme... Maintenant mon désespoir est paisible, j'attends la mort sans la désirer ni la craindre...

LA COMTESSE, à demi-voix.

Rien ne vous attache à la vie?

LE JEUNE HOMME.

Non.

LA COMTESSE.

Votre frère?

LE JEUNE HOMME.

Il ne peut rien pour moi.

LA COMTESSE, à demi-voix.

N'aimez-vous ici-bas personne?

LE JEUNE HOMME, bouleversé.

Ah! Silvia, s'il m'étais permis, si quelqu'un voulait

m'aimer comme je l'aime! Je ne veux pas y penser car
j'en mourrais!... Dieu! que ce serait doux, vivre ensemble, tous deux seuls, loin de ces prisons, loin de ces
échafauds, loin de ces mares de sang, dans un désert
quelconque, bois, montagnes, grèves... Vivre avec...

LA COMTESSE.

Monsieur...

LE JEUNE HOMME, avec un cri déchirant.

Silvia!

LA COMTESSE, pâle, fermant les yeux.

Je suis veuve, je ne m'appartiens pas, et les chariots
vont venir.

LE JEUNE HOMME.

Et pourtant, jamais amour plus pur ni plus chaste ne
m'a embrasé l'âme! Votre seul regard a dissipé les
ombres légères qui voltigeaient dans mon esprit; elles
s'effacent toutes devant votre beauté radieuse! Ah! vous
pourrais-je seulement nommer dans mes vers, vous que
je respecte conme une sainte, et qui me faites trembler
comme une déesse!... Silvia, Silvia! ne m'entendez-vous
pas? Et que nous importe la mort? je vous aime, Silvia,
je vous aime!

LA COMTESSE, d'une voix altérée.

Je ne m'appartiens plus. J'ai épousé à dix-sept ans
celui que j'aimais déjà, comme une enfant, si vous voulez; je l'ai tant aimé que je l'ai forcé à m'aimer à son
tour... Je l'ai accompagné partout, et je n'ai qu'un seul
regret, celui de n'être pas morte avec lui... Non, laissez-
moi, par pitié! Je ne m'appartiens plus et les chariots
vont venir!

IV.   2.

LE JEUNE HOMME.

Ah! ne parlez pas ainsi, vous me feriez mourir de désespoir! (Bruit de pas au dehors.) Dieu! ces bruits de pas, était-ce un pressentiment de l'horrible?... Silvia! (Il l'entoure de ses bras et l'entraîne dans un coin de la prison.)

SCÈNE VI.

LES MÊMES, UN GUICHETIER, NOUVEAUX PRISONNIERS (DEUX JEUNES, UN AGÉ), puis HULLIN, puis TOUS LES AUTRES PRISONNIERS.

LE GUICHETIER.

Par ici les nouveaux! les faux-frères avec les aristocrates, vous pourrez vous embrasser tous! Allons, la Veuve ne manquera d'amants!

PREMIER JEUNE HOMME, exalté, le front en arrière.

Tais-toi, infâme! Nous sommes représentants du peuple! Attenter à nos personnes, c'est violer la majesté populaire! Paris se soulèvera pour nous délivrer, sinon les départements détruiront Paris! Tremblez, tyrans qui croyez nous avoir vaincus!

LE GUICHETIER, refermant la porte.

Je la connais ta chanson, canaille de fédéraliste!

LE PRISONNIER PLUS AGÉ, avec une rage sombre.

Pris, pris sottement, stupidement, comme un lion dans un piège à rat! Moi, le grand révolutionnaire, le combattant de la première heure, le fléau des Feuillants et des Girondins! Comment donc ont-ils osé toucher à moi, ces assassins? J'ai trop compté sur leur lâcheté. Triple idiot que j'étais. C'est Hullin qui m'a perdu. J'avais confiance en lui, et il m'a trahi. C'était le bras de Robespierre, dans l'ombre. Le scélérat! il est digne de compléter l'infernal quadrille.

SECOND JEUNE HOMME, rêvant, les yeux au ciel.

Ah! mon ami, de quel songe nous réveillons-nous! Elle était si belle la France que nous commencions à bâtir, la vertu et la fraternité en bas, la victoire en haut! C'est le bonheur de l'humanité qui meurt avec nous! Comme nous aurions régénéré ce monde vieilli! (Avec désespoir.) Mais, il est impossible qu'on nous laisse mourir ainsi! C'est nous qui avons fait la Révolution, créé la République, voté la mort du Tyran! D'ailleurs, nous parlerons! Si Vergniaud a été condamné, c'est qu'il n'a pas voulu se défendre!

PREMIER JEUNE HOMME.

Oh! oui, nous parlerons.

LE PRISONNIER, haussant ses larges épaules.

Pauvres fous, qui ne savent que bavarder quand il aurait fallu agir!... Agir? A quoi cela m'a-t-il servi? Qui m'aurait dit, au 31 Mai, que je les retrouverais ici, ces deux là!... Et autrefois! autrefois! Décidément, il vaut mieux être pêcheur que gouverner les hommes!

LE GUICHETIER, poussant un nouveau prisonnier.

Entre donc, sacré trembleur! tu seras en pays de connaissances! Un de plus et un gros! entre donc, gredin!

PREMIER JEUNE HOMME, avec un cri de joie.

Hullin, lui!... Mais, alors, c'est le salut: on va venir

nous délivrer! Robespierre est renversé! Mais réponds donc, misérable!

LE NOUVEAU VENU, bégayant de terreur.

Non! Non!... Par bonheur, car il me sauvera!... certainement il y a eu erreur, il ne sait pas, lui... C'est Saint-Just qui m'a fait arrêter... C'est lui qui t'a demandé ma tête, Robespierre, mais il te trahit... tandis que moi... je t'aime... Grâce, Robespierre!... C'est moi qui t'ai livré tes ennemis; pour toi j'ai trahi... (Apercevant le prisonnier plus âgé.) Ciel! lui!... avec lui!...

LE PRISONNIER, détournant la tête avec mépris.

Quel beau soleil il faisait, le matin, sur les prés verts!... Je m'étais enfui, loin d'eux tous, et j'étais si heureux avec ma femme et mes enfants!... Comme l'air était doux! comme les fleurs sentaient bon!

SECOND JEUNE HOMME.

Nous mourrons pour la justice! Nous sommes le Droit. Nous avons combattu le fanatisme et la tyrannie. Nous sommes la Vertu, et nous périssons sous les coups des scélérats et des intrigants!

PREMIER JEUNE HOMME, à Hullin.

Arrière, misérable, ne nous souille pas de ton contact! nous sommes purs et nous voulons mourir purs; la vertu ne doit rien avoir de commun avec le vice! Arrière, te dis-je!

LE PRISONNIER.

Pauvres fous qui ont eu mes ruts sans avoir mes reins!... Moi aussi, j'ai voté comme eux l'établissement du tribunal révolutionnaire, j'en demande pardon à Dieu et aux hommes. Si quelque chose absout ma mémoire, ce sera ma mort. C'est parce que je voulais arrêter la Ter-

reur que Robespierre me tue!... D'ailleurs, j'ai bien
joui, bien riboté, bien caressé les filles... Allons dormir.

LE JEUNE HOMME , les regardant de loin.

Quel est ce groupe d'hommes qui se jettent des regards
furieux? Est-ce une illusion? J'ai vu passer ces figures
sinistres dans le tourbillon de l'émeute!... Ce sont les
hommes de l'échafaud!... Mais alors, les nôtres sont
vainqueurs, Robespierre est renversé. (Au dehors.) Allez ,
 mes amis, allez dire à tous que nous sommes sauvés,
qu'ils viennent voir leurs bourreaux d'hier... Silvia,
Silvia, nous sommes sauvés!... (S'approchant.) Je le recon-
nais bien celui-là : Hullin, un des plus sanguinaires
limiers du Comité de Salut public. (Regardant le prisonnier
plus âgé.) Et lui! lui!

LE PRISONNIER.

Que voulez-vous, Monsieur?

LE JEUNE HOMME.

Ne craignez rien de moi, Messieurs, vous êtes vaincus, et nous ne dansons pas autour de l'échafaud; vos
mains sont rouges de sang, mais nous ne devancerons
pas la vengeance divine... Seulement, parlez-nous, di-
tes-nous comment on a renversé Robespierre, si ses autres complices sont aussi vaincus, si les prisons vont
s'ouvrir, pourquoi enfin nous sommes encore ici quand
vous y êtes, vous... Répondez-donc!...

PREMIER JEUNE HOMME.

Non, citoyen, l'infâme Robespierre est encore tyran,
et c'est sur son ordre que nous sommes ici.

LE NOUVEAU VENU , bégayant.

Non, pas lui!... Il est bon, lui!... C'est Saint-Just...

LE JEUNE HOMME, avec angoisse.

Mais c'est impsssible, Messieurs, citoyens... Robespierre devait être renversé. Hier les chariots ne sont pas venus, aujourd'hui le peuple se soulève. Vous étiez marqués pour la vengeance nationale... Si vous êtes ici, c'est que Robespierre est perdu.

LE PRISONNIER, avec amertume.

L'espoir est, paraît-il, tenace ici!... Écoutez, Monsieur. (On entend un roulement sourd.) N'est-ce pas les chariots?

LA COMTESSE, affolée, se jetant dans les bras du jeune homme.

Ah! que me disiez-vous que nous étions sauvés!... L'avez-vous entendu l'horrible roulement! Ah! je l'ai bien reconnu! ce sont eux, ce sont eux!...

LE JEUNE HOMME.

Ne craignez rien Silvia, ce n'est pas nous qu'ils viennont chercher, ce sont ces hommes, nos bourreaux...

LA COMTESSE.

Oh! non, c'est bien nous, c'est bien notre funèbre cortège!...

LE JEUNE HOMME.

Vous pleurez.

LA COMTESSE, sanglotant.

Oui, j'ai peur! Sauvez moi, j'ai peur! j'ai peur! Nous allons y monter aujourd'hui! Oh! les lourdes charrettes qui débouchent de la porte sombre, cette foule hurlante qui éclate en cris de mort, là-bas l'échafaud qui grandit, qui grandit, je le vois!... Ah! sauvez-moi!

LE JEUNE HOMME.

Puissance du ciel! tout est perdu!

LA COMTESSE, affolée.

Là, là, sur la place, tous ensembles... Dans dix, ce sera mon tour : un, deux, trois, quatre, cinq... Oh, non! non! non! Je ne veux pas! Je ne veux pas mourir encore!

LE JEUNE HOMME.

Au secours, au secours, mes amis, guichetier de malheur! Silvia, ne m'ôtez pas tout courage; j'en ai besoin pour nous deux...

LA COMTESSE.

Mourir! Mourir! Ce n'est pas possible, je suis trop jeune, quel mal ai-je fait, quel crime?... Ils m'ont déjà pris mon mari, mon enfant, ma mère, ils ne peuvent pas me prendre, moi! On ne tue pas les femmes... Ah! vous me sauverez, vous êtes courageux, vous êtes puissant, vous avez un frère à la Convention, vous me sauverez! Je ne veux pas mourir encore! pas encore!

LE JEUNE HOMME.

De grâce, Silvia, essuyez vos larmes... Voici votre père qui vient, il ne pleure pas; ni votre amie, elle sourit au contraire.

(Les prisonniers se répandent sur la scène.)

SILVIA, tombant entre les bras du Maréchal.

Ah! mon père.

LE MARÉCHAL, l'embrassant.

Ma fille!

LE COMMANDEUR, avec angoisse.

Nous venons d'entendre rouler les chariots, juste quand on parlait de délivrance. Est-ce un raffinement de cruauté?

UNE FEMME.

On monte l'escalier! les voici!

(La grande porte s'ouvre, un commissaire entre, ivre, mais assez solide: les guichetiers le suivent, soldats, sectionnaires, hommes à piques. Les prisonniers occupent le devant de la scène et forment divers groupes.)

SCÈNE VII.

LES MÊMES, UN COMMISSAIRE, GUICHETIERS, SOLDATS,
SECTIONNAIRES.

LE COMMISSAIRE.

Attention, les aristocrates!... Voici l'heure de la danse! Nous allons voir ceux qui ont gagné à la loterie de Sainte-Guillotine!... Eh! citoyen guichetier, où as tu mis la liste?

LE GUICHETIER.

C'est toi qui la tiens, citoyen commissaire, là dans tes papiers.

LE COMMISSAIRE, *voyant les nouveaux prisonniers.*

Oh! oh! il y a aussi des fédéralistes et des modérantistes! la ménagerie est complète. Patience, canailles, votre tour viendra, à vous aussi... *(Aux autres prisonniers.)* Ah! les agneaux, on a oublié la fournée d'hier, tant mieux elle sera double aujourd'hui! Nous en avons déjà soixante cinq, il nous en faut encore dix dans ce pavillon. Approchez, les dix!... *(Avec un rire épais.)* Ah! si personne n'a de goût, je vais faire l'appel!

CINCINNATUS , s'approchant du Maréchal.

Ne craignez rien pour Madame la Comtesse... lad é-
claration de grossesse a pu arriver à temps ; c'est moi-
même qui l'ai remise hier au président du tribunal
révolutionnaire.

LE MARÉCHAL , bas.

Merci, mon enfant, je te bénis.

LE COMMISSAIRE.

Allons, en place! Tiens, Cincinnatus, fais l'appel, toi
qui remues tant et qui y vois!

CINCINNATUS.

Excuse-moi, citoyen Commissaire, je ne sais pas lire.

LE COMMISSAIRE.

Tonnerre de Dieu! tu as tort! Voyons cette liste!... Ce
n'est pas que ce soit bien écrit, sacrebleu, non, tout ça
danse! Voyons : (Lisant.) Numéro un : Louise-Adélaïde-
Marie Leblanc, ci-devant princesse de Chinian. Où donc
est-elle, cette gueuse?

LA PRINCESSE , souriant.

Voici mes gens qui m'avertissent que mon carosse est
avancé... Adieu, mes amis, adieu! (Elle embrasse ses voisines.)

LE COMMISSAIRE.

Allons, allons, vos têtes auront le temps de s'embrasser dans le panier! (Lisant.) Numéro deux : Jean-Étienne-
Jacques Pons, épicier. Tiens, un aristocrate déguisé.

PONS , d'une voix fière.

Non, Monsieur, un honnête homme!

LA PRINCESSE , à Pons.

Venez, Monsieur, vous êtes digne de nous et j'aurai

l'honneur de vous demander le bras pour descendre de
la charrette.

PONS, s'inclinant.

Madame, tout l'honneur sera pour moi.

LE COMMISSAIRE, lisant.

Antoine-Mathieu du Harlay, ex-Président du Parlement, ci-devant Ministre du tyran.

LE CHANCELIER, se levant en hâte.

Me voici, Monsieur, me voici. (Il fait un faux-pas.) Mauvais présage; un Romain rentrerait chez lui. (Au commissaire qui le regarde hébété.) Dépêche-toi, misérable, au lieu de
prolonger leur supplice !

LE COMMISSAIRE, avec un ahurissement furieux.

Tais-toi, canaille d'aristocrate! (Lisànt.) Henriette-Vic-
toire-Jeanne Darnaud, ci-devant duchesse douairière
de Melgueil.

UN PRISONNIER, à demi voix.

Dieu! elle est sourde! comment faire?

LE COMMISSAIRE, ricanant.

Ah! ah! elle a conspiré sourdement; attendez, je vais
l'avertir moi.

(On l'arrête et les prisonniers font signe à la Douairière.)

LA DOUAIRIÈRE, se levant.

Mon Dieu! pardonnez-leur, car ils ne savent ce qu'ils
font.

LE COMMISSAIRE, lisant.

Émile-Joseph-Louis Séguier, ci-devant conseiller au
Parlement de Paris.

LE CONSEILLER.

Moi?... Moi?... (Il hausse les épaules.) Allons! je serai fier
de mourir à vos côtés, Monsieur le Président.

LE COMMISSAIRE.

Pas fini! Sacrebleu, que c'est mal écrit! (Lisant.) César-Louis-Léopold ci devant Marquis de Cambefort, ex-Maréchal de Capet.

LE MARÉCHAL.

Allons, plus d'incertitude.

LA COMTESSE, l'embrassant.

Mon père! mon père!

LE MARÉCHAL.

Du courage, ma fille!

LE COMMISSAIRE.

Avance donc, jean-foutre, as-tu peur?

LE MARÉCHAL, se redressant.

A quatorze ans, j'ai monté à l'assaut pour mon roi, à quatre vingts ans je monterai bien à l'échafaud pour mon Dieu!

LE COMMISSAIRE, démonté.

Ta, ta, ta... où en suis-je de ma liste? (Lisant.) Louis-Arthur-Étienne de Foligny, ex-Commandeur du ci-devant ordre de Malte.

LE COMMANDEUR, à voix calme devant le commissaire.

Vive le roi!

COMMISSAIRE, furieux.

Attends un peu, traître, canaille, scélérat, tu y passeras le premier, toi, avant les autres!... Hélène-Frédérique-Hortense de Foligny, femme Sumène... C'est ta fille, vieil aristocrate, crie-lui donc : Vive le roi, à elle aussi!

HORTENSE.

Adieu, mes amis, Silvia, mon cher mari, adieu!...

Ne craignez-rien, mon bon oncle, je me serrerai tant contre vous, qui êtes si honnête homme, que Dieu me laissera passer malgré mes péchés.

LE BARON, s'avançant avec douleur.

Poursuis donc, misérable, mon nom à moi, mon nom! Je suis le Baron de Sumène

LE COMMISSAIRE.

Tais-toi, citoyen, tu n'y es pas! Chacun son tour!... Ah! le dernier : Robert-François-Agénor Planier, ex-noble, ci-devant Baron de Sumène. Ah! si, tu y es. Allons, en route!

LE BARON, embrassant sa femme.

Mon Hortense!

LE MARÉCHAL.

Ne pleure pas, ma fille, et vis. (Au jeune homme.) Vous êtes un noble cœur, Monsieur, je vous confie Silvia et vous bénis tous deux.

SILVIA, brisée.

Mon père...

LE COMMISSAIRE.

Allons, en route! la fournée est complète, les dix y sont. A demain, les agneaux!

(Ils sortent.)

SILVIA.

Mon pauvre père!... Ah mourir! mourir, moi aussi!

LE JEUNE HOMME.

Dieu! ce rêve auquel je n'osais croire, il va se réaliser peut-être, si Robespierre tombe demain!... Le bonheur!

SILVIA.

Vous êtes noble et généreux, mais vous ne pourrez jamais me rendre le bonheur.

LE JEUNE HOMME.

Ne le croyez pas, Silvia; la tristesse avec le temps
s'envole; nous sommes jeunes; l'avenir est à nous! Je
vous aimerai tant!... Et vous aussi m'aimerez, Silvia, puisque ce sont ses dernières volontés.

SILVIA.

Mon père!

LE COMMISSAIRE, rentrant.

Tonnerre de Dieu! il m'en manque un, je n'en avais
que neuf! Attention! les agneaux. C'est le diable pour
retrouver le nom sauté; ce doit être le sixième ou le septième... Sacrebleu! je crois que je n'y vois plus... Lis-
donc, Cincinnatus, là, le septième?

CINCINNATUS, bas.

Grand Dieu! Elle!

LE JEUNE HOMME.

Qu'a-t-il donc ce guichetier, il ne sait pas lire, lui non
plus?... Donne ce papier. Et parbleu, oui, c'est mon
nom, et toutes mes qualités : écrivain et gazetier, homme
de lettres. (Il déchire la liste.) Allons, ton compte y est cette
fois, citoyen commissaire!

SILVIA.

Hélas!

LE JEUNE HOMME, l'embrassant.

Silvia!... Notre baiser de noces!...

(Silvia tombe évanouie; le jeune homme sort avec le commissaire.)

(Fin)

HENRI MAZEL.

———

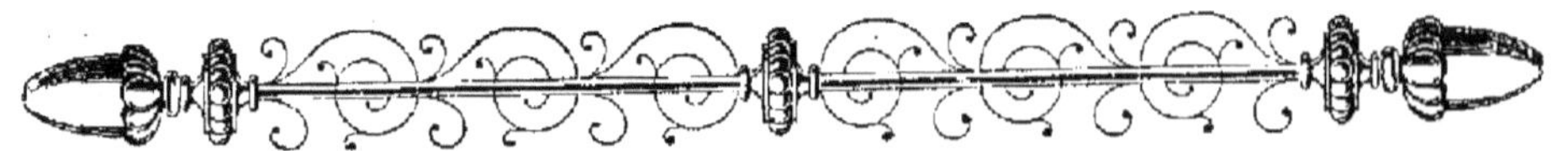

MURMURES

D'ENTRE

LES BOSQUETS APOLLONIENS

A Madame Marie G.

Bel adolescent rêveur, au front qui penche chargé de pensées infinies, aux lèvres qui sourient, tendues par un vague émoi délicieux, qui a pu conduire tes pas errants vers mes ombrages conseilleurs? Le parfum qui est mon souffle t'attire-t-il ou bien le Mystère dont je berce l'âme maladive et assoiffée?

Pourquoi ces brumes sur ton front pur, ce sourire indécis sur ton visage mélancolique? Les joies de la terre ont-elles déçu ton âme vierge ou bien les désirs que ton cœur enfanta, n'as-tu pu les atteindre? Triste, avec une beauté si totale? Ton rêve est donc si subtil qu'il ne peut s'incarner?

*Mais je crois lire dans tes yeux le secret que tu
viens confier à ma tendresse: la fièvre qui te dévore,
j'en saisis la nature. Repose une heure sur mon sein
ton front pensif et je te dirai de vieux chants qui
sont un baume.*

*La flamme qui brille en tes yeux, c'est l'ardeur
dévorante de connaître, le besoin insatiable de Vérité, l'immense désir de contempler la chaste nudité
des Normes. Ta bouche veut toucher aux mets
d'ambroisie.*

*Veux-tu savoir le remède efficace? Va chez le plus
beau des Philosophes, ces distributeurs de mets di-
vins. C'est lui qui mettra dans ta main la lampe
chasseresse des ténèbres et le glaive qui commande
aux forces du Mystère. C'est le père de ta croyance
et de ta vie.*

*Mais peut-être n'est-pas là ce qui fait rougir ton
front et sourire douloureusement tes lèvres? Est-ce
pour l'Invisible que ta poitrine se gonfle? La titilla-
tion de ta chair vierge est avide d'un autre baiser
que celui de Pallas.*

*Puceau naïf, au cœur débordant de sève, vers celle
qui donnera l'essor à tes sentiments, qui s'éveillent,
exquis et forts, vole joyeux et confiant. Les baisers
fleuriront sur ta chair comme d'odorantes pierres*

précieuses. Vers la magicienne qui sera déesse pour tes sens impollués, je t'ordonne d'aller, et d'éteindre sur ses lèvres le sourire douloureux de ta bouche.

Ai-je lu en ton cœur, jeune énigme charmante? Vers la Pensée ou vers le Souvenir?

Oh! Mais qu'en ton âme mystérieuse je voudrais voir ces deux désirs pour la vie s'unifier!

LÉON BAZALGETTE.

PANTOUM

Pour Jean Dolent.

Dans le brouillard qui se déplie
L'averse effile un air chagrin.
Un frais reflet d'heure accomplie
Sur mon âme étend son carmin.

Par l'averse erre un lent chagrin
Baignant d'ennui le paysage.
Mon âme revêt de carmin
Le rêve léger qui l'ombrage.

Baigné d'ennui le paysage
Pleure et se perd vers le ciel las.
Un rêve enrichi d'or m'ombrage
Sous des baisers frais de lilas.

Perdus au loin vers le ciel las,
Les bois sont couleur de tristesse.
Sous des rosiers et des lilas
J'entends passer une allègresse.

Les près sont couleur de tristesse
Et le printemps semble automnal...
Un secret frisson d'allégresse
M'entraîne en souvenir au bal.

Par ce matin presque automnal
Un ruban de faille pâlie
Évoque un tournoîment de bal
Dans le brouillard qui se déplie.

DANIEL BAUDBOVY.

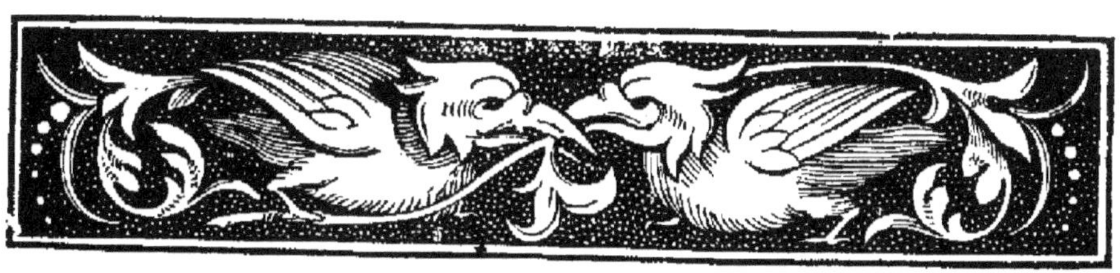

NEIGEFLEUR

(Suite)

L'ASSOCIATION

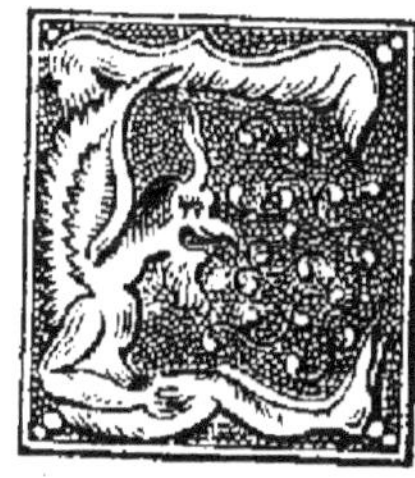lle tire de son sein une mignonne fiole fermée
en un treillis d'or et, se dirigeant vers la table,
elle en verse quelques gouttes dans la coupe
qu'ensuite elle remplit.

RAOUL,
*anxieux, appuyé de la main droite au dossier du fauteuil,
se penche et la regarde avec un geste épeuré, comme pour
l'empêcher de verser le poison.*

Que faites-vous?... Dieu!...

NEIGEFLEUR.

Eh bien! tu vois, je scelle notre promesse
d'amour.

RAOUL,

courant vers elle.

Non, non, pas cela : la malédiction d'en-haut nous atteindrait!

NEIGEFLEUR,

le saisissant par le bras et l'amenant brusquement près d'elle.

Insensé!... Ne m'aurait-elle pas déjà frappée, depuis deux mois?

RAOUL,

avec effroi.

Ainsi... le Duc?... Cette maladie?...

NEIGEFLEUR.

Oui!

RAOUL.

Horreur!

NEIGEFLEUR.

Je te fais horreur!... Voilà bien les hommes avec leur grand amour! La femme adorée qui risque sa vie pour les posséder leur fait horreur quand ils la voient dans son œuvre...

RAOUL,
à part.

Démon!... Tu es pourtant bien belle!...

NEIGEFLEUR,
avec un rire de dédain et faisant quelques pas pour sortir.

Ah, ah, ah! Adieu, beau damoiseau. Nous vous ferons porte-robe et vous garderons une place chez nos filles de chambre!

RAOUL,
à part.

Ja la tiendrai dans mes bras... Et puis que ce palais tombe et nous écrase!

A voix haute, après un court silence.

Eh bien! soit! L'enfer avec vous plutôt que le ciel sans vous!

NEIGEFLEUR,
lui donnant un long baiser.

Allons!... tes lèvres alors, et sois vaillant!... Chut! plus un mot... Le Duc!

LE DUC,
apparaissant à l'entrée du corridor, appuyé sur le bras de son médecin.

Merci, Maître, merci! Je me sens moins faible, ce

jour, et la fièvre me laisse quelque répit. Vous pouvez vous retirer et prendre du repos; je vous ferai
mander si j'ai besoin de vos services.

Il s'avance lentement toujours soutenu par le médecin.

Allez, allez, vous dis-je.

LE MÉDECIN.

Soit, Monseigneur, je vous laisse; mais, je vous
en supplie, ne prenez rien sans que je sois près de
vous : aucun breuvage surtout. Et, si la soif vous
tourmentait de façon trop violente, n'hésitez pas à
m'appeler, je vous donnerai, moi-même, cet élixir
qui, l'autre nuit, vous fit si grand bien.

LE DUC.

Soyez sans crainte, Maître, je serai raisonnable.

*Le médecin s'éloigne. — A Neigefleur, qui s'avance et lui
présente son front à baiser.*

Vous étiez là, mon amie, et Raoul aussi, je crois.
C'est un bon enfant, dont la compagnie vous fait
oublier les ennuis dont je suis cause.

A Raoul.

Viens çà, petit, tiens ce double d'or et va jouer
avec tes compagnons.

RAOUL.

Vous êtes bon, Monseigneur.

Il se retire lentement, tordant sa toque dans ses mains; puis, sur le point de franchir le seuil, se retourne comme s'il voulait parler.

LE DUC.

Peut-être eusses-tu mieux aimé rester auprès de la Duchesse? Oui, oui, je sais, vous êtes vieux amis. Mais, j'ai, pour l'instant, à lui parler de choses graves et je désire être seul. Va, va, je t'appellerai bientôt.

Raoul hésite encore un instant, puis, ouvrant brusquement la porte, il s'enfuit.

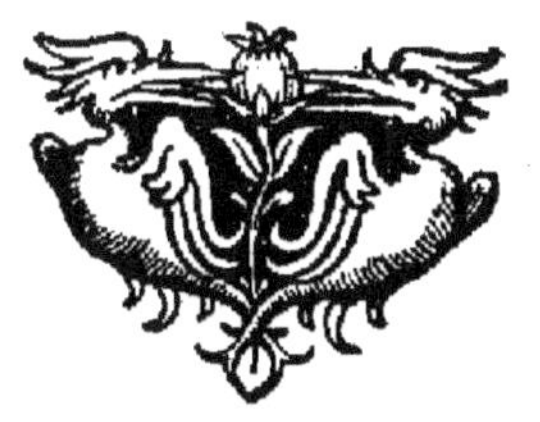

LA POSSESSION

---

qui s'est assis dans le fauteuil.

Prêtez-moi votre épaule, vous, si douce,
que j'aille jusqu'à cette fenêtre éjouir
mes yeux d'un ultime coucher de soleil.

*Il se lève et, lentement, se dirige vers la fenêtre, par
instants hésitant comme épuisé.*

Ma force me laisse, ma force s'en va!... Pourtant,
je ne suis encore un vieillard. Si heureuse vous m'a-
vez fait cette existence, Neigefleur, que le sacrifice

sera plus douloureux qu'avant de vous avoir aimée.

Il s'arrête, à bout de forces, et s'appuie contre un des montants de la fenêtre.

Oh! je brûle! J'ai si ardente soif, là! Donnez-moi à boire!

NEIGEFLEUR.

Oh! mon cher Seigneur, vous allez accroître cette méchante fièvre. Maître Ambroise vous a défendu tout breuvage, et vous voulez lui désobéir.

LE DUC.

Maître Ambroise radote. Il est comme tous les autres... Ces médecins croient pouvoir enchaîner la mort! Les insensés!... Donnez, chérie, donnez-moi, vous dis-je!

NEIGEFLEUR,
allant prendre la coupe et la lui présentant.

Buvez, mon cher Seigneur.

LE DUC,
avant de boire, saisit la main de Neigefleur et la porte à ses lèvres.

Ah! petite main chérie, vous êtes plus merveilleux baume que les onguents de tous les médecins de la terre.

*Il regarde Neigefleur avec amour, prend la coupe et la
vide d'un trait.*

Merci, chère âme, ce breuvage réconforte.

Après un silence.

La douce soirée! Comme ces jardins débordent de
senteurs! Vîtes-vous jamais ciel plus bleu, brise
plus douce?... et lèvres plus faites pour le baiser?

*Il se penche vers Neigefleur appuyée contre lui, et la
presse sur sa poitrine.*

*On entend alors du côté des jardins, et dans le lointain,
de longs rugissements de fauves.*

Ah! mes bons tigres de Chaldée, mes lionceaux
de Palestine, mes panthères de l'Inde... ah! toutes
mes braves bêtes, plus fidèles que des chiens, vous
aussi, je dois vous quitter. Vous ne viendrez plus
lécher mes pieds, et prendre en ma main les fon-
dantes venaisons que je vous préparais... Vous
aurez soin d'elles, Neigefleur, quand je n'y serai
plus.

On entend de nouveaux rugissements.

Oui, je sais; vous m'avez aperçu, et vous m'appe-
lez. Hélas! je n'ai plus assez de force pour partager
vos jeux. Elles ne connaissent que moi, n'aiment
que moi, tout autre leur est ennemi. Allons, je veux
qu'elles aient une dernière heure de joie. Allez, je
vous prie, donner ordre qu'on les lâche dans les

jardins, que je les voie s'ébattre encore une fois.

*Neigefleur va vers la porte du fond et disparaît un ins-
tant pour faire exécuter les ordres du Duc.*

Les minutes passent brèves, la vie flue comme
l'eau d'une clepsydre; je ne veux partir que lorsque
tout sera réglé.

*Il se dirige vers son trône et s'y assied. A Neigefleur
qui rentre.*

Venez, ici près, vous asseoir; j'ai à vous parler de
choses graves.

Neigefleur s'assied sur la dernière marche du trône.
Plus près, bien, ainsi.

*Il tient une des mains de la Duchesse enfermée dans les
siennes et lui donne un baiser sur le front.*

Ce sont mes derniers baisers, petite Neige. Mon
cœur est bouillant d'amour lorsque mes lèvres sont
glacées comme les étoiles floconneuses de nos jours
d'hiver, celles dont tu portes le nom... Neigefleur!
Pourquoi donc te donna-t-il ce nom, l'insensé dont
tu es la fille? Ton sang n'est-il pas plus chaud que
lave, et ton amour ne fait-il pas encore fondre les
glaces de mes veines?... Écoute bien. Je veux que,
moi dans la tombe, tu sois maîtresse en mes domaines, et des choses, et des hommes. Je n'ai pas eu
l'heur de voir se perpétuer ma race, alors, tu choi-

siras parmi nos chevaliers un fort et brave, ou parmi nos pages, ou parmi nos valets. — Le diamant ne se ramasse-t-il pas en la fange? — D'ailleurs, tu naquis au milieu des bergers. — Mais qu'il soit beau, qu'il soit soumis et qu'il t'aime. Surtout, choisis-le pour qu'il te rende heureuse. Nous avons si peu de jours vécu côte à côte que je n'eus jamais assez le loisir de t'apporter mes pleines mains de joie!... Qu'il soit jeune, pour que son amour ne te trouve pas indifférente. Vois, ma vie comptait déjà trop de jours pour s'unir à la tienne, et seul, ton cœur à l'ineffable bonté pouvait te défendre contre la vue de mes rides et de mes cheveux blanchis... Et qu'il soit bon surtout! Pèse chacune de ses actions, écoute chacune de ses paroles. Étudie le son de sa voix et les éclairs de ses yeux. Informe-toi si parfois sa main laisse tomber quelque obole en celle des malheureux, et, si sa mère vit encore, sache adroitement s'il la respecte et s'il l'aime... Tu pleures, petite âme! Oh! sèche ces larmes, je t'en prie, ne m'ôte pas le courage dont j'ai tant besoin à cette heure.

NEIGEFLEUR.

Paroles vaines et cruelles!

Elle lui met la main sur la bouche.

Non, n'ouvrez plus vos lèvres pour me crucifier ainsi. Je ne veux me séparer de vous.

LE DUC,

*détache d'un collier suspendu à son cou une clef d'or qu'il
lui donne.*

Prenez ceci. Vous savez le coffret d'ivoire placé, dans ma chambre, au chevet de mon lit. Encerclé d'anneaux d'or et scellé de mon sceau ducal, un manuscrit y repose. Vous l'irez quérir et nous l'apporterez ici ; je désire que lecture en soit faite devant tous les miens assemblés. Allez, chère âme, allez et faites vite.

NEIGEFLEUR,

se levant et se dirigeant vers le corridor.

J'obéis, cher Seigneur.

LE DUC.

Avant de vous éloigner, remplissez cette coupe que je boive encore... Puis, vous donnerez ordre qu'on assemble ici tous mes fidèles et tous mes serviteurs.

Pendant que Neigefleur marche vers la table, il se retourne vers un miroir pendu au mur et s'y regarde.

Pauvre moi! Combien changé depuis ces quelques jours!... Pauvre moi!... proie des vers! putréfaction future!...

Un tressaillement terrible le secoue soudain... Il a vu Neigefleur sortir de son sein une fiole dont elle verse le contenu dans la coupe.

Dieu!...

Il se retourne brusquement. De son même pas tranquille, la Duchesse gagne les appartements intérieurs.

Ce n'est pas possible!... Non... Sans doute j'aurai mal vu. Le sang ne vient plus jusqu'à mon cerveau que par faibles ondes... Tout prend un aspect étrange! Tout à l'heure encore, ne me semblait-il pas avoir surpris entre ses bras mon page Raoul. Un enfant!... Et pourtant, je veux savoir, je veux... Oui, ces douleurs d'entrailles, cette soif, ces vertiges, ce feu qui me brûle, là, quand mes membres sont déjà glacés... Ainsi, ce serait-elle, elle l'empoisonneuse! Oh! non, c'est impossible! Je lui ai tout donné, tout : richesse, puissance, amour... Amour! Qu'ai-je dit là? Mais, je suis un vieillard, moi. Je pourrais être son père.

Il rit avec amertume.

Ah, ah, ah! L'amour!... Elle le cherche, l'amour que je n'ai pas su, que je ne pouvais lui donner...

Il lui faut une jeune peau à peine duvetée, des chairs qui vibrent de leurs premiers tressaillements!... Eh bien! qu'elle soit satisfaite, qu'elle soit heureuse, débarrassons-la de ma pesante vieillesse. Finissons. La dose est peut-être assez forte, cette fois.

Il marche péniblement vers la table et saisit la coupe pour la porter à ses lèvres. Au moment de boire, il s'arrête.

—Ah! que je souffre!

Il replace le vase sur la table et s'y appuie, pendant que, de la main droite, il comprime sa poitrine.

En finir!... Non, pourtant, pas encore! Il me pousse là comme un désir de vengeance, ou plutôt, comme une volonté de justice. Oui! ce désir, cette volonté s'emparent de moi, vivants et superbes... Oh! je serai juste, terriblement! J'en ai le droit... Je pèserai le bienfait et le crime.

Il s'est redressé dans sa haute taille, et marchant vers la porte du fond dont il pousse, d'un coup, les deux vantaux, d'une voix forte, il parle.

Holà! venez tous. Qu'on appelle mes chevaliers et mes pages. Qu'on aille quérir les valets et les serfs. Tous, venez tous ici.

Pendant qu'il regagne son trône, peu à peu la salle se remplit. Neigefleur rentre tenant le manuscrit roulé et scellé.

LE DUC,

s'adressant à Neigefleur.

Prenez place à mes côtés, Madame.

Maintenant, du regard, il inspecte l'assemblée.

Où donc est Raoul, mon page?

RAOUL,

sortant de la foule et s'avançant vers le trône.

Me voici, Monseigneur.

LE DUC,

lui tendant le manuscrit.

Prenez ce parchemin et nous en faites lecture, à
voix haute, que tous puissent comprendre.

RAOUL,

reçoit le manuscrit en fléchissant le genou.

J'obéis, Monseigneur.

Il lit.

« Moi, Robert, Duc de Neustrie, le dernier de ma
« race, au moment de paraître devant Dieu, me
« sentant mourir, frappé d'un mal mystérieux, j'ai,
« d'un regard en arrière, inspecté ma vie passée.
« Ne me rappelant pas avoir jamais causé malheur
« ou souffrance à quelque être vivant, s'il m'est

« arrivé pourtant de nuire involontairement à l'un
« de mes fidèles, je lui en demande publiquement
« pardon.

« J'exprime le vœu que mon corps soit, aussitôt
« qu'il aura rendu le souffle suprême, revêtu de ses
« plus riches habits et qu'il reste exposé dans la
« salle du trône, où tous pourront venir lui adres-
« ser l'adieu.

« Aux pauvres, ainsi qu'à ceux qui daigneront
« accepter l'offrande, deux pleines poignées d'or
« seront remises, en témoignage de mon désir de
« rendre heureux tous ceux qui m'auront approché.

« Dieu n'a pas exaucé l'un de mes vœux les plus
« chers. J'eusse désiré un fils, pour héritier et suc-
« cesseur, mais, notre aimée compagne, Neigefleur,
« ne nous ayant donné cette joie, je déclare adopter
« l'enfant d'un de mes plus braves et dévoués che-
« valiers, Raoul, mon page.

La voix du page devient tremblante.

« Il prendra le titre souverain à la mort de mon
« épouse qui, durant sa vie, conservera le rang et
« les pouvoirs suprêmes. »

*Raoul, met un genou en terre devant le Duc et lui remet
le manuscrit.*

IV. 4.

NEIGEFLEUR.

se tournant vers le Duc.

Oh! Monseigneur, votre bonté me pénètre! Mais, de grâce, déchirez ce lugubre parchemin. Vous nous resterez... La santé vous reviendra.

LE DUC,

sans paraître l'entendre et détournant la tête.

L'homme doit toujours être prêt à paraître devant son Juge. Il faut ceindre nos reins, relever le pan de nos robes et préparer notre bâton de voyage.

Il s'adresse à la foule.

Vous êtes tous présents; c'est bien. Vous avez ouï la lecture de nos vouloirs derniers, ils sont l'expression même de nos anciens désirs... Comme un lac qui change de couleur suivant l'état du ciel, hélas! les états de notre âme varient au reflet des circonstances qui passent. J'ai dit... Et maintenant, prêtez-moi tous une attention, profonde afin que la légende, qu'à mon heure dernière je veux léguer à vos mémoires, porte avec elle ses enseignements sévères. Tous, oui, vous tous, du page au chevalier, que vos oreilles entendent mes paroles. Les portes de mon cœur ne s'ouvrent plus qu'avec peine, l'ins-

tant approche où mes yeux vont cesser de s'étoiler
de clartés, le froid de la mort charrie des glaces
dans mes veines et je vais aller coucher mes os dans
le sépulcre de mes pères. Écoutez, écoutez, pour
que ma langue, ainsi que le fer rouge en la chair,
grave en votre esprit mon ultime volonté.

Les fauves continuent à rugir par instants.

Un homme riche et puissant avait nombreux
serviteurs, immenses troupeaux, coffres pleins d'or
en ses palais. Comme un chêne solitaire éventaille
au loin ses branches où viennent chanter les oiseaux,
pour ensuite faire leurs nids dans le feuillage, cet
homme avait grandi longtemps et vivait du bonheur
des autres, son œuvre. Pas de compagne pour char-
mer ses longues nuits de pensée, ses longs jours
de labeur, pas de petites mains à presser dans les
siennes, de blanches épaules où coller des baisers,
de sein ouaté de tiédeur où reposer sa tête; pas de
pensée sœur de la sienne. Seul, il vivait seul, avec
l'orgueil de son œuvre.

Pourtant, advint qu'un jour il rencontra dans les
sentiers de ses domaines une mignonne jeune fille.
Oh! si douce et si jolie que, sur l'heure, il l'aima

follement, lui, dont la barbe se tramait d'argent et dont, sur les tempes, blanchissait la chevelure.

Si douce et si jolie sa compagne! Ah! petites mains amies, de quelles étreintes il vous serra! tombantes épaules, de quelles caresses il vous choya! seins parfumés, de quels baisers il vous revêtit!

Et ses richesses s'accrurent encore. Ses troupeaux devinrent innombrables comme les raisins d'une vigne fertile; de ses coffres trop étroits l'or déborda tout autour de ses palais en bienfaisante pluie, et les serviteurs souhaitèrent ne pas voir finir les jours de leur Seigneur.

Heureux, pourtant, mille fois heureux, s'il était mort en cette moisson de joie!

Mais vint un jour, jour mauvais, jour cruel d'angoisseuses larmes.

A petits pas, comme un voleur de nuit, un mal horrible, étrange, — tel, celui qui m'a frappé — brûla ses entrailles, rongea ses os, tenailla ses muscles, et la douce aimée douloureusement pleura, voyant mourir son ami.

Il se retourne vers la Duchesse qui est devenue très pâle.

Vous semblez prendre intérêt à ce récit, Madame. Je continuerai donc.

« O Mort, clamait-il, viens sans retard, Mort « qui délivres:

« Mort, qui termines les souffrances humaines;

« Mort, porte de l'éternité;

« Mort, refuge des désespoirs;

« Mort, miel des bouches amères;

« Mort, pluie du ciel qui reverdis les roseaux « desséchés;

« O Mort, je t'appelle!

Et, sans plus vouloir reprendre courage, insensible aux caresses, il restait sans force pour retenir ses larmes devant la séparation prochaine qui laissait l'adorée seule et sans appui.

Sans appui?... Non pas... Il lui choisirait, parmi ses serviteurs, le plus jeune et le plus beau, celui dont la bouche était la plus rieuse, le regard le plus aimant, la chevelure la plus ondulée et la plus soyeuse, la main la plus nerveuse et la plus fine, celui qui défiait à la course les lévriers agiles, celui

dont les flèches allaient frapper sûrement le but,
celui qui domptait les plus fougueuses cavales.

Allons vite, qu'on tisse la robe de fiançailles,
qu'on apprête le nuptial banquet, que les viandes
parfumées s'étalent dans les plats d'or, que les vins
coulent glorieux dans les coupes étincelantes, car
il voulait partir au milieu de leur joie.

Un jour, deux jours, une nuit et puis deux nuits...
La mort ne l'avait pas encore emporté.

Dans la haute chambre au plafond de cèdre, sur
la couche aux étoffes de poupre, le maître dormat.
Et pourtant, il la vit, comme je vous vois. Madame;
elle venait lentement, blanche en ses vêtements
blancs, pâle d'une pâleur d'agonie. Elle se pencha
sur lui, elle écouta son souffle, puis, se croyant
sûre de son sommeil, doucement, sans trembler,
elle ouvrit le chaton de sa bague, une rare émeraude creusée et ciselée par un maître artisan, et
dans la coupe où le maître habituellement buvait,
jeta la fine poudre blanche, la poudre qui glaçait le
sang et calcinait les os.

Nul geste, nulles terribles paroles; il souffrait plus encore dans son amour trahi que dans son corps meurtri. Ah! comme il regrettait d'avoir découvert le crime et vu mourir ses illusions.

Donc, à l'aurore, il réunit tous ses serviteurs et devant eux, la coupable amenée, il dévoila le crime et fit voter la sentence.

Nouveau rugissement des fauves. — A part.
Ils ont faim, ceux-là.
A Neigefleur immobile et comme glacée d'effroi.
Ma douce amie, mes forces se sont épuisées en ce long discours, vous plairait-il de me donner cette coupe que je désaltère ma bouche.

NEIFEFLEUR
brusquement se lève... D'abord, elle chancèle, mais sous une suprême poussée d'orgueil, son pas s'affermit, et, droite en sa longue robe, elle va jusqu'à la table. Après une hésitation qui n'a que la durée d'un éclair, elle prend la coupe et marche vers le Duc, puis, s'arrêtant devant lui, tête haute, d'un geste de défi elle la porte à ses levres, la vide d'un trait et la jette loin d'elle.

Oui, c'était du poison... Assez, cette fois, pour terminer vos souffrances. C'est moi qui vais mou-

rir!... La partie était belle! Qu'importe!... J'ai perdu,
je paie.

LE DUC.

d'une voix forte et tremblante de colère.

Vous entendez, vous tous!...

A Neigefleur.

Oh! cette mort te serait encore trop douce.

Aux fauves qu'on entend rugir.

Oui, vous allez être rassasiés.

Aux chevaliers.

Vous avez vu et vous avez compris! que mérite
cette femme?

LES CHEVALIERS.

La mort!

LE DUC,

aux écuyers.

Et vous autres, qu'en dites-vous?

LES ÉCUYERS.

La mort!

LE DUC,

aux valets.

Et vous?

LES VALETS.

La mort.

LE DUC,
à Neigefleur.

Vous avez entendu?...

Il reste un instant sans parler, absorbé dans sa pensée; puis,
d'une voix sourde, et détournant la tête.

Qu'on l'emmène... Que celle qui a frappé soit elle-même frappée!... Que la dent des lions et la griffe des tigres fassent l'œuvre du bourreau. Qu'on la donne aux bêtes!... J'ai dit.

RAOUL,
pendant que le Duc parle s'est approché de Neigefleur;
il tire un poignard de sa ceinture et le donnant à sa maîtresse,

Prenez, c'est la délivrance.

NEIGEFLEUR,
saisissant le poignard.

Merci!

Elle se frappe et tombe.

RAOUL,
arrachant le poignard des mains de Neigefleur et se le
plongeant dans la poitrine.

Nous mourrons ensemble.

LE DUC,

retrouvant des forces soudaines se précipite vers Raoul et cherche à lui retenir le bras.

Arrête, arrête, enfant!...

RAOUL,

s'affaissant sur le corps de sa maîtresse.

Je suis à vous, Madame...

LE DUC,

soulevant le page dans ses bras, lui parle, des sanglots plein la voix.

Toi aussi, tu me trahissais donc? Oh! mais, il faut vivre! Je le veux! Je resterais trop seul... Vis, je te pardonne.

RAOUL,

d'un effort suprême se redresse et montre Neigefleur.

C'est à elle qu'il fallait pardonner. Je meurs pour elle... heureux!... et je maudis votre justice...

Il meurt.

LE DUC.

se relevant et restant droit et immobile au milieu de ses chevaliers et de ses pages.

Ah! misérable corps, tu résistes donc, quand
ceux-là viennent d'emporter ton âme.

A ceux qui l'entourent.

Vous les coucherez côte à côte, en la même tombe!

(*Rideau.*)

EDMOND COUTANCES.

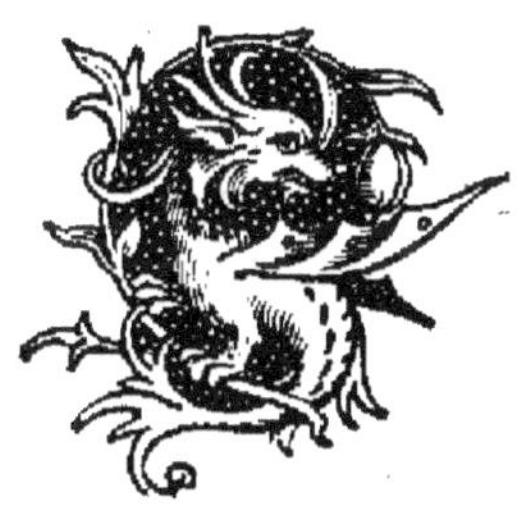

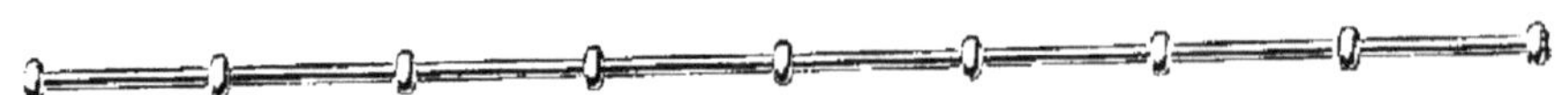

ILLUSION

L'AFFOLEMENT

(Suite)

Las du tête-à-tête avec ces idées tour à tour menaçantes et déprimantes, pour les fuir, il rouvrit les yeux et distraya ses regards sur les plaines qui se déroulaient blanches de lune reparue, infiniment plates et nues. La tristesse automnale du paysage de Sologne environna tout à coup sa pensée de l'ennui que donnent aux âmes malades les longues monotonies. Çà, une maisonnette accroupie et sombre avait l'air d'un corps expiré, et le profil contorsionné d'un chêne rabougri s'appelait l'ironie d'avoir voulu vivre sur les domaines de la stérilité. Ici, les volants d'un moulin à vent auxquels il manquait des lattes étaient des ailes d'oiseau dont une main brutale arracha les plumes. Des bourrasques de gravier assaillaient les vitres : Est-ce que les éléments punissaient

le train de troubler la solitude de ce désert? Les stations
que l'on brûlait, éteintes et vides, paraissaient des cara-
vansérails dévastés ; et, de celles où l'on s'arrêtait une
minute, le train repartait plus vite, comme ayant hâte de
fuir ce plateau maudit!

Or, soudain, après une dont il n'avait pas entendu le
nom, Césaire fut brusquement harcelé par la crainte
d'avoir dépassé sa destination. Il ne se souvenait plus
combien de fois on s'était arrêté depuis Les Aubrais.
Anxieusement, il chercha sa montre, sachant qu'il devait
arriver à deux heures dix-huit. Il l'avait oubliée sur la
cheminée; s'il s'informait près de la grosse dame dont
la chaîne d'or étalée sur la moire du corsage lui attirait
l'œil, ironiquement? Il se contint toutefois, résolu d'attendre. Et son inquiétude ne se dissolut, brume man-
gée de soleil, qu'en écoutant le train siffler, qu'en le
sentant stopper...

— « Lamothe-Beuvron. »

Ah! il respire enfin! Une heure cinquante cinq : encore vingt et quelques minutes. Il faut prendre garde,
cette fois!

Des sensations seules avaient accès en lui : le mouvement exagéré de respiration de la voyageuse, l'avachis-
sement du collégien qui venait d'allonger ses jambes,
comme un pont, d'une banquette sur l'autre. Il retirait
sa valise, la mettait à côté de lui. Tiens! moins de sable
gifflait les carreaux; la lune se cachait sans doute, le sol
ne la recevait plus; seul, ce sommet lointain de clocher
en ardoises prenait encore, grâce à elle, des tons bleus
très profonds. Il n'avait pas de gants; mais il n'aurait
bien pas de voiture tout-à-l'heure, et serait obligé de pa-
tauger dans l'argile du chemin que les pluies de la veille

devaient avoir délayée en bourbe gluante d'étang tari.
Oh! la maisonnette de Phalier, et la Briquetterie : on
approchait décidément. Il se releva, plia sa couverture.
Le train sifflait, le battement de son sang s'en accéléra;
et, comme les wagons s'entrechoquaient pour l'arrêt,
il ouvrit la portière avant que le train ne fût immobile
et descendit.

— « Salbris. »

Le facteur s'agitait dans la pénombre vers la machine,
il alla au devant de lui et donna son billet :

— J'ai une malle; on la prendra demain.

Il revint, se hâtant, traversa la salle des bagages
et se trouva dehors. Sur la dernière marche, en une
minute d'hésitation à braver la boue qu'il voyait briller
comme une glace rongée, aux endroits de la Place
où le branchage des accacias n'interceptait pas les derniers rayons de lune, il éprouva une attaque d'ennui
dont il n'osa scruter la cause. Car le déplaisir de quitter
Paris pour se trouver ici à cette heure, sans voiture,
avec la perspective de s'embourber pendant quinze minutes et le risque d'enfoncer dans les glaisières qu'il
savait border la route, là bas, un peu avant d'arriver à
la Sauldre, ne servait qu'à déguiser l'appréhension de
l'inconnu vers lequel il avancerait à travers tant de contacts désagréables. Et cet inconnu, dont le mystère commençait à l'obséder, le hanta plus péniblement encore
lorsqu'il fut en marche, le pantalon relevé très haut,
dans le sol gras qui lui glissait, traître, sous les pieds.
Une froidure sans souffle, tel un contact de marbre, le faisait grelotter au sortir du wagon chaud. Il doubla le pas
parmi la brume naissante qui lui dérobait les maisons
de l'autre côté de la place, et, à gauche, derrière la voie

du chemin de fer en contre-haut, montait plus épaisse de la rivière.

Le bourg laissé à droite, il longeait la ligne, au milieu d'une ombre si opaque, peu à peu, qu'il suivait la route plutôt machinalement qu'en la voyant. Ah! il lui tardait de franchir les deux cents mètres qui le séparaient encore de la maison devinée ici, devant, et par la pensée de laquelle il s'efforçait d'éteindre le souvenir allumé tout à coup d'avoir ainsi pataugé dans le parc de St-Cloud, certain jour d'orage, lui et une femme que le consentement de sa mémoire transposait en Silvaine. L'argile détrempée, monstre informe, lui engluait les pieds, mordait ses semelles, triomphait si bien à enserrer de tentacules ses bottines minces, qu'il n'appuyait pas de peur d'enfoncer. Et reflamboyait dans sa vision l'allée ensoleillée du parc où ils s'enlaçaient, rieurs! Une glaisière côtoyée se révélait par une masse de ténèbres plus intenses : il fut égayé à l'idée du bouquet de mines chattes que Silvaine lui donnerait à fleurer si elle était là, pataugeant avec lui.

Enfin, il distinguait la maison et, trente mètres derrière, la ferme. Black aboyait. Quelque émotion l'étreignit croissante devant le logis clos, l'inhabitude d'arriver à une heure aussi avancée de la nuit devenant une voix irréfutablement confirmatrice des gravités de l'occurrence.

— Paix! Black.

Il appréhenda, poussant la grille du jardinet, que le chien ne le reconnût pas et se jetât sur lui; mais il le voyait attaché et conçut l'inquiétante surprise d'assiégeants qui trouvent ouverte, un matin, la porte ennemie. On le lâchait cependant, d'ordinaire, tous les soirs.

A moitié chemin de l'allée, agacé de sentir que la boue collée à ses bottines se ferrait de graviers, il s'arrêta, secouant les pieds, regardant au premier la fenêtre de sa mère. Les persiennes, à travers qui passait une lueur, avaient l'aspect des paupières entrebâillées d'un ami qui somnole. Et, au milieu des hurlements de Black que cette manœuvre intriguait et qui tirait sur sa chaîne, il s'avança jusqu'à la porte, tourna le loquet pour ouvrir. Elle était fermée, il frappa...

De la ferme, maintenant, des chiens, réveillés par Black, répondaient à sa clameur d'effroi ; dans la nuit épaisse et très calme, ce chœur de hurlements signifia des allures aggressives si lugubres que, tout de suite, Césaire heurta la porte une seconde fois. Des pas descendant l'escalier, il éprouvait plaisir à reprendre coutume, parmi l'ombre, des formes et des objets familiers du jardin : les deux massifs ovales de chaque côté de l'allée, et plus loin, à droite, près d'où Black aboyait, le mur aux pêchers en espalier... Il espère bien qu'elle n'est pas gravement malade, sa mère... et distinguait avec peine, à gauche, le pigeonnier dont la tourelle, noire sur le ciel noir, se découpait fantastique et fatale comme un vieux château de légende à crimes.

On ouvrait. Et voici qu'en la minute où la clef tourna dans la serrure, brusquement, tout le souci de sa situation, papier huileux qui s'embrase, l'éclaira d'un trouble fait de synthétiser les anxiétés intermittentes et diverses traversées depuis douze heures. C'était le sang brûlé par cette fièvre, qu'à Françoise, poussant une exclamation de surprise :

— Oh !... Monsieur »

il demanda :

— Comment va-t-elle?...

Sa vitalité entière convergeait dans le regard plongé au fond des yeux moites de la vieille servante qui le dévisageait hébétée, et dont une toux en gloussement graillonneur rendait la réponse chevrotante :

— Oh! Monsieur... c'est un grand malheur... elle aurait tant voulu vous voir... à quatre heures, hier soir... ça l'a étouffée.

Césaire sentit une coulée de glace remplacer dans ses veines la lave qui les gonflait et le figer, là, sur le seuil, chairs frissonnantes, tandisque Françoise lui prenait la valise et la couverture... Morte? morte! Ah!...

Ainsi, il arrive trop tard. Et dire que s'il fut immédiatement parti... Elle est morte... morte!

Une oppression pleine de menaces d'anéantissement montait en vapeur néfaste de l'abîme scruté. Et l'épouvante continuait le saisissement de la première minute, cependant que Césaire faisait machinalement un pas pour permettre à la servante de fermer la porte.

A présent, la soudaine prostration de l'organisme chassée par ce mouvement, il subit au fond de lui-même, navrante et intime comme l'écroulement d'un intérieur de palais dont les murs resteraient debout, la réflexion que la destinée vient de luire trop fort sur l'âme de neige d'un être cher. Une seconde, la vision de toutes les félicités dues par lui à cet amour de mère défile devant ses yeux, avec, en arrière plan, les abnégations inutilisées, les sacrifices toujours prêts à l'accomplissement, les tendresses inépuisables... Et sur l'ensoleillement qu'amène l'évocation de la sainte maternité, la pensée du « Jamais plus » souffle de la nuit pour un si brusque désespoir qu'il semble environné de vide sans en pouvoir sortir!

La servante emportait la valise et la couverture. Instinctivement il la suivait, l'âme brisée, cueillant au passage devant la cuisine, tandis que Françoise lui ôtait son chapeau et son pardessus, la sensation d'aspirer avec plaisir une vague odeur de rôti. Cette impression était déjà chassée, il est vrai, en atteignant la première marche de l'escalier, au bout du corridor, par la remarque qu'ainsi, àcette heure, il vivait d'une atmosphère de sépulcre. Mais quelque étonnement, né du vis-à-vis de ces deux réflexions, s'attaquait, en ennemi plus puissant, à cette superstition toujours conservée : la certitude que le voisinage de l'Irrépressible auréolait les choses de solennité, les êtres de purification. Et il ne trouvait rien de celà, ni en lui — puisqu'il avait pris plaisir à humer cette odeur de cuisine, — ni dans Françoise dont il entendait au rez-de-chaussée la toux en gloussement graillonneur toujours aussi répugnante qu'autrefois, ni dans les objets qui conservaient leur physionomie ordinaire. Nul changement au tapis de sparterie couvrant le milieu des marches, pas plus qu'à l'ombre emplissant le bas de cette cage d'escalier, ou à la lumière qui, maintenant, venait de la chambre de sa sœur, au seuil de laquelle Marcelle se tenait. Seule, une odeur indéfinie lui rappela que, sur cette face bourgeoise des choses, la dernière expiration d'un être avait dû laisser l'empreinte mystérieuse de son souffle, et lui redonna un frisson à la pensée de contempler bientôt un cadavre... L'aspect désolé de sa sœur qui avançait vers lui sur le palier, défaite, les yeux rougis, mâchant son mouchoir, accrût son trouble. Ce fut avec un sanglot qu'il balbutia :

— Bonsoir, Marcelle. »

En se jetant dans ses bras tendus grands ouverts.

—Ah ! pauvre frère.

Mais son affliction semblait ne plus user, pour le faire souffrir, des mêmes fouets que tout à l'heure. Plus crispante et moins profonde, elle serait soulagée, celle-ci, par les sanglots et les larmes que, contagieusement, lui tiraient les sanglots et les larmes de sa sœur. Chose étrange! maintenant que, sur sa joue, le flot échappé de ses yeux se mêle à celui dont le mouille l'accolade de Marcelle, son esprit, un instant oppressé, reprend sa liberté d'idée; et bien que ses pleurs continuent à couler, le souvenir de la morte n'est déjà plus présent que de très loin à sa pensée, comme l'obscurité répandue par un orage qui s'éloigne. Un pressentiment toutefois le moleste : la conviction que le désespoir de sa sœur suinte d'une déchirure d'âme autrement désastreuse. Auprès du brûlant fiévreux de ces joues, les siennes paraissent de marbre. Il la sent trop brisée contre lui, et, par instants, secouée de tels spasmes qu'elle semble prête à s'évanouir, soutenue seulement par l'étreinte dont il l'enserre.

Tant, qu'une minute il eut honte de lui même.

N'est-il qu'une brute? Pourtant ses larmes coulent toujours âpres et abondantes, ainsi que d'un réservoir dont on entrouvit la vanne! Et il songe plus à supporter le poids de Marcelle abandonnée à son cou, qu'à voir Celle dont cette porte fermée le sépare seule!...

Il se dégagea doucement, rendant sa sœur à elle même; et la peur de se trouver coupable lui fit demander, sans qu'il voulut s'essuyer les yeux :

— Mais c'est donc arrivé subitement? Tu m'écrivais avant-hier que ce n'était pas grave?

— Le médecin... M. Nanjac le disait... C'était une fluxion de poitrine!

Les sanglots dont chaque mot de Marcelle s'accompagnait lui faisaient mal, chacun d'eux arrachait en sortant d'elle un morceau de sa chair à lui; et ce fut dans un besoin machinal d'occuper ses nerfs agacés qu'il tenta le premier pas vers la chambre de la morte. Dès le second, cependant, il était déjà effrayé de son dessein, mais continuait à marcher — puisqu'il ne pouvait pas reculer. Un tremblement le paralysait au moment de tourner le bouton. La main de Marcelle s'abattant inerte sur son épaule lui fut bonne comme l'eau d'une flaque au vagabond que la soif exténue; dans une exacerbée tension de vouloir il ouvrit.

Cette chambre qu'il connaissait jusqu'en ses moindres recoins ne lui paraissait plus la même. Il s'en immobilisait sur le seuil dans un désarroi favorisé par l'odeur étrange déjà perçue, exhalée des deux cierges qui brûlaient au chevet et répandaient une lueur jaune, on eut dit décomposante, sur les objets familiers et ce corps su mort. Oh! le néant semblait avoir hâte de reprendre ses droits, tant le drap mangeait déjà complaisamment les formes, tant l'épaisseur de la mousseline cachait bien le visage. Il frissonna de cet aspect et détourna les yeux. Une femme agenouillée au bord du lit et dont il ne voyait que la robe de deuil, la coiffe aux larges ailes et les mains jointes, doigts allongés, devait être la servante du curé. Absorbée dans sa prière, elle ne s'apercevait même pas de leur présence. L'atmosphère chaude, lourde, serrait la gorge comme une divinité occulte punissant des profanes d'avoir franchi la porte de son temple. L'émotion de Césaire subitement accrue d'une peur à cause mal définie sécha ses larmes, le raidit sans qu'il osât résister à sa sœur qui, derrière lui, de la main, le pressait vaguement d'entrer. Et il avança vers le lit, sa frayeur se dissipant au fur et à mesure qu'il approchait, tandisque ses regards, bien qu'obstinément retenus par le cadavre, se rendaient compte que Nanette relevée se reculait en le saluant de la tête, sans que ses lèvres interrompissent leur prière.

Maintenant, un saint désir ironiquement escorté d'une armée de démons aux attitudes de menace, l'emportait : Revoir encore une fois ce visage... Mais aura-t-il la force de soulever cette mousseline? Il lui semble qu'il va commettre une profanation et une témérité, qu'à se pencher ainsi pour se regarder dans le miroir de la mort, la glace s'entrouvrira sur un abîme dont le vertige attire et dont l'haleine tue. Oh!... sa sœur venue au chevet, retirait doucement l'étamine... décachait la tête...

Le trouble de Césaire qui s'était augmenté de seconde en seconde et paroxysmé pendant le geste de Marcelle, cessa tout à coup de l'angoisser, halluciné que sa vision quitte!... Comme elle a les traits tirés et maigris!... Pauvre, pauvre mère!... Qu'elle dut souffrir pour arriver à n'être plus que ce visage de cire... C'est donc cela, la mort?...

Plus de calme recouvré par cette constatation, plus de regret l'assaillait. Ainsi, il ne reste que ce néant de celle qui lui donna la vie. Et c'est fini pour toujours, pour toujours fini de toutes les tendresses accumulées autour de lui comme des mains gardiennes afin qu'il ne bute point aux duretés de l'existence... Vers celle qui les accomplit et qui ne le pourra plus désormais, s'essaime une gratitude infinie qu'il éprouve la tristesse de savoir adressée à une chose ne la percevant pas... Pauvre soi guetté par le vide jaloux de vous avoir laissé le connaître une minute!...

— Si bonne ! si bonne !

Il comprenait mieux, maintenant, la douleur de sa sœur, ce cri de bête estropiée, incapable de fuir plus loin et s'abattant là, sur le pied du lit, la bouche couverte de son mouchoir pour étouffer les sanglots qui montaient. Il éprouvait même une certaine confusion de n'être pas aussi ému lui-même; et le désir de modérer un peu cette affliction dont l'outrance érigeait le spectre du blâme devant la sienne, entrait autant que l'appréhension de voir Marcelle tomber malade à son tour, dans le raisonnable dessein de lui conseiller l'acceptation de l'irrémédiable et de s'approcher d'elle pour la consoler :

— Voyons, calme-toi... A quoi bon?... Tu es lasse, vois-tu, il faudrait te coucher...

Mais la jeune femme ne se délivrait pas de son accablement. Aux derniers mots de son frère elle avait répondu non, d'un hochement de tête lamentable de toute l'implacabilité du sort enduré. Et comme Césaire parvenait à la détacher du lit, elle se laissa tomber dans un fauteuil à côté, bras pendants, tête penchée, la poitrine secouée de sanglots. Il la regardait ainsi affaissée, étonné qu'elle fût seule à veiller avec la servante de la cure, sans nul des familles amies : ni les Detrimont, ni les Boissier, ni les Nanjac, pas même son beau-père à elle, M. Brunet; et cette résolution se reformait en lui, ainsi que repartent au printemps les développements de branches interrompus par l'hiver : il fallait absolument qu'elle s'allât coucher.

— Vous devez avoir besoin de prendre quelque chose, monsieur.

Françoise, entrée doucement, lui disait cela à voix basse. Sa première pensée fut de refuser, asservi encore

par la superstition qui lui faisait considérer le respect de
la mort comme prohibant toutes attentions trop maté-
riellement étrangères. Mais, il passerait la nuit... il était
déjà fatigué de ce voyage et se sentait l'estomac creux...
Seulement, action douteuse que l'on désire voir couverte
par l'approbation d'un sage, il eût aimé que Marcelle
l'accompagnât; et il se penchait vers elle pour le lui
proposer. La jeune femme eut, de la tête et de la main,
un :

— Oui, va, va »
qui confirma Césaire dans son idée de descendre et l'encouragea à insister :

— Viens, toi aussi.

— Non, non, laisse-moi.

Elle s'avérait si brisée, que ses gestes de refus ne re-
vivifiaient que pour une impression fugitive le scrupule
de tout à l'heure, et que Césaire, sortant derrière la servante et descendant l'escalier, souffrit plutôt de la voir
à ce point affectée et de la laisser, malgré lui, en tête-à-
tête avec cette morte et Nanette qui, maintenant assise
au chevet, priait toujours. Pauvre sœur! elle portait son
regret comme les cloîtrées portent leur voile noir : sans
même vouloir regarder au travers.

— Il y a du bon rosbeaf froid avec de la mayonnaise.

Entendre ces mots, cependant que, par la cuisine toujours pleine d'odeur de rôti, il gagnait la salle à manger,
lui donnait l'impression d'une main brutale éraflant des
blessures mal fermées et réveillait son mépris pour cet
esprit de domestique nuisant à force d'être grossièrement
servile. Cette rancune réhabilitante le prédisposa à plus
intensément sentir le vide de la salle à manger dont la
bougie n'éclairait guère que le centre : la table couverte

d'une toile cirée blanche et sur la grandeur de laquelle son couvert semblait perdu. Dans la pénombre rien de changé, les mêmes objets vivaient aux mêmes places. Le dressoir avançait toujours la poire en vieux chêne verni de sa corniche où dansait un reflet de lumière... Ce rosbeaf saignait, très tendre... Le vieux cou-cou respirait péniblement son coutumier tic-tac en fausset à donner l'idée d'un siphon qui se vide... Le vin valait autrement mieux que celui de son restaurant... Françoise prolongeait, aussi écœurant qu'autrefois, le gloussement graillonneur de sa toux... Et pourtant, la perception que quelque chose manquait, lui arrivait à tous instants, quelque chose comme l'âme de cette salle, de cette maison, et que rien ne pourrait remplacer.

— N'est-ce pas qu'il est bon? M. Brunet dit qu'il est trop cuit...

Le nom du beau-père de Marcelle prononcé nourrissait en la mémoire de Césaire l'étonnement conçu tout à l'heure : comment personne et pas même lui ne se trouvait-il là? Comment avait-on pu délaisser Marcelle ainsi? Il s'en informait à Françoise.

— Mais, monsieur, c'est sa faute, aussi. Madame Boissier s'est offrie, elle l'a remerciée. Elle voulait être seule; quelle idée, je vous demande un peu? M. Brunet a ses rhumatismes; il est venu un petit moment... Mme Detrimont est partie à onze heures... elle avait passé l'autre nuit... avec moi.

L'insinuation de la servante restait presque inaperçue; derechef, la conduite de sa sœur l'emplissait de perplexités. Est-ce que la douleur ne lui troublait pas le cerveau, n'allait pas l'affoler? Cette manie d'avoir refusé des étrangers pour la veillée révélait à l'odeur quelque sanie cachée. Avait-elle prévenu Adolphe, son mari?...

— En voulez-vous encore, monsieur Césaire?

Il reprenait du rosbeaf, la trouvant effectivement bonne cette mayonnaise. Et voici que, sans savoir d'où s'éclairait le miroir de pareille réflexion, il pensa tout-à-coup que l'épithète dont il qualifiait cette sauce, était celle employée par sa sœur à l'égard de leur mère, quand là haut, une crise l'avait abattue sur le lit en gémissant : « Si bonne! si bonne! » Une amertume inquiétante l'envahit que semblable comparaison eut pu naître en lui à cette minute, remuant ainsi toute la vase qu'aux bas-fonds du cœur humain accumulent nos faiblesses. Et il hâta ses dernières bouchées, sa dernière gorgée, repoussant les poires que lui offrait Françoise, pour revenir plus vite à la chambre mortuaire, comme afin, insciemment, de s'y absoudre, par la contemplation du rien où sombrent héroïsmes et vilenies.

La montée de l'escalier, le peu de largeur du palier qui le rapprochait de la chambre, lui étaient indifférents à présent. Un bien-être metteur de rayons dans l'ombre des choses tristes, circulait en lui par l'arôme capiteux du vin bu; et il tourna le loquet de la porte presque aussi délibérément qu'il eut franchi le seuil d'une nécropole quelconque.

L'aspect assagi de la chambre elle-même encouragea ce retour au flux de vie ordinaire. Le voile était replacé sur le visage de la morte, et Nanette enfoncée dans son fauteuil au chevet du lit. Auprès, la table couverte d'un linge, avec, entre les deux chandeliers, un crucifix d'ivoire et un bénitier où trempait du buis bénit, reprochèrent toutefois à Césaire de n'avoir pas accordé à la défunte l'aumône de l'aspersion d'usage — ce qu'il n'osait plus

faire maintenant. Moins d'attention lui étant nécessaire
pour la récitation de son chapelet, la veilleuse avait un
peu relevé la tête, et l'appuyant au dossier, elle se permettait la distraction de disjoindre parfois ses yeux clos.
Sa sœur, elle, était assise au coin de la cheminée, les
pieds tendus et les regards vers la flamme jaune qui sortait d'entre les rondins dont le suage chantonnait plain-
tivement dans la chambre silencieuse et chaude. On eût
dit qu'une grande stupeur planant au-dessus y endormait
la vie, à la façon d'un milan qui fascine un rouge-gorge.

Il prit un fauteuil qu'il reconnut monté du salon et
vint s'installer en face de Marcelle, de l'autre côté du
foyer. Elle semblait abîmée dans la contemplation des
grottes de braise que formaient les bûches en ignition; et
bien qu'elle fut un peu calmée, que ses larmes coulâssent
moins abondantes et sans bruit, il la jugea si abattue
encore qu'il reosa la résolution d'éloigner d'elle ses
obsédantes pensées

Toutefois, ce dessein ne participait pas plus, peut-être,
d'une si méritoire intention que du besoin subitement
développé de savoir comment cette catastrophe s'était
accomplie, et de la crainte de demeurer sans parler le
reste de la nuit, avec pour seul interlocuteur l'inappréciée
réflexion que lui renverrait l'écho de ses propres idées, et
pour seule distraction le loisir de reprendre connaissance
des objets environnants, dont il savait de longue date la
place comme la nature... Ce couvre lit en coton blanc
plié là sur une chaise à housse frippée... Ces cadres :
Une tendre mère, *Un enfant chéri*, des lithographies où
deux bourgeoises de 1830, manches à gigot et crinolines,
surveillaient, avec du bonheur dans l'attitude, l'une le
sommeil, l'autre les premiers pas de son enfant... Cette

tête de molosse en terre cuite que son ami Paul Effort,
camarade de collège devenu sculpteur de talent, avait
modelée d'après celle de leur chien-de-garde d'avant
Black...

Il avança le haut du corps vers Marcelle; et à mi-voix,
désignant d'un hochement de tête, le lit :

— Dis... comment est-ce arrivé?

Marcelle relevait le front, le regardant, lamentable,
pour s'assurer, au sortir de son rêve, que c'était bien à
elle qu'il demandait ces doulourenx détail. Et il eut
l'impression triste de respirer des fleurs fanées à la voir
abattue, lasse et courbée et pâle, à entendre tomber de
ses lèvres flétries et lentes, sa voix dolente :

— Ce sont ces maudits fuchsias. Elle avait peur des
premières gelées... Le jardinier était à arracher les pommes de terre, elle a voulu les rentrer elle-même dans la
serre... Et elle a rattrapé un chaud et froid.

En effet, il la savait malade déjà, leur mère, et mal
guérie de sa bronchite d'antan. Cette fluxion de poitrine
n'avait été, sans doute, qu'une poussée d'enfant causant
la chute de l'arbre déraciné. Et il se souvenait de son
père aussi brusquement mort d'une fièvre contractée un
soir qu'il avait fait, sous la pluie, le trajet de Neung à Romorantin pour rendre la recette de quinzaine de sa perception. Ainsi allait le monde : les êtres naissaient, mou-
raient, après avoir apporté leur gravier respectif à
l'éternel monument et fourni à la génération future un
être capable d'apporter le sien, et de doter encore d'un
travailleur l'avenir... Sa sœur, à peine plus âgée que lui,
avait accompli déjà une de ces deux missions : elle était
mariée et mère d'une fille... Tandisque lui... Est-ce que
cette obligation ne lui répugnait pas?... L'image de Sil-

vaine glissait devant ses yeux, ricanant l'inutilité des tâches; il lui refusa pourtant son attention, tout aux idées familiales évoquées...

— Adolphe est prévenu?

— Oui, il a envoyé une dépêche; il arrivera ce matin, par le premier train.

Un geste de tête de Marcelle indiquait le bout de la cheminée, vers lui; et il y apercevait, derrière un pied de lampe, le papier bleu du télégramme... A ce devoir exigé dont la morale, en contremaître ponctuel, venait souvent ordonner l'exécution au fond de sa conscience, il ne voulait pas songer... Pour arriver d'Argenton ce matin, il fallait qu'Adolphe fut parti hier soir et de bonne heure... Ce qu'il fera de sa vie? L'heure n'est pas encore venue d'y vaquer; il faut, avant, que l'us des événements trempe sa virilité naissante... La fatalité dont le souffle avait laissé retomber morte celle qui gisait là, repassa sur sa pensée comme un nuage obscurcisseur d'horizon : Elle ne lui allégera plus de fardeaux, la toujours prête à les lui alléger! Et voici que la pénible constatation de se trouver abandonné, sans guide et sans soutien, aux aspérités d'une montée abrupte s'enfuyait, devant la subite vision d'une femme en qui bien des fois déjà, enfant trébucheur, il s'était confié du soin de le conduire par la main à travers les circonstances. Quelque inquiétude le resaisissait toutefois : le pressentiment qu'elle ne saurait peut-être pas, qu'elle ne pourrait sans doute point, celle-là, tenir lieu de tout et remplacer pour lui, la famille, la mère, la sœur, l'enfant... Elle était si gentille cette petite Pauline... la fille de Marcelle, sa filleule...

— Et Line?

— Elle va bien, elle est toujours aussi espiègle.

Quelle protestation intime lui insinuait donc vaguement qu'il plaçait du parfum très-précieux dans un vase fêlé?... Mais la voix forte que parlait le souvenir des béatitudes goûtées l'étouffa tout de suite. Est-ce que les sacrifices et le dévouement aux devoirs imposés vaudront jamais l'exquisité savourée par lui sans qu'il ait même songé qu'existent ces devoirs, sans que nul autre but ne soit apparu souhaitable, que celui-ci: aimer jusqu'à complète absorption de soi en elle?

Un soupir et un geste de sa sœur pour s'essuyer les yeux, l'arrachant au rêve qui l'accaparait le fit s'indigner dans un blâme amer, contre sa conduite présente. À cette heure, en cette chambre, devant ce lit, il osait caresser pareil sensualisme! Vraiment, il avait honte... et il ne voulait même plus forger d'idées, par crainte qu'à une innocente quelque coupable ne vint incidemment se souder, anneau d'une chaîne aux ramifications inconnues.

Il releva un peu la tête, occupé pour la première fois par le tic-tac de la pendule, et regarda l'heure. Trois heures et demie allaient sonner. Et il fut agacé d'entendre troubler l'absolu silence par le « Notre père » de Nanette qui appuyait sur les deux mots au commencement de chaque dizaine, puis chantonnait l'oraison en un bourdonnement de guêpe inintelligible. Affaissée dans son fauteuil, Marcelle semblait assoupie. Césaire fut heureux de la voir un peu calmée; il insinua :

— Va te coucher, tiens.

— Non. J'ai dormi, du reste, l'autre nuit... Et puis, c'est la fin.

En effet, c'est la fin!... Ils ne la veilleront plus; ils ne la soigneront plus... elle va partir; après-demain ils n'auront même plus ce dernier vestige : son cadavre. Ce sera pire que la mort, l'enfouissement ! Le dispersement dans *autre chose* ! Une pincée de pollen que le vent, protecteur des pistils qui attendent, a répartie ! D'une idée corrosive a laquelle il s'arrachait, retomber ainsi sous le fer rouge d'une plus terrible encore à frôler, l'affolait; il se rejetait à ne vouloir connaître que de simples sensations, sans parvenir à complètement empêcher que leur pénombre ne s'éclairât de mouvements d'âme. Les dernières bûches du feu s'effritaient en braise; la chambre semblait se refroidir. Cette impression, par analogie, accentuait la nudité dont son esprit grelottait : il rapprocha les deux bouts séparés, puis remit un rondin par dessus. Tiens ! sa sœur s'était acheté une troisième bague avec un brillant fort beau... moins gros, cependant, que le saphir dont il avait fait présent à Silvaine pour sa fête... Oh ! cette obsession, ne s'en peut-il délivrer?... C'est comme ce hurlement lointain de chien dont les notes tombent, lugubres... des râles!... Elle devenait décidément agaçante, Nanette, avec ses « Notre père, qui êtes aux cieux » jetés dans un soupir. Et il s'attardait à l'entendre marmonner, intrigué par les raisons que pouvait avoir la vieille fille pour demander ainsi à passer les nuits en prière auprès de presque tous les morts de la commune, et cela sans que son maître se fût jamais plaint de son service qui devait, cependant, se sentir de tant de veilles. Un souvenir d'enfance rappela cette sorcière des légendes qui se nourrissait de respirer des cadavres. Quelle sottise !

Pauvre mère si désireuse de le voir, il était arrivé trop tard. Un sort méchant les avait à jamais séparés, sans regard d'adieu... Ce sort s'incarnait pourtant dans un profil de femme... Et il frissonna, les prunelles portées

sur la glace de la cheminée que la clarté de la chambre
emplissait d'une brume lumineuse et dans un coin de
laquelle des tourbillonnements plus sombres s'élevaient
en spirale, comme la fumée d'une chaumine au fond
d'un crépuscule tranquille. Ce trémoussement qui, d'a-
bord, lui avait paru une illusion de ses yeux, devenait le
reflet brouillé de la fumée des cierges.

Renfoncé dans le fauteuil, la tête appuyée au dossier,
il restait, les regards plongés aux lointains vaporeux du
miroir, jouissant d'une immobilité bonne qui le reposait
des lassitudes de son cerveau un peu moins oiselle roulée
par l'ouragan des alternatives. Tout son être cuvait un
accagnardement délicieux... C'est elle, en effet, Silvaine,
la cause... Mais elle ne savait pas, elle ne pouvait pas
savoir... Est-ce que cela empêche qu'elle ne soit l'espérée dont il rêvait en rêvant d'amour antan? L'amour
n'a-t-il pour couronne la réalisation du plus intense
bonheur de l'existence?...

Ses yeux se closaient afin de mieux revoir une image
contemplée, quand? il y avait longtemps, longtemps; —
où? il n'eut su le dire; probablement en quelque livre
illustré, peut-être de George Sand dont son père fut l'ami.
C'étaient les bustes d'un homme et d'une femme qui,
sur le hauban d'un navire, s'enlacent pour un suprême
baiser avant de se jeter ensemble à la mer. La tête puissante, aux cheveux noirs frisés du marin! La fine figure
de créole de la jeune femme! Leurs lèvres collées, gon-
flées du dernier souffle de vie échangé! Et du fond de sa
somnolence il lui semblait que ce baiser parlait, que ces
paroles douces et muettes comme une brise épanouis-
seuse de calices tard-poussés, étaient la prédiction qu'un
jour l'amour deviendrait la religion de toute la race
humaine...

— Madame, il y a un cierge qui coule toujours... c'est peut-être une paille...

— Prenez en un autre.

La phrase de Nanette et la réponse de sa sœur lui arrivaient vaguement, de très loin, sans qu'il y attachât importance. A peine avait-il une seconde de rancune contre la bêtise qui venait interposer ainsi la buée de son haleine entre lui et ce couple perdu dans les extases du baiser. Peu à peu, cependant, la vision se déformait, s'oblitérait, perdait sa valeur de paysage sombre sous le soleil revenant. Et voici : la figure aux noirs cheveux frisés prenait les tons pâles de la sienne, la teinte blonde de ses cheveux ras, de sa barbe en pointe, et la fine tête de l'héroïne se grossissait jusqu'à être celle de Silvaine. Le cœur lui battait plus vite à cet enlacement de lui-même auquel il assistait par une sorte de dédoublement, et il forçait sa vue pour découvrir le couple que de la brume s'obstinait à voiler. Une voix cria, muettement éloquente, que c'était l'heure des consécrations solennelles où, les dernières barrières intimes chues comme des remparts de cartes dans l'abîme du monde oublié, s'accomplissait, pour le suprême paroxysme de leurs vies, l'irrévocable communion de deux êtres en un même bonheur. Il comprenait ; rien de lui ne protesta. L'univers entier le sait bien : il est à elle, rien qu'à elle, pourvu qu'elle ne devienne pas la madone inflexible et qu'elle devête sa divinité afin de lui permettre l'entrée de la couche aux rideaux crême bordés de dentelle blanche que sont devenues les brumes de tout-à-l'heure, et où, sous la lueur de veilleuses à l'aspect de cierges, elle est là, étendue, endormie, sa tête seule sortant des draps, et voilée il ne sait pourquoi...

— Oh! mon Dieu!

Le heurt brusque d'un chandelier qui tombait par terre
et l'exclamation de Nanette tirant Césaire de sa rêverie,
le firent se redresser un peu, attentif aux extériorités. Et
il arrêta un cri d'horreur sur le point de lui échapper à
la pensée du crime commis dans son demi-sommeil. Ce
lit dont il implorait l'entrée, d'une femme qu'il croyait
Silvaine, oh! c'était celui-là, le lit de la morte!... En
vérité, quels tréfonds de conscience viciés renferme-t-
il donc pour que semblables moisissures s'y puissent
épanouir? De la sueur perlait à ses tempes; et frissonnant,
haletant, comme s'il eût eu peur que Marcelle ne humât
les relents de son infâmie, il insista soudain, de nouveau, pour qu'elle se retirât :

— Va te coucher.

— Non, vas-y, toi plutôt... tu as sommeil.

La pendule tintait quatre coups; une minute, il eut
la velléité de céder; mais ce ne fut qu'une impression
fugitive. Un hurlement de chiens arrivait de loin dans
la nuit, lugubre... Ce n'était pas possible qu'il la laissât
veiller seule; pas possible. Nanette s'était réinstallée au
chevet et il entendait remuer en perles fêlées les grains
de son chapelet. Pourtant, s'il reste là et que, le sommeil l'emportant, il aille s'halluciner encore de quelque
ignominie?... Mieux vaudrait sans doute s'éloigner...
Une pointe d'amour-propre renforçant de troupes frai-
ches sa vigueur décimée, refoula les couardises sur le
point d'être victorieuses. Non, il ne s'en ira pas.

Et se rejetant la tête en arrière dans le fauteuil, il
ferma derechef les yeux, mais invoquant l'inconscience
du vrai dormir cette fois.

II.

« Jeudi matin. »

« Ma pauvre amie, »

La phrase tracée, Césaire, regrettant l'épithète, déchira la feuille de papier, en reprit une autre et écrivit :

« Ma chère amie, »

On ne se drapait pas ainsi, dès les premières lignes, dans une affectation de condoléances, avant d'avoir expliqué ce qui les pouvait motiver. C'était trop brutal...

Il fallait pourtant que cette lettre annonçât, d'une façon décisive! le possible changement de route qu'il laisserait sa destinée accomplir. Certes, très au fond de lui-même, le souvenir des trois mois de bonheur qu'il venait de passer demeurait une vivace salamandre à qui l'immersion dans le feu n'a pas ôté la vie; mais il pensait qu'à la longue, sans doute, sous la puissance de la flamme et l'intensité du brasier, ce souvenir finirait par se volatiliser en cendre. Est-ce qu'avant une heure il n'allait pas revoir là, dans le salon au dessous de ses pieds, et pour une visite intéressée, préparée de part et d'autre, une jeune fille autour du front de laquelle, depuis huit jours, on s'acharnait à lui faire mettre, fleurons d'arbitraire couronne, chaque lettre du mot : fiancée? N'avait-il pas déjà renoncé au doctorat pour acheter à Romorantin une étude d'avoué dont le propriétaire se retirait? Les trois ans de Paris lui paraissaient sombrés dans le lointain des désirs disparus... La vie de province le reprenait; il faudrait oublier... Est-ce que ce serait possible? *Il faudrait oublier.* IL FAUDRAIT.

« Malgré mon dessein de rentrer la semaine prochaine,
« je crois que je serai obligé de rester ici plus long-
« temps... »

Une souffrance inattendue et désespérante comme d'avoir soigneusement aiguisé soi-même le couteau dont on vous menace, le poignait de prononcer ainsi un arrêt qui lui coûtait tant; affolé de regarder en face tout ce qu'il repoussait, il eut hâte d'en finir, de jeter la décision irréparable, achevant :

« ... sans qu'il me soit guère possible de prévoir la
« date de mon retour. »

Puis, les mots écrits, devant la terrible signification, il fut envahi de remords par la réflexion que chacun d'eux allait porter les stigmates d'un pied brutal sur les illusions épanouies de l'aimée encore, malgré tout.

Elle qui avait si confiance, il la voyait ouvrant la lettre, joyeuse, et lisant... Il sentait par avance l'affreux vertige qu'elle subirait en voyant se creuser entre eux l'abîme de la séparation... Oh! il ne pouvait plus, il ne pouvait plus... L'idée seule qu'elle aurait l'âme meurtrie et qu'il ne soignerait pas la plaie, qu'elle pleurerait et qu'il ne boirait pas ses larmes, mais qu'il serait au contraire la cause de cette blessure et de ces sanglots, l'effraya. Dire que la moindre ombre sur le front, la moindre tristesse dans les yeux de cette femme firent ses anxiétés d'autrefois, et qu'il lui faut avoir, aujourd'hui, le courage de prononcer que leurs pensées auront désormais la face inconnue de deux êtres qui ne se sont point rencontrés !

Il rejeta sa plume sur le bureau et vint s'adosser à la cheminée, n'osant regarder davantage cette résolution. Ah ! il s'est juré d'être un de ces croyants héroïques qui pour se punir d'un péché brûlaient la main coupable de les y avoir induits. Mais il doute autant de sa force à tenir son serment qu'il ignore si l'homme aperçu par la fenêtre, sur la route grise et nue, pourra porter longtemps le sac de grain qui lui courbe les épaules. Et cependant, la raison veut qu'il y consacre toute l'énergie dont il est capable.

Il ramena ses yeux dans la chambre avec un soupir de découragement. Ce conseil de sagesse, tout ici ne le lui crie-t-il pas ? Un objet se montre-t-il qui ne soit un blâme des vies gaspillées, en ce cabinet de travail paternel où les choses, sous leur masque immobile de mortes, restent animées et imprégnées de l'homme disparu ? Depuis la bibliothèque sombre et volumineuse où l'esprit érudit de l'ex-receveur des Domaines devenu percepteur par lassitude de Paris, rassembla une partie de l'œuvre philosophique du siècle dernier et les livres méritoires de celui-ci ?.. Jusqu'à la chaise où Césaire était assis tout à l'heure, dont les clous retenant le cuir repoussé du siège et du dos, étincellent ?.. Jusqu'à ce lit étroit dont l'acajou massif prend les teintes noires de l'ébène ?.. Le soleil qui rentrait à plein la fenêtre en auréolant les larges fleurs blanches des rideaux de guipure, allait iriser les pans d'un bloc de cristal de roche sur un bahut ; et voici que le scintillement en vives couleurs d'arc-en-ciel de la pierre transparente, rappelait à Césaire leur chambre à coucher rue Monge, où, du lit, on voyait le soleil se mirer avec des embrasements joyeux dans le verre recouvrant un portrait de Line sur la cheminée... Cette pressentie réapparition de Silvaine l'agaça; et il chassa ses regards du bahut vers la gravure du cadre pendu au dessus : une eau-forte de Knaupp.

Cette eau-forte conçue selon la manière de Rops — une femme nue, debout, étreint de ses mains et de ses cheveux le cou d'un satyre à demi renversé, suppliant — l'avait toujours intrigué. Et voici qu'à cette minute elle mettait un insurmontable trouble en lui, tant le symbole, soudain explicite, venait de crier indéniablement son : Prends garde. Il s'était rapproché; et maintenant, un problème se posait dont il cherchait la solution dans le profil de ce corps de femme aux chairs grasses et calmes d'être assouvies, sur ce fin visage un peu penché vers le satyre et le long de ce sourire énigmatique dont la ligne mince et droite insinuait l'inquiétude des portes uniques murées. L'étranglait-elle? L'enlaçait-elle pour le relever? Le mystère de ses lèvres, la raideur de ses bras tendus, de ses doigts qu'à travers les mèches de cheveux on devinait crispés, laissaient supposer aussi bien l'un que l'autre; et la figure du chèvre-pied s'animait d'une si bestiale tension de tout son désir d'être attiré par la fascination du regard jusque dans les yeux de cette femme — gouffre? — citerne? — que l'on n'eut su dire s'il jouissait ou s'il râlait.

Or, brusquement, conviction faite de quelles vieilles influences? Césaire s'affirma qu'elle l'étranglait. Oui, elle était, la charmeresse, de celles qui hument le sang

des hommes pour le souffler en bulles et dont nul pouvoir, pas même la volonté, ne délivre. Est-ce que l'enseignement des siècles ne montre pas celles qui semblent moins dissimulées et moins banales, plus men-
teuses et plus fatales que les autres? A la hauteur des
félicités se proportionnait la douleur des chutes... Qui
sait s'il n'est pas le jouet d'une de celles-là, en ce moment?...

Il revint s'asseoir et relut les lignes qu'il avait écrites.
La dernière lui parut toujours aussi méchante, et bien
qu'il prétendît ne pas la retrancher, il voulut atténuer sa
dureté en l'ouatant de mensonge :

« La cause? Une complication inattendue dans ces
« affaires de partage et qu'il serait trop long de t'expli-
« quer. Si tu savais combien m'agacent ces explications
« à n'en plus finir, ces tentatives d'accord qui n'abou-
« tissent pas; et c'est telle pièce dont on manque; le no-
« taire qui n'est pas là... »

Il était effrayé de sa sécheresse; et cependant ses
faussetés épandaient en lui la douceur lâche d'offrir soi-
même aux mains maternelles, pour les jeter au feu, ses
loques de prodigue repentant. Il trouva même, à relire,
qu'il s'apesantissait beaucoup sur son regret d'être
retenu; et il voulut user de quelque retour brusqueà
l'offensive, afin de rappeler que la blessure ouverte ne
devait point se refermer. S'il insinuait qu'elle se con-
solât avec quelqu'un de ses vieux amis du Quartier,
Nittys, par exemple, un ambitieux et un intrigant sous
ses apparences sceptiques, qui, après avoir quitté le
barreau pour être clerc d'avoué, venait encore de lâcher
la basoche, et aidait, maintenant, comme secrétaire, le
vieil amiral de G. à écrire ses Mémoires?...

« J'espère que tu ne t'ennuies pas trop... »

Mais c'était d'un cynisme fou; il n'osa prononcer de nom et acheva en généralités :

« La distraction environne tellement à Paris, qu'on
« finit par y céder et que l'on a bien raison. Distrais-toi
« donc, amuse-toi. »

Cependant, une honte intime s'exhalait de toutes ses tergiversations. Puisque cet acte était sage, pourquoi l'accomplir avec les regards louches et les tremblements d'un assassin confronté avec sa victime? puisque cette rupture était forcée, pourquoi ne point immédiatement la formuler, tête haute? Le moindre mot laissant sous-entendre un mariage, refusé du reste, dirait mieux que le plus substantiel encouragement à l'oubli, que les plus raisonnables motifs d'un retour différé. Seulement, l'audace de donner vent devant lui manquait et sa plus ferme résolution d'aller droit s'achevait en louvoiements :

« Quant à moi, comme si ce n'était pas assez d'embê-
« tements est-ce qu'ils ne veulent pas me marier? Ainsi,
« tout à l'heure, je vais... »

Son énergie n'avait plus de grain à mettre sous la meule; la machine tournait encore, mais sans donner de farine : il ne savait plus comment finir sa phrase. Toute sa pensée restait à genoux vers ce qu'il voulait envisager comme la délivrance définitive des multiples courants d'idée où il ballotait, ainsi qu'une cupule de gland dans une mare. Oui, il se l'avoue nécessaire, ce mariage. L'attrait des phalènes pour les lampes nocturnes, il le subit à l'égard de Paris, incontestablement; mais son regret de la capitale ne résiste guère au moindre semblant de réflexion. Il n'a pas une fortune qui lui permette d'y vivre oisif; et le dessein de devenir avocat n'a jamais été qu'une draperie de tranquillité tendue devant l'aspect inquiétant de l'avenir, aux jours où sa liaison avec Silvaine lui faisait envisager le séjour définitif à Paris comme nécesaire. Du reste, les séductions de la Ville, résumées pour lui en celles de cette femme, ne l'ont jamais laissé, même aux plus grisantes heures, sans une certaine crainte du chemin où il s'engageait; et les ruptures avec son monde qui ont paru possibles en les examinant de loin, deviennent aussi inacceptables, aujourd'hui, que l'espoir de se désaltérer aux fruits promis par les palmiers d'un mirage. Une vie à l'écart, et bannie de la considération des siens, est-elle supportable? Ou s'il lui arrivera comme à M. Brunet qui, ayant autrefois amené de Paris une cabotine lasse des planches pour l'instaurer chez lui, a été obligé, par l'opinion publique, de l'éloigner d'abord de Romorantin où il était alors banquier, puis de la renvoyer complètement?

Un tohu-bohu de voix dehors lui fit diriger les yeux vers la fenêtre. En bas, sur la route, et arrivant à la grille du jardin, Mme Detrimont et sa fille éclataient de rire, et M. Brunet, un journal d'une main, sa canne de l'autre, gesticulait, parlait fort dans le soleil matinier d'octobre dont la splendeur pâle, chaude encore comme un sourire de vieillard, blanchissait la glaise verte du chemin.

Césaire se releva; et, de derrière les vitres, examina le groupe rentrer : le beau-père de Marcelle, son feutre mou sur l'oreille, avec, malgré la soixantaine sonnée, la gaillardise des vieux têtards arborant à leur sommet le panache d'une branche verte; Mme Detrimont en noir, telle qu'il l'avait toujours connue : petite femme hâlée et bête, dont toute l'existence s'occupait à rire le plus possible entre les repas et le sommeil; Mlle Adrienne, plus grande que sa mère de la moitié de la tête, un peu trop grosse peut-être, les joues rondes et teintes du rouge criard des pommes d'api mûrissantes, gauche certes, et on eût dit née d'hier, mais gracieuse quand même de tout le charme qu'est l'inconscient « viens-donc, mignon » des virginités désireuses d'éclore.

Sa sœur, au seuil, les recevait; et maintenant qu'il entendait leurs éclats de voix partir du salon en dessous, il se préparait à les rejoindre, rejetant, instrument souillé par son récent office, le porte-plume gardé aux doigts et enfouissant dans le buvard la lettre commencée.

Cependant, plus d'émotions qu'il n'eût cru remua le fond des vieilles pensées dormantes tandis qu'il descendait à cette entrevue. Et le souvenir du premier rendez-vous avec l'*autre* ayant soudain brillé à fleur d'esprit comme quelque bijou perdu remonté dans un courant, il sentit le sang lui affluer en honte au visage. Là-bas, quoiqu'il fît, c'était le libre échange d'âmes qui se sont agréées; ici, cela puait le marchandage. Une crispation de nerfs le secoua : est-ce qu'il ne pourrait pas oublier? Pourtant, il voulait, il voulait.

On n'était pas encore assis lorsqu'il entra :

— Bonjour, Madame... Mademoiselle... Et M. Detrimont comment va-t-il?

— Pas mal, je vous remercie. Il est parti depuis huit heures aux Loges, vous savez, pour la faillite de l'usine.

D'un coup d'œil un peu prolongé en la saluant, il avait scrupuleusement devisagé Mlle Adrienne; elle ne lui déplut point, ce matin. De son visage un peu large, son chapeau de feutre cendre à longs poils et à bords grands,

atténuait l'exagération ; et ses yeux gris-bleus où les can-
deurs somnolaient comme des cygnes qui, la tête sous
leur aile, attendent l'aube pour chanter, ne niaient pas
qu'elle pût avoir la profondeur d'âme nécessaire à celle
qu'il élirait compagne de sa vie. Cette première satisfaction lui égaya l'esprit, le disposant à plus encore de
tolérante acceptation pour les joies un peu grossières
dont le nourrirait son nouvel avenir. Et, sans vouloir
trop songer que Mme Detrimont soulignait beaucoup
du ton l'annonce de la course de son mari, comme
pour rappeler quel achalandage vivifiait l'étude du
notaire, il s'enquit, dans un épanouissement, de la
santé de M. Brunet qui s'asseyait le premier, sans céré-
monie, et que les trois femmes imitaient :

— Et vous ?

— Ah ! mon pauvre ami, c'est ce que j'étais en train
de dire à Mme Detrimont, pas étonnant que mes rhumatismes s'aggravent : la température de la terre se refroidit d'une façon exceptionnelle, cette année. Vous croyez
que je plaisante ? Voyez vous-même... C'est M. Flam-
marion qui le dit...

Césaire prenait le journal, s'asseyait lui aussi, et lisait
l'entrefilet qu'il jugea l'apophtegme prudhommesque
échappé au masque de quelque farceur. Et il rendit la
feuille avec un :

— C'est vrai »

mi-narquois, mi-sérieux, à l'adresse de ce vieillard,
semblable, avec sa couperose, ses cheveux et sa moustache très blancs, à un général de musée de cire. Oh ! ses
rhumatismes tant déplorés ne jetaient pas assez de gravier sur son incendiante luxure pour l'empêcher de s'offrir, tous les mois, un voyage de quelques jours à Paris,

sous prétexte de consulter des médecins. Puis, son attention fut recaptée par un déplacement de chaise de Mlle Detrimont qui se détournait un peu pour qu'un rayon de soleil cessât de l'éblouir en lui scrutant les yeux. A présent, le regard de lumière fouillait, indiscret, dans la torsade de ses cheveux châtain-clair qu'il poudrait au passage d'une fine poussière dorée! Un mouvement de la jeune fille afin de ramener auprès d'elle le bas de sa robe, ayant un peu découvert son bras au dessus du gant, ce coin de chair laiteuse cerclée d'un bracelet d'or électrisa de désir la concupiscence de Césaire. Mais déjà le vide se faisait en lui, à voir, avec dépit, le poignet immédiatement recaché par le geste de se croiser les mains sur les genoux.

— M. Brunet a raison, disait la mère, parlant au vieillard qui l'accaparait. Vous autres, jeunes gens, ne vous souvenez guère de cela. Mais je l'ai souvent entendu répéter par feu mon pauvre père : les saisons d'aujourd'hui ne sont plus aussi bien réglées que celles d'autrefois.

Cela lui importait vraiment moins que le cil arraché, branche morte suspendue encore à ses sœurs, au bord de la paupière d'Adrienne; et ses regards, suivant la chute soudaine de l'épave, s'arrêtaient sur les lèvres de la jeune fille attentionnée par ce que disait M. Brunet. Il eut l'ennui de les trouver minces et moins triomphalement rouges que celles de Silvaine. Ah! les baisers charnus et fermes de là-bas... Cette bouche semblait flasque; et la commissure droite n'était pas tentatrice comme celle de l'*autre*, une coupe où il but de l'ivresse tant et tant... En vérité, il devenait ignoble. Devant la future compagne sacrée, l'épouse, vanter la courtisane!

Est-ce qu'il allait reprocher à celle-là de n'avoir pas le piment vicieux de celle-ci? Devait-il même comparer? Et il s'arracha des enlisements boueux de cette tentation en voulant une minute oublier même la jeune fille, inconsciente cause, et en s'informant de la santé de Marcelle, très pâle et très affaissée, auprès de Mlle Detrimont :

— Et toi, comment vas-tu?

— Pas bien fort, ce matin.

Une inavouable pensée à l'insistance de laquelle il se refusait toujours comme au lit ouvert d'un inceste, le réoccupait : C'est elle qu'il aimerait, si elle n'était sa sœur; elle qu'il lui faudrait pour caresse, pour épouse. Il ne trouvera jamais de sanctuaire où déposer avec plus de sécurité et de bonheur son âme timide et taciturne dont le féminisme a tant besoin d'être guidé. Et, en cette minute, par comparaison avec Adrienne, elle lui semble davantage l'incarnation de son rêve, cette femme forte gardant, malgré cela, une extraordinaire sensibilité, puisque la pâleur et le désarroi qui la tiennent prostrée dans ce fauteuil viennent de la lourde chape de plomb inaccoutumée dont son deuil lui charge les épaules. Oui! l'âme de Marcelle, à cette jeune fille!...

— Tiens, voilà Line!... Bonjour ma chérie, s'exclamait Mme Detrimont en embrassant l'enfant qui entrait.

... Il l'eût voulu... Mais peut-être possède-t-elle aussi des germes de sentiments fructueux et robustes, celle-là qui sait dire à Marcelle d'une voix condoléante :

— Vous vous fatiguez trop, voyez-vous. Vous ne devriez presque pas marcher.

Maintenant, à l'examiner baisant à son tour Line, de toutes ses lèvres constatées flasques cette fois, il ressentait encore, malgré le charme ingénu des prunelles rencontrées, le dégoût de l'instant d'avant; impression moins puissante de relief toutefois, et vite oblitérée. Sa volonté, pionnier énergique, trouvait un obstacle infranchissable et se repliait pour chercher passage ailleurs, mais ne se décourageait pas d'éprouver une désillusion. Et il rebroussa chemin vers la consolation que, même inférieure et sujette, Adrienne serait une compagne désirable. Ne deviennent-elles, celles-là, les dévouées sans borne ni mesure pour qui l'époux, Souverain-Pontife, dispose des indulgences et des communions, des joies comme des tristesses; et dont la volonté reste celle de cet enfant de trois ans aux longs cheveux flaves bouclés qui rit de sautiller sur les genoux d'une personne à peine connue?

— Et puis c'est ça qui est toujours autour de vous, reprenait la jeune fille en chatouillant et embrassant derechef Line, c'est si gentil aussi!

Mais qu'elle cessât d'écraser ainsi, de fondre ses lèvres, préjudiciablement, sur cette peau chaude des caresses de soleil souvent subies; il eût voulu pouvoir le lui dire... Or, voici que, telle une armée jetant tout à coup les branchages feuillus dont elle dissimulait sa venue et sa force, une grande révolte de conscience, décontenançait la résolution de Césaire. Ce n'est pas une servante qu'il cherche, mais une amie; pas une femelle docile, mais une femme qui opine. Qu'il prenne alors mesure de son flanc pour les enfants qu'elle y devra porter, de ses mains pour les objets qu'elle y pourra tenir... Est-ce qu'il tombe de l'idée à l'instinct, si bas? Une rage lui envahit le cerveau, que la femme épousée

IV. 7

par devoir social pût être inférieure à la fille prise par plaisir, au mépris des lois de cette même société...

— On ne dit pas bonjour à parrain, ce matin? gourmandait Marcelle.

L'enfant venait de glisser à terre, pour une minute de répit dans son jeu; elle se retourna vers Césaire et, l'embrassant :

— Bonjour, parrain.

— Bonjour, Line. Tu as bien dormi, cette nuit?

— Oui, parrain.

Le baiser qu'il mit au front de la fillette lui donna la joie calmante de trouver un bourgeon sur une tige de myrthe crue morte; et tandis que, laissée libre, elle rejoignait Adrienne, Césaire, pouréchapper à la vision de quels talents vicieux l'entretenait la velléité si vertuuesement abordée un instant plus tôt, voulut savoir ce dont devisaient Mme Detrimont et M. Brunet.

— Mais c'est affreux, c'est affreux, entendez-vous, disait-elle, en se tournant vers le reste du groupe.

Les mines curieuses interrogeaient; et M. Brunet, satisfait d'occuper l'attention générale, lentement et pontifiant reprit :

— C'est affreux, je le sais bien; et je suis de votre avis. Qu'est-ce que vous voulez! Cela sort toujours du même trou : ce satané refroidissement. Aussi, croyez-moi, Madame, je le répète : une immense blague, leur blé d'Amérique. Il y en a évidemment; mais la plus grande partie, voyez-vous, est tout simplement du blé poussé dans les régions où il ne peut plus atteindre la grosseur ordinaire. Seulement, vous comprenez, ça fait partie de la politique d'État de dissimuler ces choses, pour que le marché français n'en souffre pas.

— Mais, alors, c'est la fin du monde qui arrive...

Intérieurement, Césaire s'amusait de la mystification dont M. Brunet coiffait, hilarant bonnet d'âne, la naïve Mme Detrimont. A la longue, cependant, la nargue du vieillard trop accentueuse de la bêtise ambiante, amenait l'inquiétude d'avoir imaginé teinte de sang au lieu de carmin la bouche souriante d'un clown.

— Pensez donc, continuait l'ancien banquier, en certains coins de Beauce, on dit que le barbeau a déjà diminué de moitié grosseur.

Alors, il reporta son attention sur Line qu'Adrienne tenait toujours sur ses genoux et qui riait aux éclats du chatouillement au cou dont la menaçait la jeune fille. Elle avait certes raison de mépriser ces inepties; le rire de l'enfant, satisfait, prolongé et clair comme la chute d'une cascatelle solitaire, était autrement intéressant. Mais il lui eût plu davantage encore qu'elle se prouvât traversant ce milieu médiocre sans plus y participer qu'un rayon de soleil dans une mare fangeuse, qu'elle se laissât entendre empêchée seulement par sa pieté filiale de montrer des nausées. Elle ouvrait la bouche pour parler à sa sœur :

— Vous avez vu l'incendie, hier soir?

— Oui, c'était au Petit-Thenieux, n'est-ce pas?

Et il lui fut reconnaissant d'avoir rendu plus facile l'oubli de la conversation à côté, par la création d'une autre. A l'entendre continuer, sa joie grandissait, flamboyante comme, dans sa mémoire, la vision du sinistre de l'avant-veille : une large lueur rouge, lointaine, de flamme intense au bas, pâlissante vers le sommet et perdue en reflets décroissants dans le bleu sombre de la nuit.

— D'ici, c'était horrible. Sait-on ce qui a brûlé? demanda Marcelle.

— Six maisons, des granges, presque tout le village.

Et voici que, pendant une rencontre attardée de leurs regards, ces mots tombant, myriades d'étincelles d'une fusée géante qui éclata, étendaient la clarté à faire croire toute ombre disparue : ébloui, Césaire eut besoin de se rapprocher de la jeune fille pour une nouvelle communion, d'avoir encore sur lui l'enveloppant dans leur charme de lumineux ciel nocturne, ces prunelles bleues; et il s'informait :

— Vous y êtes allée, Mademoiselle?

Non, du tout. D'abord, ces ruines d'incendie, maman dit que ça lui fait mal; puis, il y a au moins six kilomètres. C'est Mme Boissier qui nous a raconté. Il paraît qu'on ne peut faire un pas sans être harcelé par des bandes de gens qui mendient.

Or, la phrase s'abattit sur l'enthousiasme de Césaire perle de boue dans le calice d'une fleur qui s'ouvre. Puisqu'elle ne le regardait plus, qu'elle se tût; qu'elle n'affichât point croyance aux allégations invraisemblables de la vieille liseuse de feuilletons toquée dont elle venait de prononcer le nom. « Harcelé par des bandes de gens qui mendient? » Quelle sottise ! il y avait peut-être vingt habitants dans le village. Il eut la charitable envie de substituer à ce nouveau-né malingre un enfant de belle venue, en changeant le sujet de la conversation. Mais parler de quoi? Un désespéré pressentiment l'envahit : elle trahira encore des dessous irraisonnants, peut-être bêtes; ses lèvres flasques ont trop souligné d'affecté dédain les bandes de gens qui mendient...

Le soleil s'ennuageait, peut-être las d'avoir exalté ses

rayons à l'enflammement des vitres. Césaire, hébété et hésitant comme un enfant qui découvre l'extrémité d'une chevelure dans le tas de sable où il joue, se détourna, regardant par la fenêtre, triste. Une feuille sèche suspendue en l'air, convulsionnée de remous de vent, s'abattait tout à coup. Et seul restait, maintenant, entre les deux montants de mousseline des rideaux étranglés par le bas d'une embrasse de soie mauve, le ciel uniment blanc et lumineux, semblable à des épaisseurs de gaze qui cachent, par punition ? une puissante clarté désirée...

— Cela m'étonne, elle ne les porte pas. exclama Mme Detrimont.

— Mais j'en suis sûr, reprenait M. Brunet, elle est de l'âge de Mme Deshorties. Deux ans de plus que moi, et j'en ai soixante.

Elle devait cependant bien comprendre, cette jeune fille, qu'en l'assaut de stupidité qui s'éternisait autour d'eux et le molestait parfois de flèches perdues, il avait besoin qu'elle montrât le meilleur d'elle-même pour lui permettre d'oublier le milieu subi. Elle savait pourtant qu'il était le mari possible, probable même, s'il osait dire ; et elle n'avait pas l'air de se prévaloir en conséquence, gardant toujours, pistil sans stigmate, son sourire flasque entre la très fraîche corolle de ses joues roses. Peut-être, aussi, n'était-elle qu'une enfant ; et il s'efforça de le croire devant la joie qu'elle semblait prendre à faire, derechef, sauter Line sur ses genoux.

— Hop ! là... hop ! là...

Mais, dans ce laisser aller même, elle gardait une raideur gourmée rappelant qu'elle avait conscience du parfum précieux exhalé par ses dix-neuf ans ; et voici que son geste plus réglé, méthodique, saccadé, ses yeux noyés de rêverie une minute, évoquaient en l'esprit de Césaire une de ces poupées de porcelaine peinte qu'un mécanisme fait monter et descendre sur des balanciers de réveil matin, quand elle s'arrêta, redressant d'une main son chapeau qui se déplaçait.

— Entore, entore.

— Non, plus, refusa Marcelle. Va jouer, tu ennuies Melle Adrienne.

Qu'elle proteste! et pas seulement d'un :

— Mais non, laissez-la donc.

Qu'elle garde l'enfant! même malgré la mère qui insiste encore :

— Allons, va; on ne s'entend plus avec elle.

Il souhaitait vainement. De ses lèvres flasques elle embrassait Line, la déposait à terre, et avec son sourire revenu de serve intellectuelle incapable de cesser de l'être, regardait l'enfant partir, le cœur gros, entre M. Brunet et Mme Detrimont qui ne s'en apercevaient pas. Les mains ramenées sur les genoux, elle tâtait, du bout des doigts, quelque bague sous son gant. Marcelle un peu redressée se renfonçait dans son fauteuil. Il eut contre sa sœur, cause de ce départ, une échappée de rancune qu'anéantit tout à coup, ondée abattant un nuage de poussière, la phrase d'Adrienne à Mme Brunet :

— Vous savez que nous avons remis notre voyage à Orléans? Ce sera pour le commencement de novembre. Et puis, je crois bien que nous n'irons plus aux *Magasins du Grand Dunois*; j'ai été trop vexée l'autre jour.

— Ah! Comment donc?

Cette initiative de causerie semblait le réveil inespéré quoique attendu d'une chère noyée que l'on craint morte. Pourvu qu'elle restât prudente et ne perdit pas le souffle recouvré. Il était suspendu à ses lèvres qui ne riaient plus, brusquement pincées d'une presque imperceptible nuance de dépit.

— Vous connaissez la robe d'écossais à carreaux verts-roux, très jolie, que j'y ai achetée; eh bien, la fille des Grivol, le fermier de M. Nanjac, a la pareille. Nous les avons étrennées le même dimanche à la messe; et leur banc est justement à côté de notre stalle. Ce que j'ai été vexée!

Alors, la tristesse se réinstalla dans Césaire, peu douloureuse mais infiniment spleenetique, comme l'entour prolongé d'un épais brouillard. Son espoir demeurait mélancoliquement attentif à ce que la jeune fille dirait encore. C'était d'autre chose qu'il avait désir. Est-ce qu'elle allait rester ainsi longtemps devant lui, inférieure de laisser voir, inconsidérément dévêtue, le flanc d'une aussi étroite idée? Il eut beau se répéter que ce rien, ridicule selon lui, était capital pour un esprit de femme, la digue qui empêchait jusque là l'intrusion de l'impétueuse pensée de Silvaine se rompit. Dans une vision aux rapidités de désastre; les deux femmes se trouvèrent rapprochées, comparées. Ah! qu'auprès de l'attitude fière, de toute l'élégance native, de toute la culture affinée de l'autre, s'étalent plus piètres encore, le maintien gauche et lourd, le relief désiré imposant et réalisé prétentieux, l'esprit embryonnaire de cette provinciale s'avouant désolée d'avoir porté une robe de même étoffe que la fille d'un fermier. La différence entre elles deux se creuse en gouffre aux profondeurs duquel il attarde le regard : l'une a besoin de robes choisies pour qu'on ne la confonde pas avec tout le monde, l'autre, vêtue des plus simples percales paraîtrait grande dame.

Il lui importe peu d'écouter, maintenant, ce qu'elles se disent là, avec Marcelle. Car c'est la conclusion terrible : mises côte à côte, Adrienne ne semblerait que la femme de chambre de Silvaine...

— Hé! mais c'est onze heures qui sonnent. Ton père est capable d'arriver pour déjeuner et de ne trouver personne.

Chacun s'étant levé à la suite de Mme Detrimont, Césaire faisait de même, bouleversé par ces idées qui lui vidaient l'esprit comme un courant d'air balaie les pailles d'un grenier. Pourra-t-il l'épouser, cette jeune fille qu'il trouve — malgré ses efforts pour ne point s'en apercevoir — une éponge imbibée des nullités de son milieu? Est-ce qu'il épousera cette femme de chambre?...

— Ah! voyez-vous, concluait M. Brunet, en se dirigeant vers la porte, le vrai malheur, c'est de n'être plus jeune. Toujours l'histoire du braconnier de Preuly.

Césaire s'était un peu reculé afin de laisser passer tout le monde et sortir le dernier. Ses yeux restaient obstinément fixes sur un coin de cadre doré où le jour entretenait des reflets jaunes rougissants, ne voulant plus la regarder, cette fille, ne voulant plus les voir ni les uns ni les autres, ne plus les écouter, ne plus les sentir près de lui, écœuré.

— Quelle histoire?

L'interrogation de Mme Detrimont devenait un remuement exaspérant l'odeur de sentine respirée. Était-ce possible qu'elle se fît répéter une fadaise peut-ê treentendue cinquante fois déjà. D'énervement, il s'en écrasait les mains derrière le dos. Ainsi, il baiserait d'amour une bouche qui prononcerait, de même, un jour : « Quelle histoire? » pour redemander le récit d'une niai-

serie? Ne s'épanouissait-elle pas d'aise, Mlle Adrienne,
devant M. Brunet qui s'était retourné, disant :

— Vous ne savez pas? Le pauvre diable n'a jamais tant
vu de lièvres que depuis qu'il a la goutte aux doigts; ils
le poursuivent jusqu'en rêve...

Et tous éclataient de rire.

Non, c'était inacceptable qu'il enchaînât sa destinée de
la sorte. Autant valait considérer ce lien comme terminé
d'un nœud coulant qu'il se mettait au cou... Il verrait...
il chercherait ailleurs... plus tard...

On sortait; il suivit lentement le groupe, occupé par
une réflexion de Silvaine, un soir, dans quelque Pension
Bourgeoise où ils dînaient auprès de commerçants et de
commis qui échangeaient des calembours : « Heureusement, ce n'est pas contagieux ». Un vague sourire lui
passa sur les lèvres. Il ramena ses mains en avant et se
pressa encore vigoureusement les doigts dans le besoin
inconscient d'y écraser, à l'instar d'importun moustique,
la sottise qui le molestait, satisfait d'avoir pris une résolution et répétant mentalement : heureusement, ce n'est
pas contagieux. L'image de la brune fille réinstallée
maintenant à son côté, y reprenait son attitude de déesse
exorable; et il lui adressa, en sacrifice expiatoire, toutes
ses hésitations... Certes, il avait raison, il verrait...
ailleurs... plus tard... Rien n'était pressé.

Sur le seuil on s'arrêtait, M. Brunet parlait encore en
agitant son journal :

— Il va pourtant falloir que j'aille à Paris... Ce satané
article! Rien que d'y songer, je sens mon rhumatisme
qui me taraude.

Son esprit libéré à présent, côtoyer les gestes et les
mots de ces gens qui se dépensaient en minauderies à

l'égard de Line survenue, l'intéressait comme d'assister à un vaudeville très quelconque. Il remarquait que Mme Detrimont, pour embrasser l'enfant, enfonçait ses lèvres dans les jouesroses si violemment que la place restait exsangue une seconde; qu'Adrienne tenait la fillette éloignée d'elle et ne la baisait qu'en avançant la bouche, parce que les bottines de Line souillées de boue auraient sali sa robe. Et comme il se rapprochait de M. Brunet pour lui demander s'il partait aussi, il eut, à brûle pourpoint, la cynique pensée que ce corps de vierge dont la candeur l'éloignait, ne saurait même pas échauffer d'émois sa chair froidie aux bruines de la vie courante.

— Vous vous en allez? fit-il. Restez déjeuner avec nous.

— Non, répondait M. Brunet, je l'ai dit à Marcelle... les Boissier m'attendent.

Césaire regretta. Il lui eût plu de deviser avec le vieux viveur et de plaisanter un peu. La détermination prise semblait le délivrer du serment de vêtir de deuil, à jamais, toutes les virginales visions de sa joie; et il connut au fond de l'âme, une volupté d'affranchi récent à répondre intérieurement « Non » sur un ton gouailleur, aux offres de Mme Detrimont :

— Venez donc un peu nous voir, cet après-midi; cela vous distraira.

— Nous irons peut-être, avançait Marcelle. Vous êtes trop aimables d'être venues.

Son inclination de tête et son sourire qu'il outrait et affectait bébêtes intentionnellement, accentuaient la réponse de sa sœur. Il ébauchait, même le dessein réveilleur de l'orgueil qui tiare les virilités conscientes d'elles-mêmes, de garder un peu ses yeux plongés dans ceux de Mlle Adrienne. Comme s'il eût subi, avec un ascendant dont il ne se pouvait délivrer, l'ennui de la voir partir nuancé du désir qu'elle l'interprétât en première manifestation de culte. Mais il n'osa pas, et se contenta d'un salut très bas à ces dames qui descendaient le jardin et, tandis que l'on atteignait la grille, insistaient encore :

— Au revoir. Un petit effort et venez.

— Mais oui, venez donc, appuyait la jeune fille.

— Nous tâcherons. Au revoir.

L' « A ce soir » de M. Brunet, donné avec une poignée de main, devenait les « A ce soir » répétés tour à tour par Marcelle et Mme Detrimont. Machinalement, tel un praticien fatigué acquiesce des lèvres aux supplications d'un client, Césaire y adhérait aussi d'un hochement de tête. Et, à les examiner s'éloignant — demeuré seul, puisque sa sœur rejoignait Line partie dans le jardin, derrière — il revécut, une seconde, la scène à laquelle il venait d'assister et en soupesa le résultat définitif. Certes, il se l'affirmait à nouveau, cette fillette ne serait pas sa femme ; mais il conçut une crainte ouvreuse de trappe sur les bas-fonds minés de sa conscience, qui le laissa constater combien vite un projet qn'il croyait solidement bâti s'était effondré tout à coup, à la première saute du vent. Le doute de soi faisant loupe pour mieux montrer à quel point, dans son âme fine et naïve, la névrose d'amour avait peu à peu transformé l'inexpérience de soi en incapacité de se guider seul, le poussait àchercher immédiatement refuge de sa faiblesse près celle dont la pensée reprenait, depuis quelques instants, possession de lui-même. Il voulut achever la lettre commencée et, courant presque, remonta l'escalier.

Des vicissitudes subies, le souvenir resté ainsi que de la poudre des grandes routes au fond d'une gorge de pélerin, accroissait son intense soif de bonheur. Puisqu'à une seule fontaine cette soif aux multipliantes ardeurs, se peut apaiser toute, que cherche-t-il davantage?

Il s'était assis, retirant du sous-main la feuille de papier; et, ayant relu, il hésita si, pour pénitence de son péché envers l'Unique Secourable, il ne rejetterait pas en morceaux le bristol déchiré. Mais, comme il n'osait cependant renier son état d'âme d'un instant plus tôt, esclave qui se donne l'illusion d'avoir conservé son libre arbitre d'autrefois, en l'exerçant sur des choses, il termina :

« Ainsi, tout à l'heure, je vais, je vais...

« ... avoir l'honneur d'être présenté à une jeune per-
« sonne mariable d'un nul à frôler la bêtise et d'un pro-
« vincial à faire pleurer. Me proposer de pareilles pou-
« pées quand je t'ai, toi! Ta seule vision me les font
« déprécier à un point qu'elles me deviennent tout de
« suite insupportables. Ne t'effraies donc pas de ma
« menace de long séjour ici : c'était, comme on dit,
« pour rire. Je serai à Paris plus tôt que tu ne penses...
« Peut-être même... Enfin, suffit.

« Mes lèvres et tout moi vers les tiennes, ma bonne
« aimée.

CÉSAIRE.

« J'attends toujours une réponse à ma dernière lettre;
« quatre jours sans nouvelles, c'est long. »

(A suivre.)

ABEL PELLETIER.

THÉATRES

Le théâtre de *l'Œuvre* vient d'ouvrir triomphalement
par la représentation de *Rosmersholm*, pièce en quatre
actes d'Henrik Ibsen — traduction de M. Prozor.

Un conférencier M. Lacour a longuement et vainement tenté de nous démontrer qu'il avait du talent et de
démontrer aux philistins qu'Ibsen n'en manque point.
Pardonnons-lui.

— *Rosmersholm* est une pièce charpentée à merveille. Par
un enchaînement de situations lucides et logiques se
développe l'action sans outrance et d'une rigoureuse net-
teté. L'émotion, savamment graduée, vous empoigne à la
fois au cœur et à la tête, car le dialogue n'est pas seulement
écrit mais *pensé*. Il remue, suggère, et de ses répliques
s'émanent un symbolisme clair et une psychologie sombre. Les caractères se dressent, peut-être inhabituels,
mais très *nature*, peut-être desespérants, mais *sympa-
thiques* — au sens théâtral du mot — et même dans
leurs hésitations à se déterminer prennent du grandis-
sement.

C'est le pasteur *Rosmer*, le dernier de cette race, dont
le commerce « ennoblit l'esprit » c'est *Rébecca West*, l'a-
venturière intrigante, dont l'intérêt triomphant échoue
dans et contre l'amour, c'est le recteur *Kroll*, si doué de
la perspicacité des intolérants ; c'est le journaliste flétri, le
Mortensgaard qui vaincra tout le monde « parce qu'il ne
veut que ce qu'il peut », enfin c'est la grandiose person-
nalisation symbolique de ce déchu, de ce vagabond,
Ulric Brendel, cet imaginatif errant qui reçoit l'aumône

avec une particulière fierté, qui, peut-être peureux
d'entreprendre l'œuvre, la rêve, sans cure de l'irréparable temps gaspillé, « l'avare » — dit-il — qui s'est en-
dormi sur ses trésors et en retrouve, dès qu'il l'ouvre, le
coffre vide, le pauvre déhué de tout, dégouté de tout, qui
n'ose plus rien demander comme aumône « qu'un idéal
ou deux ». Mot qui a fait rire la digérante bourgeoisie
des Mortensgaard éparse dans la salle, depuis le début
de la pièce, surprise de ne pas entendre une œuvre suivant les rites consacrés par M. Scribe et *chantrés* par
M. Sarcey ; cette bande... d'hiatus n'a cessé de flatuler.
Il y a des gens qui ont le rire bien sale et bien bas !

Malgré tout, le puissant drame d'Ibsen a recueilli de
furieux bravos et nul n'osait à la sortie nier la beauté de
l'Œuvre ! « Mais quel théâtre lugubre, ma chère. »

Rosmersholm est très bien joué ! Certes ce n'est pas
aussi conventionnellement parfait qu'à la Comédie-fran-
çaise, c'est mieux !

Mlle Bady, avec un talent d'une tenue remarquable, et
avec de saisissants cris d'émotion s'est faite la victorieuse
créatrice du difficile rôle de Rébecca West. M. Lugné-
Poê est un grand artiste, et c'est pour cela qu'il faut lui
signaler implacablement ses défauts. Je crois qu'il exa-
gère vraiment trop — comme un effet — son *droit* de
tourner le dos aux spectateurs, d'autant mieux qu'en
cette posture il manque de distinction dans la ligne et
le geste. D'ailleurs je n'insiste pas, il m'a tant ému que
j'ai surtout admiré. M. de Max a été superbe, M. Charny
très personnel, Mme France très bonne comme toujours,
Seul M. Générès m'a semblé détonner dans ce très bel
ensemble, bien qu'il ne soit pas dépourvu de talent.

P.-N. ROINARD.

MUSIQUE

Après le mémorable soir de la *Walkyrie*, qui jeta sur notre Académie Nationale de musique un lustre inusité, — voici, nouvellement, une soirée d'ombre, avec la première audition de *Déidamie*. Après Wagner, — M. Henri Maréchal, dont pareil voisinage écrasa la musique. Cette partition? Des rires qui sonnent mal, des invocations soutenues par le seul fausset des bois; des roucoulades sentimentales, interminables et réité-rées; d'indiscrets appels de trompettes que l'auteur a voulus, — peut-être? — évocateurs, des armées qui attendent, sous Illios, le « divin » Achille; un fracas de cymbales qui définit mal la colère de Zeus, — et pas une idée à l'orchestre, pas un souffle, rien, rien, plus rien!.. Mais voilà, il y a un divertissement!... *Statius*, interprété par d'affriolants tutus qu'après un quart d'heure, et d'un grand geste, Ulysse renvoie dans la coulisse! J'aime mieux *la Belle Hélène*, — mais quelle aubaine pour les abonnés! et ils ne la laisseront perdre...

Mlle Chrétien a créé Déidamie avec une conviction digne de mieux. Sa voix est étendue; et un peu plus d'habitude de la scène l'assouplissant, permettant à l'artiste de la conduire sans effort sensible, — Mlle Chrétien deviendra une très utile cantatrice... MM. Renaud (Ulysse) et Dubulle (Lycomède) ont été fort justement applaudis. Quant à M. Vaguet (Achille), la voix lui manque, et, en scène, il a l'attitude pommadée et « chromolithographique » des don Fernand de l'Opéra municipal de Mamers (Sarthe).

M. Noël, l'auteur du livret, est assurément un de nos
grrrands poètes mûrs et de révélation lumineuse. Pourtant, Homère et même Statius, ne doivent pas être con-
tents de lui.

Deux décors modestes, où le bleu de la mer et le bleu
du ciel s'accordent sans monotonie avec le blanc des
voiles et le rose pâle des portiques somptueux où veillent de vieux ors silencieux.

A l'Opéra-Comique, on a joué la musique insipide
de MM. Hess et Banès, qui certainement ne s'en tien-
dront pas là.

CHARLES-HENRI HIRSCH

LES LIVRES

" La Revue ne s'engage à analyser ou à mentionner que les ouvrages dont deux
exemplaires auront été envoyés à la Direction. "

Au Jardin de l'Infante, par Albert Samain, *édition du
Mercure de France*, *15*, *rue de l'Échaudé*.

Il faut savoir gré aux Poètes, de chanter et de réaliser
leurs songes en dépit de la sordide misère des temps.

Que deviendrait la Beauté et de quelle lourdeur nous paraîtrait la Vie si parfois, quelqu'un d'entre ces Mages inouïs
ne se levait et ne nous confiait le trésor de ses peines et ne
brandissait le flambeau de son Verbe pour éclairer la grotte
douloureuse pleine de gemmes et d'incroyables stalactites.

Oh! je le propose anxieusement, si dans notre époque où trône l'anonyme Infamie. quelqu'un parfois ne nous rafraîchissait le cœur et ne nous montrait le chemin, où dirigerions-nous la barque de nos rêves? Vers quelle partie funèbre nous conduiraient nos nostalgies, nos tristesses, nos écœurements, notre soif d'amour, de beauté et de gloire? Grâces soient donc rendues à ceux là, assez charitables pour penser toujours dans la Lumière sans défaillir, et nous renouveler et encourager nos personnelles et secrètes extases.

C'est à quoi je pensais, en ouvrant le beau livre d'Albert Samain « *Au Jardin de l'Infante* » et non seulement à l'ouvrir mais encore à le lire, à le scruter et à parer ma mémoire des plus belles pages du livre, je m'imaginais posséder, une sorte de rosaire aux vertus fortes, dont :

> Chaque parole égrenée...
> Console notre cœur seul le soir sur les routes.

Envahi de je ne sais quelle pudeur ridicule, je n'osera exprimer l'ivresse morale que j'ai ressentie à la lecture de cet aristocratique volume. Aussi ne m'attarderai-je pas à rechercher les tendances de l'auteur, à chicaner son esthétique, à faire ressortir la noblesse des gestes, et la splendeur de sa forme baudelairienne un peu. Non, cela dépasse mes forces, à chaque page la Beauté rayonne, à chaque strophe l'émotion poétique se révèle si ardemment, que rien que par souvenir le cœur me défaille d'y songer; je préfère, lecteur, vous convier à faire avec moi un tour au *Jardin* de la Princesse, et si après cette divine excursion, vous osez brouter des roses, je vous tiendrai pour le plus incoercible goujat, et la plus décourageante crapule de nos temps démocratiques. Il me plaît d'affirmer qu'Albert Samain a réalisé dans chacun de ses poèmes, l'absolu de la Beauté, je le dis, je le prouve et d'avance, je crache au nez des voyous qui ne seront pas de mon avis. Voilà. Nous entrons au *Jardin*. Silence. Dès l'entrée l'Infante nous reçoit, la Belle et pure Infante. Elle nous parle de sa tristesse et de ses rêves, et de l'inutilité de l'Action, elle nous évoque.

> Quelque Armada sombrée à l'éternel mensonge.
> Et tant de beaux espoirs endormis sous les flots.

Bientôt son verbe se fait plus large, plus varié et surgissent des décors plus chatoyants et des pays plus rares et mystérieux. Voici la Joie, voici l'Italie des légendes, la Florence des temps héroïques, la Venise des soirs lourds, et les personnages des bals, des comédies, des fêtes, des mascarades de Watteau, avec, à travers les danses, la musique langoureuse et fantomatique d'un Lulli. —
Écoutez :

> Les madrigaux parmi les robes essaimées
> Offrent, la lèvre en cœur, leurs fadeurs sublimées
> Et, sur le glacis d'or des parquets transparents,
>
> Les caillettes Régence, exquisément vieillottes
> Détaillent la langueur savante des gavottes
> Au rythme parfumé des éventails mourants.

Mais quelles sont ces trois Figures voilées qui surgissent et viennent émerveiller mes yeux par leur grâce nouvelle, et honorer de leur présence notre promenade déjà si délicieuse? Tout le long du livre, elles nous suivront ces trois Formes, et je vous les présente comme étant les trois filles du Poète; c'est dire à quel point elles ont droit, lecteur, à votre tendresse émue et à votre suprême galanterie. L'une est la Pitié qui fit ainsi chanter le cygne :

> Mais je sens des fraîcheurs de torrents et d'eaux vives
> Et d'immenses forêts profondes et plaintives
> Quand la Pitié me touche avec sa main d'enfant.

L'autre c'est la chère et amicale Tristesse,

> Qui nous hante avec sa robe grise
> Et vit à nos côtés comme une grande sœur

Et la dernière enfin est celle qu'on nomme la Très-chère,

c'est la Jolie, c'est la Divine, celle enfin dont le souvenir

> ... est comme un livre bien aimé
> Qu'on lit sans cesse et qui jamais n'est refermé.

Je vous salue profondément ô vous les Belles, les Charmantes, vous, dont l'apparition suscita si hautement le rêve du poète vers la noblesse et l'amour, qu'il a doré d'un reflet d'immortalité vos fantômes ineffables et mélancoliques.

Maintenant, je me demande s'il est besoin d'analyser plus longuement le talent d'Albert Samain. Je ne désire pas noter, ici, mots par mots, toutes les fraîcheurs, toutes les nuances, tous les parfums, toutes les beautés débordant du volume parcouru. Il me serait facile d'épiloguer, de paraphraser, de philosophailler sur l'*Infante* merveilleuse, si mon émotion n'était si forte. Je préfère laisser cette besogne à ces diseurs de rien-du-tout, qui, lorsqu'ils entreprennent la louange d'une œuvre, se croient obligés de la présenter comme un rébus mirobolant qu'eux seuls ont su déchiffrer : je traduis simplement et brutalement mon admiration. Je suis effrayé en pensant à la somme de douleurs qui a fait jaillir des strophes comme celles-ci.

> Car je suis dans l'ivresse ardente du souffrir,
> Frère des hauts flambeaux dont le vent tord la flamme
> Et qui, saignant à flots les pourpres de leur âme,
> Jettent leurs plus beaux feux à l'heure de mourir.

ou à la joie résignée qui dicte en cette élégie

> Je resterai ainsi des heures, des années
> Sans épuiser jamais, la douceur de sentir
> Sa tête aux lourds cheveux sur moi s'apesantir
> Comme morte parmi les lumières fanées...

Et puis, si vous voulez, je m'arrêterai là. Il me faudrait citer tout le volume, saluer,

> La Reine aux cheveux bleus serrés de bandelettes,

qui m'entraîne avec la Beauté plastique du verbe, avec le « *Séraphin des Soirs, qui passe le long des fleurs* » et suivre la

> Femme qui nous attend dans l'ombre au coin du bois
> Quand, chevaliers d'Avril en nos armures neuves,
> Nous allons vers la vie et descendons les fleuves
> En bateaux pavoisés, le rameau vert aux doigts.

Certes je ne le pourrais faire, j'aime mieux vous citer le vers le plus pur de l'œuvre qui dit :

> Fais ton pain simplement, dans la paix du Seigneur.

Et c'est à pratiquer ce conseil que je vous convie tous mes frères en tristesse, les Poètes ; ô vous, mes frères en misère, les Hommes, Et c'est pourquoi le livre de Samain est si beau et si noble, c'est parce qu'il est à la fois une immense Prière, un grand acte de Foi dans l'Idéal, et que, comme toute prière et tout *credo*, il incite à la vertu, à la bonté, à la noblesse, et qu'il comporte une consolation infinie. En terminant, j'implore l'indulgence des esprits délicats pour l'incohérence de ces notes, mais je préfère écrire avec un boutoir de sanglier, qu'imiter certains esthètes, lumineux, lumineux, oh ! combien ! jusqu'à l'éparpillement total de leurs facultés.

GABRIEL RANDON

Reçus : **L'Antre des Nymphes,** traduction d'une éxégèse de Porphyre sur Homère, par Pierre Quillard, (*Librairie de l'Art indépendant*); **Les Chants de la Nuit,** volume de vers par André Yebel. (*Librairie de l'Art indépendant*); **Sueur de Sang,** 1870-1871, trentain de nouvelles par Léon Bloy, trois dessins originaux de H. de Groux et un portrait au miel (!) de Léon Bloy par Ch. Caïn (*E. Dentu éditeur*).

Souhaitons la bienvenue à deux nouveaux confrères, *L'Ère Nouvelle (33, rue des Écoles)* et la *Revue anarchiste (32, rue Gabrielle)*. Toutes nos sympathies leur sont acquises.

BEAUX-ARTS

Les portraits du prochain siècle.

On peut voir chez M. Le Barc de Boutteville (1), pour quelque temps, les effigies d'un certain nombre de personnalités artistiques actuelles, et surtout futures. Non que me soit spécialement précieuse, à tout dire, la constatation des pathologies confraternelles; mais l'idée et le titre m'amusent, dont se blasonne ce spectacle. Peu banale, cette requête au vingtième siècle d'une renommée qui pour beaucoup, hélas ! se problématise au dix-neuvième — et mettons injustement. Puis l'élégance désœuvrée d'une visite en cette galerie parisienne s'accommode à merveille du jeu, rythmé d'éventails, à quoi se divertiront telles dames amies des lettres : découvrir sur ces visages d'élus les sûrs prodromes de multiples blackboulages, ou, sous la chevelure tuyautée de quelque poètereau montmartrois, présumer complaisamment une caverneuse boite crânienne, où toute substance grise fondit pour nourrir la luxuriance de cet échafaudage capillaire...

Pour tout ceci m'agréerait cette exhibition, si je ne pensaîs encore avec plaisir à l'ahurissement des véritables esthéticiens devant cet accaparement *avant les lettres* d'une gloriole où se ruent, sous le couvert d'un siècle embryonnaire, les exposés brouillés avec celui qui les vit naître. Et puis voir de bons tableaux réunis, sous tout prétexte, ou non, plausible, satisfait toujours : et n'en voilà-t-il pas trop pour aimer cette fantaisie ultra-fin-de-siècle à quoi s'employa en maints préliminaires ennuyeux le zèle de M. Roinard et l'obligeance de M. Le Barc de Boutteville?

Il y a là de fort bonne peinture, aussi de la moins bonne,

---

(1) Sur l'initiative des *Essais d'Art libre*, galerie Le Barc de Boutteville, 47, rue Le Peletier.

aussi — et il n'en saurait être autrement — de la mauvaise : toutes proportions gardées, il y a certes un plus grand nombre de tableaux intéressants sur l'ensemble qn'en cette étrange cohue qu'abrita le mois dernier, sous pavillon d'*Exposition des Journalistes,* la mondaine galerie Petit, un peu effarée de l'intrusion de tels plumitifs sur ses coquettes cimaises, où sourient à l'ordinaire les prestigieux pastels d'un Besnard, d'un Aman-Jean ou d'un Helleu. Je crois par exemple avoir rencontré rarement une chose plus vivante, large, heureuse et de maîtrise que le portrait de *M Roinard* par Anquetin, portrait qui me console du floche et peu caractérisé *Zo d'Axa* du même peintre. De *M. Anquetin* encore j'aime sa propre image en deux toiles, l'une solitaire et l'autre encadrée de deux visages d'amis, à quoi se décèle le tempérament point pondéré, mais touchant du médiocre au grand, de ce très robuste artiste.

La figure de *M. Cézanne* par lui-même est une belle étude simplifiée au prodige, et un document précieux de la manière de ce vrai maître, qui a possédé tous les dons de la perfection y compris la modestie et le retrait de soi dans le silence.

Je signale tout de suite le fort et précis portrait, nerveux et plein de style, que nous donne de *Rodin* l'excellent peintre-graveur Legros.

J'aimerais les tableaux de M. de Feure, s'il pensait naturellement ce qu'il peint, et s'il ne pouvait peindre autrement, mais on ne le sent guére attaché à sa façon, et il se violente vers le bizarre. Aussi bien, des qualités de synthèse et d'amusantes réductions linéaires, avec un ragoût de couleurs vives, me touchent moins à songer qu'ils les voulut non pour lui, mais pour l'impression des autres. Je goûte mal le *Gabriel Randon* vaguement apparenté à M. Carnot par le concours d'un gilet rouge en sautoir et d'une fleur figurant une plaque au revers de l'habit. Pour le *Paul Adam*, j'accepte peu la ressemblance, encore que bien des caractères de ce cher et précieux artiste s'y concentrent; M. Maurice Beaubourg, qui possède la physiognomonie avec acuité, m'assurait retrouver là tout notre ami, d'apparence et d'intimité : j'acquiesce à son jugement avec quelque réserve. La figure de *M. de Feure* par lui-même est une chose gaie, traitée en façon d'affiche.

Encore un *Paul Adam*, et un *Pierre Quillard*, signalent ici en M. Gaston Darbour un excellent nouveau-venu : fines et fortes ces deux figures, enlevées d'une preste aquarelle.

Les effigies de MM. *André Ibels* et *Charles Châtel* par M. d'Espagnat me déplaisent beaucoup, je l'avoue : je trouve cela vilain, et j'entends là-dessous beaucoup de choses, avec mon regret. J'en dirai autant du médiocre croquis de *Mlle Eugénie Nau* par Heidbrinck. M. Iker a fait des paysages d'une grande délicatesse et d'un art charmant, qui m'ont beaucoup plu. Ainsi je n'ai aucune gêne à dire combien j'aime peu ses portraits. L'emphatique et charivaresque figure convulsive de *M. d'Esparbès* baigné de tout le sang de ses pioupious favoris, m'est plutôt antipathique, et il y a là un *Louis Dumur* en bois vernissé... On ne peut pas réussir en tout.

M. Gauguin... eh bien! oui, mon Dieu, M. Gauguin! On ne pourra pourtant me faire aimer son propre portrait, qui est affreux et ridicule. Je connais de très fortes choses de cet artiste, et si je ne le tenais pas en haute estime, je ne m'amuserais pas à lui en vouloir d'une mauvaise toile de plus ou de moins; celle-ci devrait être en moins. On me dit que M. Gauguin est revenu d'Océanie : qu'il nous montre sans tarder ses négresses et ses verdures vierges! J'oublierai aisément sa figure.

Je n'en dirai pas autant de cet admirable *Vincent van Gogh*, avec sa tête effrayante où rien d'humain ne subsiste que les yeux, les pauvres beaux et profonds yeux obstinés à *voir*. Voir! le seul mot que cet homme ait compris, et jusqu'au génie s'il eût vécu. Une telle page passionne comme une confession, on ne voit même plus que c'est une très belle chose. Ainsi toujours j'ai regardé les toiles de Van Gogh, comme des témoignages de lui-même, où d'abord il trans paraît avec sa hautaine personnalité. Celle-ci est d'une couleur superbe, et telle que personne l'eût signée en son lieu, *originale*.

M. George Morren, par lui-même, en un petit panneau excellent, un des meilleurs morceaux de peinture de l'exposition... M. Morren est un des XX, et parmi les peintres belges renommé des premiers, avec justice, possédant une manière personnelle et une compréhension aiguë du caractère.

D'autres choses séduisantes, le lumineux *Zuloaga* de M. Vranga, le vivant et singulier *Lugué-Poë* de M. Édouard Vuillard, un des futurs maîtres de l'école actuelle, un vrai du vingtième siècle, celui-ci! Encore, le bon portrait de *M. Augrand* par lui-même, le *Jean Julien* de Maximilien Luce, le frêle médaillon de *Mme Rachilde* par M. Fix Masseau, qui sera quelqu'un, et les portraits de *M. Schuffenecker* et de *M. Émile Bernard* par lui-même, curieux et colorés, bien que d'un dessin insupportable. Quand M. Bernard, que je n'aime guère, mais que j'estime parce que je le sens *quelqu'un*, se décidera-t-il à dessiner? Il n'y a pas à dire, il ne *sait* pas. S'il dédaigne, je le plains : mais s'il recherche, je ne comprends pas comment il s'y prend. Je n'aime pas, non, franchement, et pourtant je sens qu'il y aura quelque chose là, mais quoi?

Le *Roger Marx* de M. Norbert Gœneutte et le *Georges Rodenbach* de M. Raffaëlli sont fort bons. Moins réussi le *Gustave Geffroy* de ce dernier peintre. Un buste prétentieux donne à *Jean Carrère* le fâcheux aspect d'un guillotiné de plâtre. Une pochade de M. Charles Toché représentant *Laurent Tailhade* en archevêque dompteur du monstre Prudhomme est comique.

On regrette l'absence de Henri de Régnier, de Francis Vielé Griffin, de Stuart Merrill, de Pierre Bonnard, de Maurice Denis, de Pierre Louys, d'Albert Samain, d'Alfred Vallette, de Maurice Beaubourg, de Pierre et de Jean Veber, de bien d'autres beaux artistes... Et si Verlaine est représenté par un fort remarquable plâtre de M. Niederhausern-Rodoz, on ne saurait déplorer assez le *Malarmé* de Whistler, et quelques effigies de maîtres peintres, Puvis de Chavannes, Manet, Degas, Mme Morisot ou Renoir...

M. Alphonse Germain, dont j'apprécie fort les idées et surtout l'ardeur d'artiste qu'il emploie à leur défense, expose ici plusieurs portraits qui furent me dit-on, crayonnés hâtivement en toute bonne volonté. Je ne crois donc pas y devoir insister davantage, encore que celui de *M. Henri Mazel* soit joli et doux ; et j'ai vu chez ce dernier un frêle pastel de M. Germain qui m'a plu. Nous verrons, je pense, des choses de lui faites plus à loisir.

J'arrive à *M. François Guiguet.* M. Guiguet est un peintre qui ne fait jamais parler de lui, qui ne s'attarde pas dans les cafés, qu'on ne proclame pas grand homme à l'heure de l'absinthe, et qui met tout doucement dans sa poche les bavards et les barbouilleurs. Il s'acharne au travail, dessine avec passion, recherche la forme, les belles lignes, les harmonies, et quand il peint un portrait, il devine l'âme du modèle, la révèle, la synthétise, et c'est beau. Il y a dans cette petite salle cinq portraits signés de M. François Guiguet : celui du sociologue Meunier, le sien, un dont je ne parle pas pour cause, et que tout le monde trouve excellent, celui de *M Leclercq*, et celui de *Mme Rachilde*, surprenant de vie intérieure et d'intuition. Il n'y a pas seulement en tout cela une ressemblance profonde, une observation tenace des attitudes et des traits, une stricte analyse des accoutumances, mais plus : une psychologie ne demandant rien qu'à l'étude fidèle de la forme, avec le charme d'une couleur douce et intime. M. Guiguet est un homme modeste qui reste chez lui, qui vénère Chardin, François Millet et Degas, qui dessine, un vrai peintre de tradition et de race. Je suis assuré qu'il sera, qu'il est déjà un homme alliant la probité du caractère à la forte sincérité du talent. Et je termine à ce présage ces notes sur l'exhibition d'un certain nombre de faces confraternelles, prenant acompte de leur célébrité par le ministère indulgent de M. Le Barc de Bouttexille.

CAMILLE MAUCLAIR.

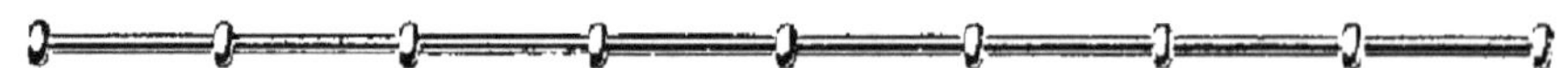

NOTES ET COMMUNICATIONS

A l'occasion de la reprise, avec notre prochain numéro (octobre), de notre périodicité mensuelle, nous prions nos confrères, MM. les Directeurs des Revues amies, de vouloir bien, outre l'exemplaire d'échange qu'ils adressent à nos bureaux, envoyer un second exemplaire, 30, rue des Écoles, à Asnières (Seine), à notre secrétaire M. Ch.-H. Hirsch, spécialement chargé de la *Revue des Revues*; cette demande, toute dans leur intérêt d'ailleurs, afin de nous faciliter l'analyse et le compte rendu des articles parus.

M. Henry de Groux fait paraître une série de lithographies dont la première est en vente déjà chez Kleinmann, rue Lafayette, et chez Sagot, rue Guénégaud. Le grand artiste interprète, avec une verve toute personnelle et une remarquable vigueur de touche, *Une séance à l'Académie*, où l'on voit un *Pégase-Rossinant*, les ailes en mue, et qui traîne, conduit chez ses « ékariseurs » immortels : « Kopé » et « Gréart ».

A signaler, une magistrale publication artistique de H. Paillard, *Croquis algériens*, album de 25 eaux-fortes tiré à cent exemplaires : 5 japon et 95 hollande; destruction des planches après le tirage.

Pour les souscriptions et renseignements, s'adresser à H. Lassalle, 4, rue des Petits-Champs, à Paris.

Nous ferons paraître en février prochain : *Légendes naïves*, poésies par Ch.-H. Hirsch. Nous donnerons, en notre prochain numéro, les conditions de souscription, en même temps que nous indiquerons le nombre et le genre des exemplaires de luxe.

M. François Coulon termine en ce moment 4 actes idéo-réalistes : *Les Libérateurs*, qui seront très probablement représentés avant de paraître en librairie.

L'Exposition des *Portraits du Prochain Siècle* venant de fermer ses portes, nous prions ceux de nos amis qui ont envoyé leur portrait chez M. le Barc de Boutteville de vouloir bien le faire reprendre le plus tôt possible.

La 5me exposition des Impressionnistes et Symbolistes ouvrira très prochainement chez M. Le Barc de Boutteville, 47, rue Le Pelletier.

Lu, avec un vif plaisir, l'article récemment paru dans *la Revue des Revues* sur les écoles poétiques de Jeunes en France, mais, hélas que d'oubliés... J'allais citer des noms; je m'arrête, de crainte, de me faire adresser un semblable reproche...

Cette constatation faite, tous ici, nous éprouvons, avouons le, un sentiment d'orgueilleuse reconnaissance de voir sincèrement accorder à notre rédacteur en chef une aussi maitresse place en notre littérature. Saississons l'occasion d'adresser nos meilleurs remerciements au partial mais très renseigné M. Georges Lefèvre.

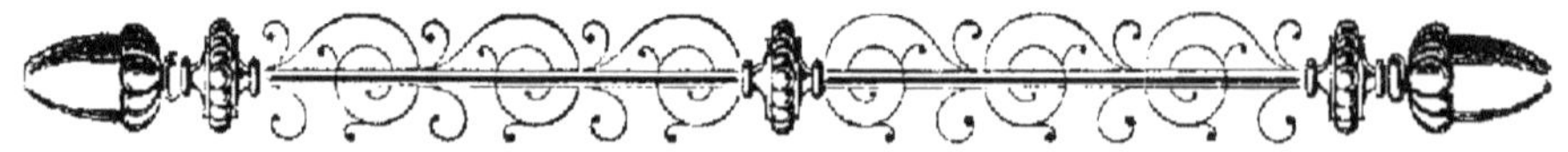

PORTRAITS DU

PROCHAIN SIÈCLE

(LE LIVRE)

Monsieur et cher confrère,

Sollicités et désireux de consacrer en une réalisation entière et durable l'idée qui motiva l'Exposition des Portraits du prochain siècle, et, d'ailleurs, encouragés par la publique faveur qu'obtient notre première tentative, nous avons décidé l'édition d'un ouvrage intitulé :

Portraits du prochain siècle

Collaborateurs de l'œuvre : Tous les écrivains qui se sont affirmésou cherchent à s'affir-

mer comme participants de l'Action vers un Avenir artistiquement et socialement meilleur que le Présent.

Ƀut de l'Œuvre : En une série de synthétiques portraits — de quinze à vingt lignes — donner, par le groupement d'éparses individualités (précurseurs militants et nouveaux-venus), la physionomie générale des esprits et du mouvement qu'anime l'espérante grandeur de délivrer la prochaine humanité par l'individualisme artistique et social.

De confiance, aussi bien par devoir de reconnaissance qu'en souhait de solidarité, les Essais d'Art Libre placent la réalisation de cette œuvre sous l'amical patronage de toutes les Revües et personnalités qui assurèrent, par leur bienveillant concours la réussite de l'Exposition organisée dans la galerie Le Barc de Boutteville :

L'Art et la Vie, l'Art littéraire, l'Art moderne, l'Art social, Chimère, les Entretiens politiques et littéraires, l'Ère nouvelle, l'Ermitage, Floréal, l'Idée libre, la Jeune Belgique, la Lutte pour l'Art, le Mercure de France, le Mouvement littéraire, la Plume, la Revue anarchiste, la Revue Blanche, la Revue rouge, le Réveil, la Société nouvelle, la Syrinx, Van Nu en Straks.

Convaincu, Monsieur, que vous voudrez bien nous prêter l'appui de votre talent et de votre autorité, nous vous prions d'agréer les meilleures salutations de vos dévoués camarades :

En complément à cette circulaire que nous avons envoyée à nos confrères,et en réponse aux différentes questions qui nous ont été posées, ajoutons que :

1° En présence des nombreuses et bienvenues collaborations qui nous sont offertes, nous avons élargi notre cadre primitif et, au lieu d'un seul volume d'abord annoncé, nous en publierons trois qui pourront d'ailleurs être souscrits séparément et paraîtront dans le courant de l'année 1894 aux dates probables de mars, juin et octobre. Le premier volume sera consacré aux Poètes et Prosateurs, le second, aux Peintres, Sculpteurs, Musiciens, Comédiens, Architectes et Graveurs, le troisième aux Philosophes, Sociologues et Savants, les Arts se trouvant ainsi encadrés par la littérature d'Art et la littérature utilitaire.

2° Aucun collaborateur ne pourra donner plus de six portraits par volume.

3° Chaque portrait ne devant dépasser vingt lignes ne devra pas non plus emprunter la banale formule des sèches biographies. — Ces réserves faites, et bien que désirant surtout d'impressionnistes portraits qui caractériseraient à la fois, et l'œuvre, et la tendance, et l'attitude des portraiturés, nous entendons laisser à chacun liberté large d'exprimer en prose ou en vers.

4° Ultérieurement, sera fixée la date dernière où devront être parvenus les envois. En attendant, nous prions les adhérents de vouloir bien nous adresser la liste des portraits qu'ils ont l'intention de tracer. — Pour éviter les doubles emplois, dans le cas où, sur plusieurs listes se trouverait le portrait de tel ou tel, au premier inscrit resterait l'honneur de l'exécuter. — Nous publierons, dans nos prochains numéros, les listes envoyées par nos collaborateurs. — Pour le premier volume dernier délai d'inscription : 15 novembre; pour le 2ᵉ, 15 février; pour le 3ᵉ, 15 mai.

5° Enfin, à cette question posée : les volumes seront-ils illustrés de portraits ? Répondons que ce point nous a paru devoir être, momentanément, résolu par la négative, car nous n'avons d'abord eu que l'intention de faire œuvre littéraire et si, dans la suite le projet nous apparaissait réalisable, nous nous nous réservons de compléter l'ouvrage par un album de reproductions artistiques.

Le Directeur,   *Le Rédacteur en chef,*

Edmond Girard.   *P.-N. Roinard.*

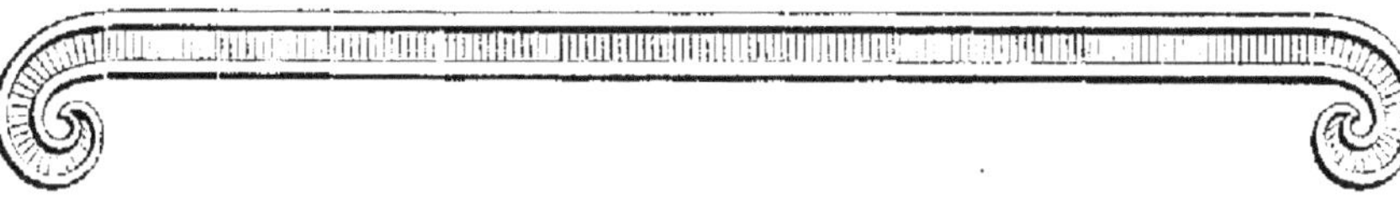

Portraiturés & collaborateurs

Première liste.

Les noms des portraiturés sont en italique, ceux de nos collaborateurs en petites capitales.

Paul Adam,	BERNARD LAZARE.
Anquetin,	P.-N. ROINARD.
Maurice Beaubourg,	CAMILLE MAUCLAIR.
E. Bernard,	CH.-H. HIRSCH.
Bernard Lazare,	PAUL ADAM.
Jean Court,	CHARLES MERKI.
Carrière,	JEAN DOLENT.
Cipriani,	CHARLES MORICE.
A. de Beaulieu,	JEAN DOLENT.
De Feure,	GABRIEL RANDON.
Rémy de Gourmont,	LOUIS DENISE.
Louis Denise,	CAMILLE SAINTE-CROIX.
Henri de Régnier,	CAMILLE MAUCLAIR.
Lucien Descaves,	ABEL PELLETIER.
Georges Docquois,	ALPHONSE GERMAIN.
Jean Dolent,	CHARLES MORICE.
D'Orgebray,	DARBOURG.
Max Elskamp,	VICTOR REMOUCHAMPS.
Georges Fourest,	LAURENT TAILHADE.
Gauguin,	JEAN DOLENT

Gégout,	GABRIEL RANDON.
André Gide,	CAMILLE MAUCLAIR.
Grave,	PAUL POUROT.
Guiguet,	ALPHONSE GERMAIN.
Ferdinand Hérold,	PIERRE QUILLARD.
Stéphane Mallarmé,	CHARLES MORICE.
Jean Manescau,	MEUNIER.
Henri Mazel,	ALPHONSE GERMAIN.
Maurice Maeterlinck,	CAMILLE MAUCLAIR.
Meunier,	PAUL POUROT.
Paul Pourot,	JEAN MANESCAU.
Proudhon,	JEAN DOLENT.
Pierre Quillard,	FERDINAND HÉROLD.
Georges Rodenbach,	CAMILLE SAINTE-CROIX.
Rosny,	CAMILLE MAUCLAIR.
Albert Samain,	A. VALLETTE.
Manuel Sayf,	EDMOND COUTANCES.
Séon,	ALPHONSE GERMAIN.
Paul Verlaine,	LAURENT TAILHADE.

Voir ci-contre nos conditions de souscription et le bulletin qui s'y trouve annexé.

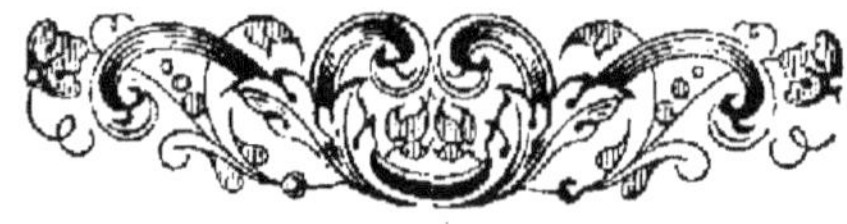

Le Gérant : E. GIRARD

Imprimerie Girard, 8, rue Jacquier.

LA VÉRITÉ

CONFÈRE L'ÊTRE ET LA FORCE

Que nous servira d'espérer seuls et d'inspirer l'espérance tant que nous n'aurons pas montré la fatalité d'un Règne juste. C'est-à-dire il faut que la parole des lucides réponde aux chants énigmatiques des inspirés, instruisant la raison des hommes avec l'impersonnalité radieuse de l'évidence et de lalogique sur ce Royaume puissant à son tour, qui vient au monde.

Mais cette érection ne sera pas le fait d'un seul homme, comme les temps de foi, fondés sur la crédulité; le temps est venu de l'incrédulité et de l'examen pour sauver le monde, ses grandeurs et l'esprit.

De cette rédemption par le raisonnement, presque personne encore n'entend la révélation suivie : et ce qui manque envers l'évidence manque envers la force et l'accomplissement.

Selon que vous entendez en deçà vous entendrez au delà : selon que vous aurez monté au delà, vous réaliserez proportionnellement en deçà.

La réalité du monde intellectuel, certes est en dehors de nous et voilà ce qui la rend impondérable aux sens primordiaux ; mais le monde supérieur continue abstraitement de s'ériger conformément aux lois du monde visible, et d'entre-croiser idéalement de même ses rapports, et voilà comment-il conserve la réalité d'être.

La conception du monde intellectuel réclame des esprits consistants, impulsifs, lucides.

Consistants pour s'y pouvoir inscrire à la suite comme toute marche mathématique; impulsifs, parce qu'il s'agit de prolonger les générateurs du point d'intersection des rapports; lucides, parce qu'il s'agit de suivre distinctement la géométrie que tracent leurs entrecroisements infinis de rencontres, autour du point central d'où la conscience observe.

La mathématique confère une réalité d'existence à ses conclusions, car la mathématique ne saurait être que le mécanisme de la vérité.

Entendre la vérité dans toute sa suite c'est donc disposer de l'Univers comme la mathématique dispose des quantités, selon les lois.

Ainsi le nombre, le poids, la mesure s'entraînant mutuellement, forment autour de nous et en nous, les merveilles du monde; c'est reprenant cette connaissance des rapports du nombre et du poids et de la mesure, pour les grouper conformément à leurs harmonies, qu'avec cette logique même nous créons la sensation et l'image des spectacles d'absolus.

De nos sens, à leur tour, nous ne conservons mêmement que la mémoire; et seulement la notion de leurs primitives localisations. Ils perçoivent et contemplent désormais par instruction terrestre de l'ordination du nombre, et du poids et de la mesure, — l'ordination du nombre, et du poids, et de la mesure des absolus.

En effet, devant nos sens et en soi, l'Univers est la stricte figure du nombre, du poids, de la mesure.

Pour cette ascension de l'être intellectuel, et pendant tout le temps de sa durée, doivent soutenir son élan : la science et la raison.

La science, pour révéler sensiblement par les phénomènes, la logique.

La raison pour voir la logique.

La raison est la conscience de la logique, et elles sont l'une par l'autre, et ainsi nous constituent.

Et elles deux forment le savoir : vision d'Univers des grands savants sûrs d'assez d'infini pour s'émerveiller en grands poètes; lucides assez pour pressentir en prophètes; véridiquement assez l'Univers pour officier en poètes-rois.

Cette conscience dont l'avènement se déchiffre dans l'histoire de l'évolution, aux monuments des règnes, aujourd'hui, la voici! Elle aspire impérissablement vers la conscience absolue, à travers les langes mystérieux de l'organisme. La cellule a persévéré contre la souffrance des obstacles, s'armant contre la ténèbre de ses origines, progressant entre les cataclysmes du monde, jusqu'à l'homme arrivant clore sans doute, la somme des modifications possibles à la cellule initiale et nécessaires au pouvoir de la conscience pleine.

L'esprit, dépassant ses coexistants originels, poursuit son aspiration initiale, accumulant finalement en soi, avant que s'y évanouir, l'Univers.

L'esprit de savoir, et dès lors de pouvoir, va commander les actes dans le devoir conforme d'un Chef-d'Œuvre social.

Brisons nos ardeurs de justiciers juvéniles devant la lente prudence et l'impassible sagesse du monde, où les seuls ignorants, n'apercevant qu'eux, trouvent à blâmer, sans s'étendre à apercevoir la hiérarchie dans l'universel ensemble.

Les substances, peuples et mondes, s'interpénètrent et s'entrelient et jusqu'aussi lointainement que ce soit, formant la condition d'exister, conforme à l'équilibre total.

Et n'est-il pas enseignement suprême de le voir sans cesse, impitoyablement s'établir par heurs et malheurs! impassiblement et de soi! Et cycliquement graviter en graduant l'organisme et la nature pour accomplir la réintégration de l'être, par la conscience, dans l'absolu.

Le suprême savoir serait, considérer tout acte par rapport au total universel et à ses facteurs. La seule connaissance de ce total universel peut rendre nos actes conscients vers le bien ou vers le mal. Jusque là, nous ne savons qui fait le bien, qui fait le mal. Nous ne savons qu'une chose : l'équilibre est le bien. Un bien peut cependant amener un mal en retour, car au moment où échoit un bien personnel, national ou humain, toute conséquence dépend de l'état où se trouve alors l'équilibre de l'U-nivers ! Où est alors la justice des hommes ! Quelles sont alors les nations anathèmes ! En ce moment peut-être, certains peuples expient, pour d'autres qui sont coupables ! Ce n'est pas de l'injustice ! L'équi-libre de l'Univers s'établit de soi, et l'Univers n'est qu'Une Seule Chose. Si l'Univers est en équilibre tout est bien Les substances, peuples et mondes, ne sont que l'Univers. La substance, le peuple, le monde, ne peuvent se circonscrive ou s'éxaler soli-tairement, et pour certains qui s'agitent, au-delà sem-ble-t-il des bornes, ce sont d'autres qui vivent en ma-nière expiatoire, mais ce n'est pas injuste puisque c'est le corps entier de l'humanité dont une partie a chancelé : l'Univers est Une Seule Chose.

Voilà désormais la conception qu'il nous faut clairement du savoir et l'expansion qu'il nous faut de nous-mêmes dans l'Univers.

C'est le premier point à bien connaître et à bien faire voir.

La volonté de la vie outrepassant l'organisme accompli va commencer d'animer les merveilles représentatives de la seule évolution intellectuelle.

Car la force de toute pensée suscite une image, que le monde matériel réalise relativement.

Exister c'est être une image des problèmes des nombres et des poids et des mesures.

On nomme cette seule mathématique possible : la Nature.

Elle est toutes sources, et sans le secours de sa mathématique, rien n'est.

Nous fûmes une part, docile un temps, dans la totalité harmonieusement véhémente qu'elle est.

Nous sommes une part, indocile, dans la totalité harmonieusement docile dès maintenant, qu'elle commence d'être.

C'est la civilisation.

Le phénomène de la conscience, éclose en un point de la série évolutive, n'est tout de même que le regard sur le fatal.

C'est nous.

Ses forces sont nombrables, mensurables, pondérables.

C'est notre science.

La Nature, ce sont les calmes merveilles de la mathématique.

Nous ne créerons pas un monde neuf, mais nous

disposerons un monde nouveau. Si accomplie qu'elle semble à nos sens encore silvestres, la terre cependant n'est que dans l'attente du Chef-d'Œuvre qui sous nos gardes doit s'éclore.

Dans les spéculations des savants, des philosophes, des poètes, il y a toujours une part de vision, réalisable progressivement, selon les lois de vérité connues. Le rêve n'est pas rêve tout entier.

Il suffit de la foi pour le diviser soudain.

Et la foi c'est de se mettre à l'œuvre.

Car notre esprit encore ne peut éprouver la concordance de la matière finie et de l'absolu, que par l'action.

L'action, pour nous, c'est lutter; comme pour tous; avec une prédilection vers l'œuvre; car l'immortalité est souverainement une sanction de la vérité sur les actes.

Et cette lutte, c'est Régner.

Si vous êtes la Vérité, comment ne deviendriez-vous point la puissance?

La force même n'a pas d'autre puissance que d'être la vérité, sans possible démenti.

Vos labeurs d'aujourd'hui ne révèlent-ils point que vous continuez la Vérité immortelle qui illustre des rythmes d'art le long des siècles invinciblement, que vous n'osiez vous grouper autour du sceptre d'un Règne, et que partout vous soyez chancelants et précaires...

Que les voies s'emplissent de voyants sûrs et

calmes, progressant vers la Vérité de l'Univers qui n'est que Une Seule Chose. Que tous aillent, qui ont soufflé, par les voies non les plus droites; les plus sûres; la seule intention n'est plus rien, mais à ce prix accepté au début, la victoire absoud l'iniquité des entre-chemins.

Ceux disposant du savoir des rythmes éternels, qu'ils remarquent bien que s'avancer avec la Vérité et sa force, c'est être la lucide conscience de l'impersonnel, la chair martiale de l'évènement. Qu'ils s'assoient sous l'ordre du monde, où sont là, dans le temps, les trônes fatals du commandement des hommes fatals.

Commander l'Ordre : Commander le Règne, — quelqu'il soit! C'est toujours l'Ordre. Nous ne sommes que la conscience parlante des évènements.

Il va s'en passer un : Servir la tyrannie clémente des lucides qui s'assoiront invinciblement dans les places royales des villes du monde, parce que évoluant selon la Vérité ils ne sauront à la fin autrement aboutir que au Règne.

RAYMOND NYST

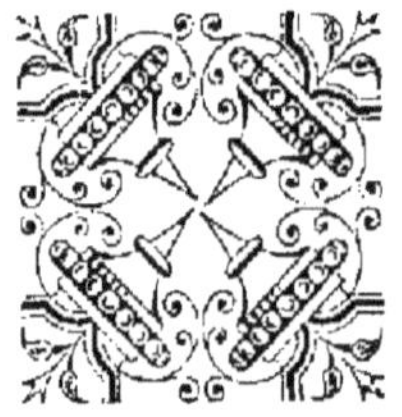

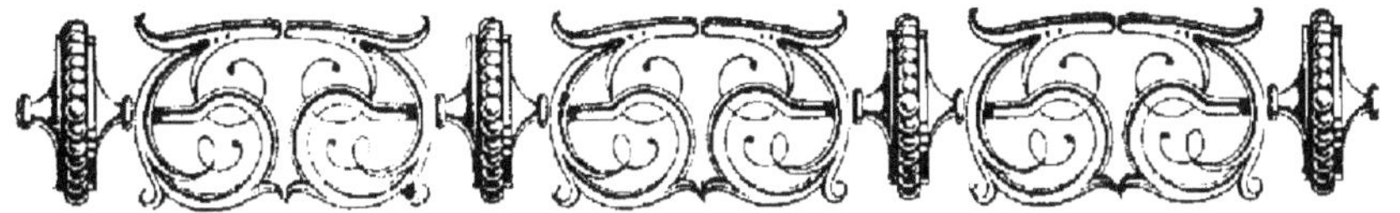

CHOSES NOUVELLES

SYMPHONIE

Un pré chante en vert, un manoir en gris-clair, un nuage en blanc-gris sur l'immense accord bleu.

Au manoir une fenêtre gémit, noire...

Par elle, divin contraste, fredonne une main délicate au joli petit chant rose.

Le petit chant rose se balance doucement comme barcarolle, et lance tout à coup une brillante note d'or !

Eu décrivant une lente courbe de lumière, le médaillon est tombé aux pieds d'un petit page.

D'un petit page aux yeux de bistre qui pleurait en violet son corps frêle, en attendant une chose qui ne voulait pas venir.

Son joli visage rose devient cerise, il ouvre vivement le médaillon d'or, — mais d'or faux !

Car s'échappe, en un cri chatoyant, l'or vrai d'une boucle de cheveux de sa princesse aimée!

Il va lui faire écouter le duo corail de ses lèvres...

Mais grince la rouille du pont levis et de la porte de fer :

Le vieux seigneur, visage d'argent, poitrine de cuivre, vient taire d'une note de bronze le cœur mélodique du petit page violet.

Le cœur s'en détache et vogue sur la gamme écarlate et lente née de sa blessure;

Le cœur s'arréte avec son cortège de sang sous la fenétre au gémissement noir!

Un bras de cuivre jette sur le cœur tout l'or coupé de la princesse!...

Alors, un accord sublime de deux si belles choses :

Est-ce un pourpoint de velours rouge cousu de fils d'or?

Est-ce une cuirasse d'or aux ornements de vermeil?

Comme la fenétre du manoir, le Ciel gémit tout noir!

L'eau verte des fossés s'obscurcit comme de la poix,

Le pré vert se voile d'ombre,

Les peupliers verts, à l'horizon, pleurent des morts anciens de leurs longues larmes noires !

Mais la fenétre au gémissement noir éclate de lumière!

Dans la chambre, un visage d'argent prie et pleure devant un crucifix d'argent

Les armures, aux murailles, revivent et chantent un chant de carnage!

Le Tonnerre, aux ongles sanglants, gémit comme un vivant dans un cercueil!

Un oiseau de feu a fondu de haut en bas le Ciel de plomb,

Il siffle! et vient lécher de sa violente note rouge le front lunaire du petit page mort!

Tandis que, dans la campagne, sous l'orage de plomb fondu, s'enfuit, en hurlant de douleur, la princesse pâle aux cheveux coupés,

Suivie pas à pas d'un chien jaune hurlant à la mort!

PAUL FORT

LE VOYAGEUR

A Catulle Mendès.

Sur le chemin jonché d'absence
Le voyageur marche à pas las;
Que douce est la terre de France
A qui revient d'autres là bas. —

Le voyageur marche à pas las
Retrouvant l'âme de naguère
En l'air éperdu de lilas,
Mais cette âme le désespère. —

Que douce est la terre de France!
Ah! la brume en ce cœur lointain!
Sache que sans nulle souffrance
Elle s'endormit au matin. —

A qui revient d'autres là-bas
Lauré de la gloire éphèmère
Tout front se penche, on parle bas,
La chambre s'emplit de mystère. —

En l'air éperdu de lilas
Balance une douleur tardive,
Cloche si faible, ô faible glas,
O, n'est-ce pas, c'est la missive!

Elle s'endormit au matin
Les bras en croix sur la poitrine
Le prêtre pria en latin
Et l'on vit passer l'Intersigne. —

Ah! voyageur, pourquoi partir
Vers l'orgueil des jeunes désirs!
Maintenant tu pleures, tu pleures,
Tu te repens : il n'est plus l'heure. —

Elle s'endormit hier matin
Songeant au voyageur lointain :
Naguère seul est l'espérance
Sur le chemin jonché d'absence.

ALFRED MORTIER

ILLUSION

L'AFFOLEMENT

(Suite)

Encore un arrêt du train? On n'arriverait donc pas?

Césaire, occupé à finir de plier sa couverture, se renfonça dans son coin, détournant les yeux de M. Brunet placé devant lui, pour regarder à travers la vitre. Au désespoir qui le ramenait comme une bête folle chassée par d'invisibles lanières — Silvaine était perdue pour lui : elle avait laissé quatre lettres sans réponse — s'ajoutait l'ennui de cette journée où la pluie n'avait cessé de tomber. Oh! cettebrume grise, crépusculaire, où, çà et là, les becs de gaz scintillants étaient un peu de savoir perdu dans beaucoup d'ignorance! Tout le chaos de cette gare d'Orléans : files de wagons, portes de halls, lueurs rouges de foyers de machines!

— Les billets, s'il vous plaît?

Il tendit à l'employé son carton et se reperdit la vue dans la nuit.

Aucun doute, à présent, ne lui reste. Mais pourquoi est-elle partie? Et sa souffrance s'exacerbait par le pressentiment que Silvaine ne devait avoir donné son âme à éblouir qu'aux baisers de Nittys. Il a reçu de lui, la veille, une lettre toute pleine de mépris injurieux à l'égard des femmes et dont une phrase, bouche de sangsue plus profondément vorace, semble tantôt le soulager de son malaise, tantôt l'épuiser jusqu'à la dernière goutte de sang. « Tout ce que nous endurons « par elles, est la faute du premier homme d'esprit qui, « ayant imaginé de vêtir une poupée en madone, a eu « la sottise de se vanter du procédé. » Allons! il n'était pas dupe de cette ironie! Et maintenant que l'on se remettait en marche, il essayait de refouler sa tristesse, afin d'en faire la terre nivelée des tombes qui ne veulent pas de pitié, pour ce vieillard dont le visage s'irradiait à humer l'air fumeux d'ici, en attendant de respirer la véritable haleine de Paris. Il le regardait se préparer à descendre. Les rhumatismes du sexagénaire s'étaient brusquement calmés en chemin de fer. Encore huit jours à se griser d'un peu du reste de son sang au creuset des paillardises, en cet hôtel coutumier de la rue Saint-Marc! « Là, on est tout près des boulevards, et par, le passage des Panoramas, on peut s'y rendre sans craindre la pluie. »

— Ouf, enfin! s'exclama M. Brunet à l'arrêt du train.

Derrière lui, Césaire descendit, les sens encombrés par le tohu-bohu du débarquement : bousculeuse fourmilière de voyageurs pressés et sifflements de locomotives lointaines, cris de poule que l'on transporte et odeur de fumée. Mais son esprit restait occupé, boutures que la rosée n'est plus suffisante à nourrir, par l'obsession qui ne lui avait pas laissé de répit depuis la réception de la lettre de Nittys, cause de son départ : Certes, on l'a volée l'idole...

— A présent, c'est une voiture.

Des voitures, voulait sans doute dire M. Brunet... On l'a volée; cependant, il lui tarde de voir la place vide, de promener son doigt dans les vestiges de la pousière d'or tombée sur le socle. Et il hâta le pas, pour venir dégager ses bagages. Les gens qui attendaient, rangés par groupes de chaque côté de la porte, lui faisaient mal à regarder, étant quelque gaspillage d'aliments sous les yeux d'un qui meurt de faim. Il baissa la tête au milieu d'eux. Que n'eût-il donné pour qu'Elle fût là, là en place de cette vieille femme à peau ridée, parcheminée et presque paralytique dont le cabas incarnant, à cette minute, toute la haine de la destinée, lui barrait le chemin, le heurtait durement. Ah! Elle se soucie bien du lieu où il vit, de ce qu'il fait à cette heure. C'est affreux qu'elle l'ait aussi brutalement trahi...

— Tenez, voilà notre affaire, disait M. Brunet. Hep!.. ces deux-là, voyez-vous?..

Il se rendait machinalement compte qu'un facteur interpellé prenait les bulletins et transbordait les malles sur la balustrade plus rapprochée, puis appelait un douanier. Lentement, d'un bras que retarde le mauvais résultat pressenti de l'acte hasardé, il chercha ses clefs.

— Quelque chose à déclarer?

— Absolument rien, répondit Césaire, du linge, des vêtements...

L'employé secoua la caisse en la soulevant par une poignée, la marqua d'un lettre blanche à la craie.

— Ni dans la valise?

— Non plus.

— Vous avez une voiture, demandait le facteur occupé à se charger.

— Non, fit Césaire, il nous en faut deux.

Debout, auprès de M. Brunet qui remettait ses clefs dans sa poche lui aussi, il restait sans pensée, glace reflétant la fuite de nuages qu'était l'affluence des sensations suscitées par le milieu, et si vide de toute énergie qu'il eut peine à protester d'un sourire, quand son compagnon de voyage lui dit, avec un éclat de sa gaieté de plus en plus exubérante :

— Enfin, qu'est-ce qu'il y a donc? Vous êtes triste comme un bonnet de nuit.

— Mais non, je suis un peu las... et déshabitué de Paris, voilà tout.

— C'est bizarre! le contraire m'étonnerait plutôt. Hé! hé! hé! hé! Toutes les natures ne sont pas les mêmes.

Le facteur revenait, chargeait la seconde malle; et, tous deux derrière l'homme, marchaient silencieux, à travers la cohue grouillante et affairée.

— Un deux places, cria le facteur à peine dehors.

Dans la foule des voitures, Césaire voyait au milieu de la demi-nuit, un cocher debout sur son siège faire signe qu'il était libre...

— Ah! à propos, connaissez-vous l'adresse du docteur Arcy-Boissel, s'enquit M. Brunet.

— Dame! non; je sais bien que c'est rue Legendre... je vois la maison d'ici; mais le numéro?

La marquise quittée, Césaire avait l'agacement de sentir la pluie tomber si dense qu'on eût dit un contact d'étoffes mouillées et froides à outrer le frisson du regret des vieilles chimères. Il voulut, tout de suite, se séparer de M. Brunet qui demandait encore :

— Alors, vous ne voulez pas venir dîner avec moi, ce soir?

— Non, merci.

— Vous êtes donc bien pressé de rentrer? Hé! hé! hé! hé!

La plaisanterie de l'autre tombait en lui, ironique et

douloureuse comme un rayon de soleil sur des yeux de moribond. Il eut hâte de quitter ce vieillard qui retrouvait, pour glisser son insinuation, le sourire déjà lancé dans le train tout à l'heure et qui, désiré chatouilleur. avait fait blessure. Car M. Brunet avait dit présumer pourquoi Césaire refusait de se marier, ajoutant, qu'à franchement parler, il lui donnait raison.

— Enfin, vous savez : Hôtel St-Marc, rue Saint- Marc, demain ou après-demain, vers cinq heures, je vous attends.

Le facteur revenait, indiquant du doigt dans la pénombre les voitures. Césaire cessa le geste de chercher une pincée de monnaie, en voyant M. Brunet lui faire signe, tirer des sous de son gousset et les donner à l'homme.

— C'est entendu, acquiesça-t-il, remerciant d'un double hochement de tête, j'irai vous voir... peut-être demain. Au revoir.

Peut-être, en effet, demain, son isolement lui rendrait-il désirable la compagnie de celui-là, de n'importe qui. La pression de main donnée à M. Brunet était affectueuse de toute son appréhension du grabat de miséreux qu'il pressentait trouver au lieu de ce que l'autre croyait une couche d'amour ! Il gagna sa voiture ; et, dans un soupir, jeta au cocher :

— 14, rue Monge »

en s'enfermant dans le coupé.

Mais, dès le premier coup d'œil indifférent jeté aux capitons gris-souris et le roulement de la voiture, l'avalanche de préoccupations que le monde extérieur avait jusque là maintenue, rempart inexpugnable, s'abattait sur lui, l'accablant si bien sous l'ubiquité des meurtrissures, qu'il ne pouvait savoir d'où lui venait le plus de douleur. Il se demandait ce qu'il avait commis pour être ainsi délaissé. Après avoir tant sacrifié, n'était-il prêt à sacrifier davantage encore? Et voici qu'il voyait s'éteindre, lampe brutalement soufflée, cet amour, à la clarté duquel il rêvait de traverser le monde, en dissipant sur son chemin la ténèbre des malchances, comme les apôtres allaient vainquant les démons au nom de la Croix...

Il n'osait l'écouter, mais, d'un coin de conscience, la voix raisonnable montait, suggestive de regret : il eût mieux fait de se marier. Elle l'avait cependant bien aimé trois mois; qui eût prévu que sa meilleure promesse de lui-même, ne parviendrait pas à féconder un espoir durable et suffisant?

Le ferraillement des vitres secouées l'agaçait; dans la demi-lueur malheureuse du fiacre, il changea de place. Une crise de souffrance l'imbibait tout, à la cuisson lancinante d'un cor réveillé par l'humidité; et ce lui fut exaspérant comme une main enfantine qui arracherait les cheveux d'un hercule enchaîné.

C'est qu'aussi, elle était trop belle et trop rare. Il se demandait même, aux premiers temps de leur liaison surtout, comment elle avait pu devenir sienne : et il ne se dissimula pas l'effroi souvent ressenti certains jours où sa luxure, à boire toutes les folies de la plus complaisante passion, restait aussi ardente qu'un coin de Sahara après quelques gouttes d'eau. La lumière des becs de gaz diminuait, maintenant qu'il longeait le quai; et seules, les deux lanternes éclairaient la voiture d'une clarté de falot. Le sifflement rauque d'un remorqueur ayant attiré son regard vers la Seine, le va-et-

vient des bateaux semblables à des cloportes mons-
trueux et noirs, aux lumineux anneaux, l'intéressa une
seconde...

Pourtant, il se gourmandait lui-même d'attacher une
importance, exagérée peut-être, à la coïncidence par
laquelle Silvaine ne répondait pas à quatre lettres envoyées depuis douze jours, quand Nittys lui écrivait, sans
raison, quatre pages d'une misogynie où les termes semblaient s'ampouler, les traits s'exagérer, insolemment,
en grimace narquoise. Ces deux faits, au premier abord,
ne semblaient pas avoir la moindre corrélation : il était
même ridicule de songer qu'il en pût exister une. Mais,
d'où venait que, tout de suite, la lettre lue, il avait formulé : Nittys l'a enlevée? D'où venait, qu'encore maintenant, il n'arrivait pas à chasser le pressentiment d'être
dans le vrai! Oh! ce dilemme faisait de lui la pomme
d'or qu'un jongleur habile reçoit et se renvoie au bout
de deux stylets : chaque tour lui ouvrait une nouvelle
blessure. Il eût voulu n'y plus penser, être le promeneur
en parapluie qui regardait, par-dessus les bizarres
découpures de toits sombres, le ciel gris que la fumée
salissait. Au-dessous, la marche de la voiture montrait,
courant les uns après les autres en rapide défilé de piques uniformément portées droites par d'invisibles cava-
liers, les barreaux du grillage du Jardin des Plantes qui,
humides de pluie, étincelaient. Et, à travers cette succession de lances, se distinguaient des lointains gris,
çà et là tachés de masses plus brunes : silhouettes d'arbres, ou noircis de pans de nuit très opaques, tranchant
nettement sur la pénombre : logis de fauves, dômes de
volière. Que de tristesses !

Si, réellement, elle était partie, la chercherait-il?

A quoi bon. Cependant, il aima songer qu'il la reverrait pour lui crier de quel trottoir descendue elle s'embouait sur la chaussée de mépris. Mais, aurait-il le courage d'oser autre chose que tomber à ses pieds?... Non! il faudrait qu'elle lui devint une neigée de décembre pour les boutons qui s'ouvrent en avril... Et dire qu'elle l'attendait peut-être, là-bas, rue Monge! Qu'elle l'attendait chaque soir!... ou qu'elle souffrait, malade, très malade, en le lui laissant ignorer pour qu'il ne s'inquiétât point!.. Supposition dorée de vraisemblance, après tout; les mécanismes de son être ne s'engrenaient déjà pas si bien pour une santé robuste! Elle était même, souvent, sujette à de violentes perturbations de son organisme de femme... Mais, coureur exténué, sa tentative de relèvement finissait déjà en rechute.

L'eau de cette bouillotte n'était plus chaude; décidément, l'air glacé de la voiture se révélait complice dans le refroidissement de son courage. Il rajusta sa couverture et, les regards sur le ciel à qui la lueur de Paris donnait des transparences bleues, un peu lumineuses par le bas, il rehabilla de deuil, pièce par pièce, sa rêverie. Inutile de se leurrer, en mettant à l'évidence un masque de subterfuges, elle l'avait trahi. Autrement, n'eût elle pas répondu à ces lettres où il la conjurait tant, la dernière surtout? S'en remémorer les termes lui causait une vague honte de sa posture devant une femme que les pieds roses de ses baisers feraient trouver plus belle par le nouvel amant. Ne s'en gaudirait-elle avec l'*autre*, de ses prières et de ses lâchetés? La pluie cessait. Vis-à-vis la portière droite, un cocher de fiacre assommait de coups sa pauvre rosse de cheval... Oh! c'était sûr qu'elle le trompait. Et même, à supposer qu'il la rencontrât, que pourrait-il faire?... Les chalets de la Halle-aux-Vins, que douait d'illusion une clarté de lune surgie quelque part, avaient l'air d'une allée de tombeaux. Ce qu'il pourrait faire? Rien, absolument rien, se taire et sembler sourire. Du reste, son parti était pris, il ne l'importunerait point à demander, pour sa vigueur fainéante, le lit d'espérance dérobé, il tâcherait de repartir pour Salbris... On avait été si surpris de son brusque retour... Et pourtant, ce n'est pas possible, pas possible... Le silence de Silvaine doit avoir une cause différente qu'il ignore... il la trouvera bien étonnée... Quelque chagrin est sans doute tombé dans Nittys et suinte de lui, pessimisme, comme goutterait en larmes l'eau d'une aiguière fêlée... Il ne l'a jamais vu, d'ailleurs, tenter d'approcher Silvaine de trop près, quoiqu'il l'ait épié, au commencement, le sachant d'un stupéfiant cynisme.

La succession des boutiques du Boulevard Saint-Germain fatiguait ses yeux, il les reporta sur les bosses claires et les trous sombres des coussins. Alors, il reviendrait et prendrait tout de suite l'étude de l'avoué de Romorantin. Cette pensée était le cauchemar d'un amputé rêvant penché sur lui le couteau d'un qui va lui ôter le cœur, la vie, cette fois. Ah! l'obligé retour aux indignités répudiées hier! La constatation formelle et irréfutable de son impuissance à fuir la médiocrité! Mais il s'y résoudrait. Après tout, semblable ver devait ronger la destinée de bien d'autres, qui, vermeils et gais, ne demandaient pas au vent de les détacher de la branche pour les jeter au néant.

Le tourner de la rue du Cardinal-Lemoine lui donna un léger sursaut par la réflexion d'être très près maintenant. Et voici que le spectre des futurs bonheurs anéantis chevauchait devant son désir. Il eût été si bon de se reclore dans le chaud logis quitté trois semaines plus tôt, quand, au lieu de cela, il trouverait les chambres glacées, pleines de ténèbres, vides d'Elle... Sa chair se révoltait d'un frisson, à cette songerie; et il s'accagnarda en son coin de voiture avec, presque le souhait d'y rester longtemps, longtemps, par crainte de savoir enfin. Ses yeux, rongés de cuisson, demeuraient fixés sur la vitre opposée, où défilaient les monochromes ombres chinoises du trottoir frôlé : Un groupe de femmes pressées... Un enfant porteur d'un pain... Un Monsieur emmitouflé qui fumait un cigare... Son excessive tension d'esprit lui révélait, avec un relief jamais perçu aussi net, la vie ambiante. Les choses s'animaient et les actes supputés montraient leur face de symbole... En cet immeuble à hautes doubles portes gisait la dépouille du Paradis-Latin. La vision du sous-sol tumultueux et fumeux d'orgie, où, sur la scène du fond, les chanteurs étaient hués et les chanteuses souvent muettes, faute de pouvoir se faire entendre, s'effondrait sous l'écroulement d'un nuage sombre, et la nuit emplissait, maintenant, les murs lamentables qui pleuraient d'humidité la gaieté d'autrefois... Un sourire triste lui vint de songer à une autre ruine : lui aussi renfermait des illusions mortes! Dans son âme vide, le deuil et les larmes étaient ceux des paradis changés en sépulcres...

Oh! Est-ce que ce heurt de roue à l'angle du trottoir, allait causer une catastrophe? Mais la voiture repartait rue des Écoles... Cinquante mètres à ignorer, à espérer encore! Son sang afflua au cœur en d'excédés battements; les branches des arbres du square, nues et dressées de l'obscur, comme des cheveux de géant que la peur hérisserait, le gênèrent. Et il chercha, dans de l'occupation matérielle, une fin à ces hallucinations qui déformaient les objets pour son esprit pusillanime que l'impression du moment, toujours plus forte, maintenait en déséquilibre.

Il prépara les deux francs du cocher, se raidissant à ne vouloir éprouver qu'une piqûre d'épine incapable de blessure dangereuse et n'ayant lésé qu'un organe inférieur. Somme toute. — ah! il reconnaissait le porche de l'hôtel et ouvrait la portière — somme toute, en admettant le pis, était-il un homme dont aucun aliment ne traversera jamais plus la gorge trouée? Est-ce qu'on se laisse abattre ainsi? Il ne pouvait pas marcher directement encore dix mètres, le cocher, au lieu de tâtonner devant les maisons à la recherche du numéro? Et il sauta sur le trottoir sans attendre que la voiture fût arrêtée, traînant sa couverture dépliée et maudite de tout l'empêchement de courir dont elle lui enroulait la jambe.

— Attendez.

Le paillasson boueux de l'entrée, le tapis gris bordé de deux bandes rouges qui longeait le corridor et suivait les zigs-zags de l'escalier, le stuc des murs imitant un marbre bleuâtre veiné de roux, lui passaient devant les yeux, sans que ces sensations ne pûssent faire monter le jet de son idée plus haut que la certitude d'être bien arrivé cette fois. L'odeur de térébenthine de quelque vernissage récent, qui remplaçait l'odeur âcre ordinaire du couloir, ne l'en dissuadait pas. Et il courait, tout son corps soumis, toute son âme réduite à cette pensée : savoir enfin, portée nerveusement, comme par un duelliste deux épées dont l'une va peut-être le tuer tout à l'heure.

Il escaladait les trois premières marches d'une en-
jambée et, maintenant, ralentissait en gravissant les
autres, brusquement désireux de trouver là, au bureau,
belle et nue, virginale serve s'offrant à son seigneur, la
fin de ses inquiétudes amenée par quelqu'un le ren-
seignant sans qu'il eût air de le demander... Bon! il
marchait sur sa couverture faillant tomber; on n'en
finissait pas d'arriver à cet entresol. Oui! mieux valait
s'informer. Pourtant, jeter là-haut, sans que personne
n'en sût rien, son illusion mort-née dans la gueule d'ombre de l'apartement vide! Mais, d'apercevoir, une bougie
à la main, le garçon sur le palier devant la porte vitrée
du bureau, ces inconsistances de cire qui fuse se figèrent
tout à coup en besoin d'interroger brutalement... Les
mots prêts à sortir s'arrêtèrent, il hésita. N'était-ce point
faire une confidence à ce valet qui, l'ayant reconnu, le
saluait d'un benêt et trop obséquieux :

— Monsieur Février? bonjour, Monsieur.

La phrase se changeait en la simple indication :

— Bonsoir Victor, allez donc prendre ma malle »
lorsque, lame de reflux forte d'en réunir mille petites
impuissantes, l'idée revint envahissante, irrépressible.
Oh! qu'il sût, sans retard! dussent les mots odorer, inconsciemment? intentionnellement? le mépris pour lui
de ce domestique! Et au moment où Victor posait les
pieds sur la deuxième marche, sa chandelle à la main,
Césaire jeta, presque honteux, dans le calme de l'escalier :

— Est-ce que Madame est là?

— Je crois bien que oui; je ne l'ai pas vue descendre.

Ce lui fut la joie d'un ladre guéri recouvrant le toucher des choses, une joie tellement intense qu'il en fla-
geola. Si elle n'était là-haut, elle n'avait du moins pas
fui! L'invasion de bonheur remettait du sang dans ses

veines. Il restait suffoqué; et cependant, sa cuirasse d'angoisse cessait de l'étreindre. Pauvre Silvaine! A présent, monter, s'assurer... Était-il enfant d'avoir habillé en sorcière une compagne de jeux bien connue qui lui faisait peur maintenant. Il savait bien la chose impossible! La pièce d'argent entre ses doigts lui remémorait qu'il n'avait pas payé la voiture, il appela le garçon déjà au milieu de l'escalier et reprit vingt sous dans sa poche.

— Tenez, vous donnerez deux francs au cocher... Il y a aussi ma valise. Vous les laisserez dehors, à la porte, là-haut, n'est-ce pas?

— Oui, Monsieur.

Il vivait trop la hâte de s'abîmer en son absolue présence pour que le garçon pût y venir apporter les troubleurs coups de marteau d'un maçon replaçant quelque dalle d'une chapelle, De sa puissance d'enjambées doublée, il gagnait le second, intrigué brusquement : Pourquoi, alors, n'avait-elle pas répondu à ses lettres? Mais la félicité lui imprégnait si intensément tout l'être de douceur, que cette goutte d'amertume s'y dissolvait incontinent; et son contentement récupéré se paroxysma de l'émotion qu'il aurait à La contempler, tandis qu'il tirait le bouton du timbre.

Le bruit d'une porte intérieure que l'on ouvre couvre de son brusque cliquetis de serrure les dernières vibrations de la sonnerie; un pas perçu lui enlève sa dernière appréhension. C'est elle qui tourne la poignée du verrou... bien elle, Silvaine! qui se détache sur la clarté de la chambre à coucher, étonnée et minaudant :

— Oh!... Vilain, va.

Soudain, il repoussa le battant de la porte, jeta dans

l'antichambre sa couverture, et enlaça la jeune femme, lèvres sur lèvres, rageusement, délicieusement... Du fond
de ce bien-être, il songeait au reproche que lui adressait
le « vilain, va » de Silvaine — comme parmi l'ivresse
d'une orgie on se souviendrait qu'une des bacchantes
lutinées vous refusa un baiser. Et tous les torts d'elle
déjà oubliés, il se disculpa, en prenant haleine de leur
baiser, toujours l'étreignant, et ses regards quêtant la
jouissance dans la caresse habile des yeux :

— Pardonne-moi... j'ai voulu te faire une surprise.

Peu à peu, toutefois, leurs bras se desserraient. Ils
revenaient dans la chambre à coucher; et le léger apai-
sement de Césaire lui permit de distinguer à travers la
phrase de Silvaine :

— Me surprendre? hein !... Voir si j'étais là, méchant »

une ironie triomphante, acceptée en coups de haire
punisseurs des affreux doutes osés. Le rire de la jeune
femme achevant :

— Et si je n'y avais pas été? Justement Dezobry devait
me donner des billets pour les Bouffes; j'aurais pu être
partie »

ce rire fait d'un plissement de lèvres salaces, sous
ces prunelles noires de vierge hautaine qui le regardaient fixement, outrait sa religieuse soumission et
le prosternait pour la réponse :

— Rien »

timidement ponctuée d'un baiser.

Au seuil de la chambre chaude, pleine d'une odeur
qu'il ne connaissait pas et où la lueur de l'abat-jour rose
teintait favorablement la dentelle blanche du couvre-
lit, les rideaux de la fenêtre, les profondeurs de la glace,
les meubles, il s'était arrêté, suffoqué par l'insenti par-

fum de chance qu'exhalait l'âme de tous les objets rassemblés là ainsi qu'un bouquet offert : Merci, cheminée où rougeoie un brasier de coke! table chargée de la lampe et du livre ouvert! fauteuil tourné vers le feu où, sans doute, elle était assise quand il a sonné!... Et il trouva tant de bonheur en la contemplant si belle dans ce décor inespéré que son esprit, horloge au balancier un peu dérangé déjà par une civilisation complexe qui en précipitait les va-et-vient, faillit se détraquer tout-à-coup. Reenlacés, ils se laissaient tomber sur le canapé; Césaire balbutia :

— J'ai pensé que tu devinerais que j'allais venir.

— Tu vois bien que j'ai deviné, puisque je t'attendais.

La dissonnance entre ces mots et la toilette de Silvaine : une robe de ville en moire tabac non certainement prise pour rester au coin du feu, effleurait sa conviction d'un crispant accord de cuivres faussés, mais ne durait pas. Sans doute, elle l'attendait. Il avait tant pensé à elle! Si, par quelque béni mystère de sympathie, l'espace s'était supprimé pour leurs deux âmes et que son désir eût réellement entretenu celui de l'aimée?..

Inconsciemment, dans cette admiration, sa gratitude, comme en hymne à la vie la rumeur d'une ville qui s'éveille, s'exhalait, un peu troublée, toutefois, par le souvenir des angoisses subies et dont la cause, demeurée inexploré coin d'ombre, tenta davantage sa curiosité :

— Je ne pouvais plus vivre... Cela fait trois lettres auxquelles tu n'as pas répondu... Pourquoi?

— Tiens! mais pour que tu reviennes plus vite. Crois-tu que je ne m'ennuyais pas, moi?

Cet aveu agrandit d'au-delà l'extase décroissante de

Césaire. Ah! elle l'aimait donc bien, elle aussi, pour s'être résolue à tout oser, jusqu'à le faire souffrir, afin de hâter son retour. Car il eût donné sa vie qu'elle était sincère; et pas un soupçon de mensonge ne tenta de le dissuader. Par elle, même, les lois du destin semblaient, abrogées, épanouir en corolles leurs épines : Son bonheur présent n'avait d'autre tige que ses souffrances passées, il les devait bénir!... Et ce lui devint un gage du fatal néant où la simple volonté de cette femme saurait dissoudre, lèvres de givre sous un baiser de soleil, l'acharnement des vicissitudes futures...

— Tu m'en as envoyé une drôle... de lettre, toi aussi, qui commençait polie comme un « va te faire pendre ailleurs »... Oh! le vilain!...

Peut-être, en effet, cette trahison, dissimulée mais résolue, avait-elle été le germe de ses anxiétés... Est-ce que l'éternelle loi de l'équilibre ne voulait pas que les fautes, même cachées, subissent leur contrepoids de châtiment?... Il eut peur des réflexions évoquées à voir se dresser au-dessus des divers actes de sa vie le fléau de l'impassible balance...

— Ah! oui... Quand je suis loin, je suis fou. Je t'aime trop, tiens!

— Trop?

Elle écarta brusquement sa tête contre laquelle il s'appuyait le front, pour le regarder en face... Leurs regards se croisèrent... Le « trop » sortait d'il ne savait quelle profondeur de lui-même dont il reniait déjà la voix... Pouvait-elle croire qu'il l'eût sciemment prononcé, Celle dont les prunelles étaient des gouffres à menace de cher vertige...

— Non, c'est « pas encore assez » que je veux dire.

Mais telle intensité d'émotion devenant douloureuse et lui brûlant l'être d'une atmosphère de serre où trop de tubéreuses sont écloses, d'un sursaut de ses nerfs affolés, il se rejeta un peu hors de la terrible caresse. Affaissant sa tempe sur l'épaule de Silvaine il laissa le monde extérieur occuper son attention; et la première figure qui se présenta, pendant qu'il lissait doucement de la main une mèche de cheveux derrière le cou de l'aimée, fut celle de l'ami accusé, auquel, de tout son regret, il demandait pardon maintenant.

— Y a-t-il longtemps que tu as vu Nittys?

— Au moins une quinzaine de jours. Je l'ai croisé rue des Pyramides; il était avec une dame, je ne lui ai pas parlé.

De la sérénité douce comme de s'envoler en songe sur le duvet d'une aile d'archange, faisait planer ses sens au sein de l'air tiède, parfumé, parmi la coloration pâle de cette chambre; certain étonnement lui vint d'entendre un heurt sur le palier : sans doute le garçon qui déposait sa malle. Quoi! il n'était arrivé que depuis quelques minutes? Il lui semblait avoir aspiré déjà des siècles de bonheur... Les cheveux en lesquels il promenait ses doigts s'emmêlaient si soyeux, le satin de la robe et les mains de Silvaine qui emprisonnaient ses autres doigts, l'ardeur, le parfum, la mollesse de cette chair auprès de la sienne, essaimaient le délire d'une âme qui sent fondre son corps et, de chaque atôme s'anéantissant, revenir à elle la chaleur pour multiplier sans fin l'intensité de sa vie. C'était replongé dans cette béatitude extatique que, la pensée d'un autre ami se réveillant, il s'en informait avec indifférence :

— Et Dezobry?

— Ils ont été charmants. Diane est venue très souvent; et des billets autant que je voulais.

Comme en un rêve qui commence à s'oblitérer, il concevait que cette Diane, la maîtresse du riche marchand de soie, pouvait en donner à discrétion, des billets de théâtre, puisqu'elle jouait les soubrettes un peu partout, sur les scènes du boulevard. Mais il empêcha sa mémoire de se dépenser à de plus longs souvenirs, afin de concentrer toute sa volupté à bander le désir de se grandir d'avantage. Et ce fut pour que Silvaine piquée redevint soucieuse de lui-même et oubliât cette occurrence du dehors un instant voulue, plus encore que par dessein de promener sur elle une ortie de reproche, qu'il ajouta :

— Alors, tu ne t'es pas trop ennuyée?

— Méchant, tiens.

Il attendait, délicieusement inquiet du ressac de vengeance qu'allait faire écumer sur lui-même son insinuation. Il sentit l'aimée se retirer en se détournant un peu; et sa tête glissa doucement, s'enfonça entre l'épaule où il s'appuyait la tempe, et le dos du canapé. Maintenant, la face penchée au-dessus, elle le regardait; et son sourire dans ce visage ainsi vu à rebours acquérait un aspect étrange, tandis que les yeux, plus sombres et plus vastes, épandaient sur les siens un crépuscule donneur d'inquiétude aux voyageurs égarés... Cette bizarrerie de pose éloignait l'apparence humaine pour créer un être chimérique : la Puissance plus avérée devant laquelle se prosternent les Faiblesses... Et il était surpris que cette énigmatique figure, peu à peu rapprochée de lui, n'inspirât pas davantage de frayeur, que de ces prunelles aux recoins d'ombre si propice à l'embûche des

malandrins pensers, aucune menace ne surgit... De plus
en plus elle se baissait. Les matités blanches de sa peau
se teintaient du rose de l'abat-jour, des carnations rouges de la lueur du coke. Ses lèvres sanglantes et inver-
ses prenaient, aux commissures, la terrible sérénité
du sourire des sphinx. Le reflet des lumières mettait
désormais dans le gouffre de ses yeux un point de clarté
qui en faisait paraître plus profondes encore les ténèbres.
Soudain, fasciné, il eut l'impression qu'une force surhu-
maine le changeait, d'un spasme! en rayon de torride
lumière; que ce rayon, grâce au baiser posé sur son
front, vibrait comme une corde de lyre merveilleuse dont
l'harmonie serait faite de parfums scintillants plus que
des miroirs frappés de soleil, et où son être se reflétait,
paroxysmé. Mais pourquoi donc, alors, semblait-elle
plutôt venir, cette senteur, de l'avalanche de cheveux
qui s'abattait sur son cou?...

Et voici que le simple toucher de la tresse fut un
coup de sabre brutal tranchant la fibre... D'une secousse,
tout lui se redressa, chassant l'étreinte, hagard, affolé :
l'eau forte de Knaupp venait de réveiller sa pensée :

— Oh! ne me mets pas tes cheveux comme cela autour
du cou.

— Mais je ne te les mets pas autour du cou, ils se
sont détachés, voilà tout. Qu'est-ce que tu as donc?

— Rien.

A regarder Silvaine intriguée rattacher sa natte, il
restait interdit, frissonnant encore... Ç'avait été plus
fort que lui, sa vie s'était cabrée devant l'atroce vision :
là, en face, la Femme Nue étranglait le Satyre... Peu
à peu, l'émoi se dissipait; mais une sorte de flétris-
trissure indélébile demeurait incrustée dans son désir

d'oublier, le stigmatisant, ainsi que les forçats traînent la jambe longtemps après leur délivrance du boulet. Et voici que ce semblant d'appréhension ne le quittait même pas à présent qu'ils se reenlaçaient, fébriles.

Pourtant, la saveur de ces lèvres!... Mourant de soif, couché au bord de la fontaine pour s'y gaver, les yeux clos, tout entier à son bonheur, maintenant, sa gorge un peu calmée, il rouvrait les paupières et apercevait, sur la vase du fond, les vers joyeux entre les os blanchis d'imprudents qui se sont trop penchés... Mais l'horrible obsession ne s'éloignait-elle déjà, tandis que les charmes de l'aimée le recaptivaient sens par sens? Qu'importe le danger de la source, et si le fond n'est qu'un ossuaire de squelettes enchassés dans la boue, et si l'eau grouille de vermine comme un cloaque; elle a trop été, elle reste trop encore le salut pour qu'il parte avant que son désir ne soit complètement étanché. Il referma les yeux...

Eût-il su même croire qu'il en pouvait être autrement? Voir devant sa bouche ces lèvres, et comprendre que, petit à petit, elles approchaient, frémissantes, entrouvertes, siliques mûres qui vont jeter leur graine d'amour, supprimait toute idée autre que ce délice allait tomber en lui. Il avait déjà l'affolement de le deviner proche, là, tandis qu'il tendait pieusement pour le recevoir, toute son âme haussée dans le souffle haletant, exhalé de sa gorge en oraison fervente de chrétien qui va posséder son dieu :

— Elles me manquaient... est-ce que je pouvais vivre sans toi?

Oh! l'anéantissement d'avoir cette chair sur la sienne, dans la sienne, closait ses yeux; la terre lui manquait, évanouie. Une subtile et puissante caresse séjournait en son corps, le dissolvant peu à peu. Fini!... Fini!... Il n'était plus. L'étincelle rentrée dans le brasier quitté reparticipait joyeuse, à tous les frissons de la fournaise maternelle; et il y vivait d'une vie autre, immatérielle, du besoin de vibrer encore davantage, de rompre la résistance de ces dents, d'outrepasser pour un au delà infini la suprême extase goûtée. Machinalement, il implorait, râlant la dernière syllabe de sa phrase et poursuivant, craintif de les perdre, les lèvres qui se pressaient moins contre les siennes, reculaient...

— ... Toi!... toi!... toi!...

... Quand un brusque retour de morsure haussa son délire jusqu'à une plénitude tellement suffocante qu'il s'abattit frémissant, brisé, la tête sur les genoux de Silvaine, en expirant :

— Je ne l'aurais même pas rêvé!

Non, il n'avait jamais désiré pareille jouissance, pas plus que les enchaînés de la caverne platonienne n'eussent imaginé le soleil... La phrase entendue maintenant:

— Oh! je t'aime bien, tu sais »

l'aidait à sortir un peu de son heureuse torpeur. Et elle acquit, soudain, la puissance d'impression d'un sceau tombé sur de la cire mollie. C'était la définitive consécration de lui à elle-même que Silvaine formulait ainsi de sa voix émue, lente et douce. Toutes les offrandes adressées à tant de minutes de sa vie, reparurent spirituels apôtres venant se retremper, pour de nouveaux combats, dans une sainte retraite à la maison-mère. En une seconde elles furent là évoquées, vêtues chacune du manteau de la circonstance qui la fit naître, abnégations de volonté, rancœurs changées en joies, renie-

ments du passé, rêveries de volupté lasse, honte d'avoir
soupçonné, regrets d'avoir cru tardivement, reconnaissance des heures exquises, désirs combles toujours re-
naissant de leurs cendres ; et, de la bouche de toutes, s'é-
leva en chœur l'hosanna de la dédicace renouvelée et du
sacrifice suprême.

Désormais, Elle est bien la bulle d'amour où il s'ins-
tallera pour contempler, colorées d'espoir, les diverses
péripéties que fait traverser le vent des destinées. D'elle,
il tiendra ses ambitions comme son courage, son plaisir
comme ses tristesses.

Et cette confiance impliquait tellement que sa vie mal
gréée pouvait, sur le golfe calme d'Elle seule, éviter l'horreur de naufrager, qu'il ne perçut guère l'évanouissement
de ce beau rêve, tandis que ses sens redevenaient atten-
tionnés par l'ambiance : trop de chaleur alourdissant
l'air, haleinées de parfum puisées dans la robe, sonnerie argentine et répétée de la pendule...

... Silvaine, penchée vers lui, disait, en l'embrassant
aux cheveux :

— Sept heures. Tu veux que nous allions dîner?

(A suivre.)

ABEL PELLETIER

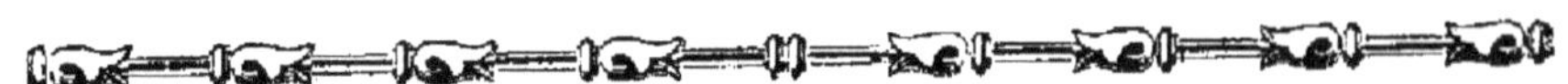

GAUGUIN

ET

L'ÉCOLE DE PONT-AVEN

D'un de nos amis de Pont-Aven nous recevons la lettre suivante, que nous croyons tout à fait d'actualité. Sinon littéraire, du moins renseignante, cette lettre, à bien des points de vue, nous a parue intéressante à publier. Comme nous ne voulons pas engager la personnalité de notre correspondant, nous nous permettons de signer en copie conforme. D'ailleurs, le nom du signataire n'ajouterait aucune signification à ses paroles, et ne révèlerait qu'un simple inconnu breton — en sabots ?

Pont-Aven, 3o octobre 1893.

Mon cher ami,

Quelle bonne nouvelle vous venez de m'annoncer : le retour de Gauguin.

Une fois de plus le Maître est rapatrié. Il avait fui le monde civilisé, si jaloux et si haineux, et avait préféré aller vivre au milieu de ces simples : Les noirs de Taïti. Combien il avait raison, et je ne doute pas qu'il en ait rapporté de merveilleux dessins, tels ceux qu'il nous montrait il y a quelques années, quand, matelot, il revint de la Martinique.

Je revis encore cette époque. Que le temps a passé vite depuis. Que d'événements divers se sont produits. Voilà trois fois douze mois qu'il nous a quittés, qu'il abandonna cette Bretagne si candide, qu'il a rendue en enfant et en savant. Le premier, il a su découvrir tout le charme de cette naïveté primitive et des habitants et du sol. Le premier, il en a trouvé toute la simplification.

Taillant dans le vif, il a poétisé ces natures brutes que tous les autres avaient vues d'une manière si superficielle et qu'il croyaient idéaliser en les rendant gracieuses. On peut dire en général qu'il a synthétisé tout ce qu'il a touché. Je serais heureux de lui serrer la main et de causer souvenirs. — Souvenirs de ce temps où il groupa autour de lui les enthousiates E. Bernard, Laval, de Haaenen, Sérusier, Wilumsen, Jourdan, Maufra, Séguin, Lanoë et tant d'autres qui suivirent sa voie directement ou indirectement. Filiger qu'il coudoya resta seul indépendant et ne se plia point sous le joug du grand novateur. Car il le fut toujours créateur, ce chercheur infatiguable, et vous ne pouvez vous imaginer combien il révolutionna ce pays des moulins : Pont-Aven en Bretagne.

L'atelier Julian y faisait alors majorité. Parmi les Américains (presque tous étaient de cette nationalité), il y avait des mentionnés, des médaillés du Salon. Ils étaient choyés et respectés dans ce pays, leurs titres leur valaient considération! Songez dans quelle situation pouvait se trouver Gauguin au milieu d'eux. C'était fort difficile d'y rester tranquille. — Aussi ne vous étonnez pas quand je vous parlerai des discussions violentes qui s'élevèrent. On menaçait de se battre presque tous les soirs, et quelques uns passaient des heures à l'exercice du tir au pistolet ou à la salle d'escrime; il y avait même des boxeurs (1). C'était grotesques, les habitants eux-mêmes avaient leurs partisans. Il en advint des mariages et des enfants naquirent.

Bref, les *Impressionnistes* comme on les appelait, restèrent seuls. Gauguin était la tête. Il avait une suite qu'il remuait brutalement, qu'il encourageait, et à laquelle il indiquait la voie, en ami; il démontrait aussi ce qu'était le travail et en donnait l'exemple lui qui ne pouvait rester inoccupé un seul instant; car c'était un « bûcheur » infatigable : le bois, la glaise, le papier, la toile, les murs, tout était bon pour lui, pour qu'il y inscrivit sa pensée et le résultat de ses observations. Je vois encore un certain tonneau, sur les douvelles duquel il grava une bande d'animaux fantastiques qui semblaient danser. Il était le joyau de ce *lustre de verroterie*, auquel l'un d'eux avait comparé les peintres du pays. Lui, sut réunir et tenir en sa main tous ces petits, du toc et de l'à-peu-près.

Des envieux ont dit qu'il pontifiait, mais n'en aurait-il pas eu le droit, quand bien même c'eût été?

Il était pourtant sans prétention quand il montrait ses derniers essais, mais, comme tout grand artiste, il avait

---

(1). On le sait, les élèves de l'atelier Julian sont remarquables dans tous les exercices de sport et excèlent dans les arts d'agréments. (Voyez le prospectus!).

conscience de sa valeur. Ne fut-il pas simple autant que clairvoyant, le jour où il lança en riant cette phrase : Nous serons les *synthétistes*, mot qu'il convertit le lendemain en celui de *symbolistes*. Il ne se doutait pas que ces paroles jetées au hasard suivraient un chemin si long et si agité. Il causait toujours en « blaguant », d'où multitude d'erreurs et de fables sur son compte. A ce moment, certains crurent qu'il allait changer sa manière. Quelle ilusion ! Mais, c'était le propre de chacune de ces journées puisque, quotidiennement, il était et est encore, j'en suis sûr, à la recherche de l'Inconnu, d'une formule nouvelle en Art ; et cela, naturellement, sans effort, en laissant aller son tempérament qui le lui commande.

Étonnement, quand tous revirent son procédé écrit, de la même façon qu'il l'avait toujours été, bien des années avant. Gauguin n'avait pas changé, il avait seulement ouvert des horizons nouveaux à ceux qui le suivaient. Vous voyez toute son influence. Il a fait naître des individualités bien diverses ; de ceux chez qui ne sommolait qu'une vague étincelle d'Art, jamaisrien n'eût jailli sans sa magique présence, mais il n'eut jamais d'élèves. Ce fut préférable pour tous. Le groupement s'est étendu, et, chaque jour, il sort de nouveaux adeptes. Le mouvement dure toujours ici, et si la lutte n'est pas si vive, il est resté au pays, une suite qui combat ferme, peut-être trop oublieuse parfois des débuts de ce que je voudrais appeler l'École de Pont-Aven. Je tenais à vous le dire après ce que vous m'avez fait savoir. Et si cette lettre pouvait pousser à ce qu'on remît un peu chacun à la place qui lui est due, je serais heureux.

Ce coin breton, qui ridiculisa tous ces peintres, commence à se montrer fier de les avoir nourris et l'on ne doute plus ici de voir, un jour, sur la place, une statue commémorative synthétisant l'âme fière et virile du novateur Paul Gauguin.

A cet audacieux, nous envoyons notre souvenir reconnaissant, au milieu de toutes les luttes que va motiver l'Exposition de ses œuvres nouvelles, parmi tous les dénis de justice dont on ne manquera pas d'accabler ce grand revenant, que, sans doute, beaucoup espéraient parti sans retour; c'est le souhait que nous faisons : qu'un franc succès le dédommage, et que bientôt, sonne l'heure désirée et par lui et par nous où lui seraient confiés quelque beau monument, quelque belle coupole à décorer.

Un de ses admirateurs de l'École de Pont-Aven.

X....

Pour copie conforme,

LA RÉDACTION

LES FEUILLES SÈCHES

Le soleil s'était couché. Les nuages, qui passaient au-dessus de ma tête en lambeaux découpés, couraient s'amonceler dans l'horizon lointain. Le vent froid des soirs d'automne faisait tourbillonner à mes pieds les feuilles sèches.

J'étais assis sur le bord d'un chemin par où ceux qui vont sont toujours plus nombreux que ceux qui reviennent...

Je ne sais à quoi je pensais... Mon âme, sur le point de s'élancer dans l'espace, tremblait comme l'oiseau qui agite légèrement ses ailes avant de prendre son essor.

Il est des moments où notre esprit se détachant de nous-mêmes, notre « moi » semble se confondre avec les éléments de la Nature et traduire son incompréhensible langage. Je me trouvais dans cet état d'âme quand, seul et au milieu de la plaine découverte, j'entendis parler près de moi.

C'étaient deux feuilles sèches dont voici à peu

près l'étrange dialogue :

« D'où viens-tu, ma Sœur? »

« Je viens de voler avec le tourbillon, enveloppée dans un nuage de poussière, de feuilles sèches, nos compagnes, tout le long de l'interminable plaine. Et toi?

« Moi, j'ai suivi quelque temps le courant du fleuve jusqu'à ce que le vent d'aval m'ait arrachée d'entre la vase et les joncs de la rive. »

« Et où vas-tu?

« Je ne sais! Le vent qui m'emporte le sait-il lui-même? »

« Hélas! qui nous eût dit que nous devions ainsi finir, jaunes et desséchées, traînées à terre; nous, qui vivions revêtues de couleur et de lumière; qui nous bercions dans les airs. Te souviens-tu des beaux jours où nous avons poussé; de cette douce matinée où le bourgeon tout gonflé, notre berceau, se déchirant, nous nous dépliâmes aux tièdes baisers du soleil, pareilles à un éventail d'émeraudes. Ah! qu'il était doux de se sentir balancées par la brise à cette hauteur et de boire par tous les pores l'air et la lumière! Oh! qu'il était beau de voir courir l'eau du fleuve qui baignait les racines du tronc séculaire où nous puisions la sève nourricière! Cette eau claire et transparente reflétait comme un miroir le bleu du ciel, de sorte que nous croyions vivre suspendues entre deux abîmes bleus. »

« Avec quel plaisir nous nous penchions par

dessus les vertes frondaisons pour nous mirer dans l'eau tremblante du courant! Comme nous chantions ensemble, imitant le murmure de la brise et suivant le rythme des ondes! Les insectes brillants, déployant leurs ailes de gaze, voletaient autour de nous. Et les papillons blancs et les libellules d'azur, qui tournent dans les airs en cercles étranges, s'arrêtaient un moment sur nos bords dentelés pour se raconter les secrets de ces mystérieuses amours qui durent un instant et consument leur vie. »

« Chacune de nous était une note dans le concert des bois. »

« Chacune de nous formait un ton dans l'harmonie de leurs couleurs. »

« Et, les nuits de lune, lorsque sa lumière argentée glissait sur la cme des monts, te souviens-tu comme nous babillions à voix basse parmi les ombres diaphanes! » Et nous contions, dans un doux murmure, les histoires des Sylphes se balançant sur les fils d'or que les araignées suspendent aux arbres. Mais nous arrêtions notre monotone babillage pour écouter, interdites, les plaintes du rossignol qui avait choisi notre tronc pour escabeau. Ses plaintes étaient si tristes et si suaves que malgré la joie de les entendre, l'aube nous surprenait en larmes. Oh! combien douces étaient ces larmes prêtées par la rosée de la nuit et qui resplendissaient de toutes les couleurs de l'iris aux premières lueurs de l'aurore! »

« Puis vint la joyeuse bande des chardonnerets
qui remplit le bois de vie et de bruit avec la clameur gaie et confuse de son chant. Et un couple
amoureux vint suspendre tout près de nous son
petit nid rond fait de barbes d'épis et de plumes. »

« Nous autres, nous donnions abri aux petits
nouveaux-nés contre les gouttes de pluie impor-
tunes durant les orages d'été. »

« Nous leur servions de dais et les défendions
contre les rayons brûlants du soleil. Notre vie passait comme un songe d'or dont nous ne soupçon-
nions pas qu'on pût se réveiller. »

« Un beau soir que tout paraissait sourire autour
de nous, le soleil à son déclin incendiait le couchant
et rougissait les nuages. De la terre, légèrement
humide, s'élevaient des effluves de vie et des parfums de fleurs. Deux amants s'arrêtèrent au bord
de l'eau et au pied du tronc qui nous soutenait.
Jamais ce souvenir ne s'effacera de ma mémoire.
Elle était jeune, presqu'une enfant, belle et pâle.
Il lui disait avec tendresse :

« Pourquoi pleures-tu ? » — « Pardonn-emoi cet
involontaire sentiment d'égoïsme, lui répondit-elle
en essuyant une larme ; je pleure sur moi. Je pleure
sur la vie qui me fuit. Quand le ciel se couronne
de rayons de lumière, que la terre se revêt de verdure et de fleurs, que le vent apporte des parfums,
des chants d'oiseaux et des harmonies lointaines ;
quand on aime et qu'on se sent aimée, la vie est

bonne! » — « Et pourquoi ne vivrais-tu pas? insista-t-il, en prenant ses mains avec émotion » « — Parce que c'est impossible. Lorsque ces feuilles harmonieuses, qui murmurent sur nos têtes, tomberont desséchées, je mourrai aussi et le vent emportera leur poussière et la mienne, qui sait où? »

« Je l'entendis et tu l'entendis et, frémissantes, nous nous tûmes. Nous devions mourir et tournoyer entraînées par les tourbillons du vent! Nous demeurâmes muettes et pleines de terreur. La nuit nous trouva ainsi. Oh! quelle nuit horrible! »

« Pour la première fois, l'amoureux rossignol qui l'enchantait de ses plaintes, manqua au rendez-vous. »

« Puis, après, les oiseaux s'envolèrent et, avec eux, leurs petits déjà recouverts de plumes. Et le nid resta seul à se balancer lentement et triste comme le berceau vide d'un enfant mort. Et les papillons blancs et les libellules d'azur s'enfuirent laissant à leur place de vilains et noirs insectes qui venaient ronger nos fibres et déposer dans notre sein leurs larves dégoûtantes.

« Ah! et comme nous tremblions toutes repliées au contact glacé du givre de la nuit! Nous perdîmes la couleur et la fraîcheur. Nous perdîmes la suavité et la forme... Et ce qui, en nous touchant, paraissait comme des échos de baisers, comme des murmures d'amoureux, se convertit bientôt en un bruit rude, sec, désagréable et triste.

« Et enfin, nous tombâmes détachées.

« Foulée sous le pied du passant indifférent, sans cesse entraînée d'un point à un autre au milieu de la fange et de la poussière, je me suis tenue pour heureuse, lorsque j'ai pu reposer un instant dans l'ornière profonde d'un chemin. »

« Moi, j'ai couru sans cesse entraînée par le courant bourbeux et, dans mes longues pérégrinations j'ai vu seul, vêtu de deuil et sombre, contemplant d'un regard distrait les eaux qui passaient et les feuilles sèches qui marquaient leur mouvement, un des deux amants dont les paroles nous firent pressentir la mort.

« Elle aussi fut arrachée à la vie et elle dort peut-être dans une fosse récente sur laquelle je me suis arrêtée un moment. » — « Hélas ! Elle dort et elle repose enfin, mais nous quand achèverons nous ce long voyage?... » — « Jamais!... déjà le vent qui nous avait laissé reposer un instant recommence à souffler, déjà je me sens enlevée de terre et entraînée avec lui. — Adieu, ma sœur! « Adieu! » — .

. . . .

GUSTAVE BECQUES.

(Traduit de l'espagnol par Léon Weiscopf et de Riu.)

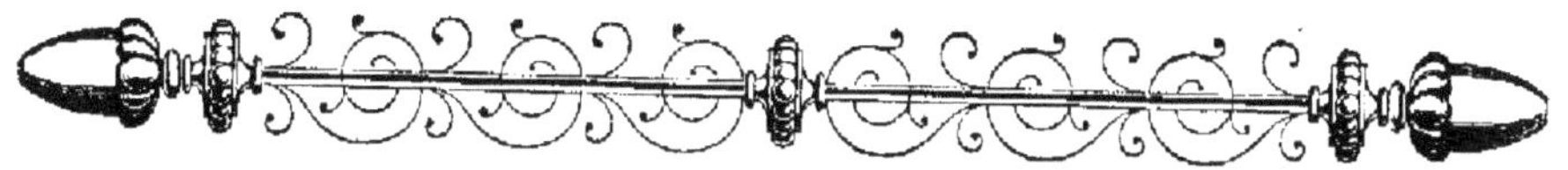

THÉATRES

Yvan le Terrible, pièce en cinq actes d'Ostrowski — traduction de M. Oscar Méténier. — Un gros mélo qui eut, dit-on, quatre mille représentations en Russie. Ajoutons, cependant, que le dénouement est d'un grand effet et d'une belle allure dramatique.

L'interprétation ?... Détestable! Seul, M. Raymond a composé le personnage du Tsar avec une haute compréhension, de son rôle. Il a eu des élans de brutalité sauvage très osés. Je ne pense qu'il se serait rencontré à Paris deux artistes aussi dignes interprètes que lui de ce rôle. Le public des Batignolles, admis à la première représentation, n'a point perdu l'occasion d'une attitude imbécile. Lorsque Raymond est venu annoncer les noms des auteurs, il lui a fait une ovation à l'envers. Ce n'était pas cet artiste que le public désirait acclamer, mais la coutumière coqueluche de l'endroit. Heureusement, M, Raymond est doué d'une voix qui peut dominer les hurlements.

Mlle Hartmann a su montrer de la bonne volonté; mais pourquoi l'avoir si mal *travaillée*? Il fallait la laisser à sa *nature* qui nous a paru prometteuse de créations meilleures.

Un Ennemi du peuple, pièce en cinq actes, par Henrik Ibsen — traduction de MM. Chennevière et Janssen.

Il y a des crapules fameuses qui, à l'avance, s'éjouissent — Oh! avec quelles simagrées d'indulgence! — des secrets chagrins très certain que causeront leurs perfidies de jour en jour plus aiguisées.

Envers ces honnêtes gens, dévots du Progrès et *Ennemis du Talent*, quand justicière se dresse une soudaine revanche, combien s'épanouit pure — oui! bien pure et sans réticences! — la bonne joie des Vengés.

Cette joie impérieuse et rare des hautes consciences, qu'intensément nous l'avons savourée dans cette mémorable soirée, où, d'un élan unanime, les Généreux purent insurger enfin le triomphe de leurs fières âmes contre les dominations escroquées!

Il a suffi de sa voix brave et de son geste altier, pour que toutes nos mains applaudissantes se tendissent vers Laurent Tailhade, fessant publiquement le bas visage du Mufle. C'est que, depuis des ans d'exilées souffrances, l'élite intellectuelle attendait sans l'oser, la belle et boutante parole qui rencoigne au chenil l'ameuté rampement des roquets gavés. C'est que, d'éternité, au vil prix de quotidiennes pâtées, les cohues dirigeantes se gardent de la renaissante bonté du pérennel Pauvre, de l'innombrable Pauvre, toujours persécuté dans ses plus ostensibles et nobles personnifications, exemplairement conspuées, bannies ou mises à mort, depuis Socrate et Jésus, jusqu'aux Bakounine et Proudhon, depuis Dante jusqu'aux Mallarmé, jusqu'aux Verlaine et Wagner. C'est que, sur l'admiration sublimante du génie, se veut fonder la suprême Espérance de conquérir le bonheur pour tous!

A nous, les humbles, artistes ou écrivains, qu'animent et martyrisent les grands rêves de la toute beauté, de la toute bonté, il serait ingrat et lâche de ne pas conserver l'ineffable souvenir et la juste reconnaissance du tempêtueux remuement de cœurs déchaînés par l'ample souffle d'un des plus magnifiques poètes de ce temps mercantile.

On reproche à la courageuse conférence de Tailhade « un parti pris de dénigrement » contre des hommes d'un avéré talent. L'assertion se vérifierait-elle qu'il n'importerait! Ces personnalités qui, depuis quelque dix ans, ne cessent de nier les nôtres, ne cessent de nous isoler de nous *silentier* par une intéressée mise en quarantaine, ces personnalités se plaignent d'êtres niées! Fi! Fi! L'avare peur de perdre à la concurrence, un sou de leur commerce les lie contre nous; la raisonnable volonté de gagner, par le « vivre » le pouvoir de *mieux* œuvrer nous allie contre elles; n'est-ce pas logique et tristement conforme aux lois sociales que nous impose cette hypocrite *majorité compacte* que le docteur Stockmann « a derrière lui. »

Derrière lui, derrière nous! c'est pourquoi nous avons tant fêté la pièce d'Ibsen!

Mais cette pièce, nous l'avons applaudie plutôt d'âme que d'esprit, l'auteur de *Rosmersholm* s'étant départi, dans *Un Ennemi du peuple*, de son habituelle formule d'art si personnelle. Sans suggestions secondes et sans évocations, il a voulu par une simple comédie satirique signifier clairement à la Foule, la sottise de la Foule. Plus de paroles à échos, plus de symbolisme doublant l'émotion, des répliques nettes et cravachantes :

— Non, non, Monsieur Stockmann! Ceux qui dirigent le journal, ce sont les abonnés!...

— J'ai fait une découverte : La société est empoisonnée! Elle est basée sur les putréfactions du mensonge!...

— Oh! l'opinion, elle est variable!...

— La majorité a toujours raison! — La majorité n'a jamais raison!...

— Mes enfants, je veux vous faire libres! et quand vous serez libres, nous chasserons les loups dans l'ouest!...

Un seul mot de cette pièce nous a retenti, à la fois, au cœur et au cerveau — profondément!

— L'homme le plus fort, c'est l'homme seul, le plus seul!...

Un Ennemi du peuple a été, sinon parfaitement, du moins honorablement interprété, et avec vaillance.

Il faut cependant louer beaucoup le talent déployé par M. Lugné-Poë dans le rôle très énergique du docteur Stockmann; par M. Depas, dans le personnage ignominieusement comique d'Astaksen; par M. Ravet dans l'antipathique incarnation d'un correct préfet disciplinaire. Mme de Pontry un peu froide, nous a enthousiasmé par son beau mouvement d'émotion au troisième acte. Mlle Camée et M. Lagrange concordaient à cet ensemble. Les autres acteurs se sont distingués, on ne peut plus mauvais.

Constatons que la mise en scène de l'acte où mugit la Foule a été réglée à merveille. Jamais, sur aucun théâtre on ne vit multitude plus vivante et plus mouvementée. Cet *acte* fait collectif honneur aux figurants, tous artistes, poètes ou camarades, qui *intelligemment*, représentaient l'inepte incohérence du délirant *pecus*.

Et dans la salle, il faut signaler aussi — une conversion sincère sans doute — M. Henri Bauer qui applaudissait, par dessus sa tête, symboliquement, je pense.

P.-N. ROINARD.

Le Théâtre Libre a inauguré sa saison par un drame de Bjœrnstierne Bjœrnson, *Une Faillite*.

Le commerçant Tjalde, entraîné dans de mauvaises affaires par la ruine d'une banque amie et obligé de déposer son bilan, se voit en butte, de cet instant, à toute la haine de la populace que la fermeture de son usine va laisser sans travail. Démoralisé par ce brusque revirement, il cèderait au désespoir, si sa fille aînée, Walborg, l'âme virile de la maison, ne se redressait quand tout s'effondre, pour prêcher à son père le relèvement *quand même*. Et elle joint aux paroles l'exemple, en épousant un employé dont elle a jusqu'ici repoussé la main « rougie par le travail ».

La pièce, très scénique, n'a peut-être comme vraiment de valeur intrisèque que le troisième acte où Tjalde, peu à peu forcé d'avouer sa ruine au juge Berent, passe successivement de la nargue à la rage et aux supplications. Mais la philosophie d'auteur du drame évoque surtout l'antagonisme entre un homme et une masse, entre une idée et un corps, lutte qui se termine par le triomphe de celui-ci quand la faiblesse de celle-là le permet.

Il conviendrait, si la place ne faisait défaut, d'étudier comment se produisent ici les variations, en quelque sorte scientifiques, du magnétisme établi entre tout porteur d'idée et la foule qui le suit, comme entre tout héros de théâtre et ses spectateurs. Une des données à étudier : Si l'âme énergique avait eu à subir la haine de la foule, *les vitres de la maison n'auraient pas été brisées.* En Walborg, cette jeune fille venue. on dirait, du théâtre d'Ibsen, et incarnant là force qui reprend le dessus après une catastrophe, Mlle Odette de Fehl a fait augurer d'elle un avenir de talent. M. Antoine a rendu avec l'art très souple et intuitif coutumier, l'impuissance nerveuse qui est le tempérament de ces faibles, tour à tour affolés ou endormis, mais *ne comprenant jamais.*

La soirée s'est terminée par le *Poète et le Financier*, un acte-saynète de M. Vaucaire, spécimen assez réussi de ces pièces dont les vers doivent être dits comme de la prose et ne valent pas mieux que cette mode.

ABEL PELLETIER.

NOTE DE LA DIRECTION. — L'abondance des matières nous oblige à rejeter au numéro de décembre, nos articles sur les **Livres** et sur les **Beaux-Arts.**

NOTES ET COMMUNICATIONS

Nos camarades ět collaborateurs, Paul-Armand et Charles-Henry Hirsch, viennent de perdre leur père, M. Hermann Hirsch, homme de lettres qui, écrivit, entre autres travaux remarquables, une traduction française du *Nathan le Sage*, de Lessing.

Nous nous associons au deuil de nos amis et toute la Rédactions des Essais d'Art libre leur adresse fraternellement ses plus affectueux compliments de condoléance.

A voir, chez Kleinmann, 8, rue de la Victoire, toute une belle et riche collection de lithographies signées Lautrec et Ibels. Parmi celles-ci, les dessins parus dans le nouvel illustré, *l'Escarmouche*, dirigé par Darien, à qui, en passant, nous souhaitons de grand cœur bon succès.

A remarquer encore les compositions puissantes que le peintre de Groux réunit en album, sous le titre : *les Vendanges*. Il y a, dans cet album, toute une œuvre de pensée et d'artiste admirables.

Citons à côté, des Willette, des Forain, des Steinlen, etc...

Le dernier dîner des *Têtes de Bois*, donné en l'honneur de Paul Gauguin, retour de Taïti, réunissait les peintres : Eugène Carrière, F. Guiguet, Sérusier, Ranson, P. Vogler, Jules Valadon, Duffaud, Gabriel Biessy, J.-J. Rousseau, Gaston Brun ; nos collaborateurs. Jean Dolent et Charles Morice, A. Vallette, directeur du *Mercure*, Armand d'Artois, Doncieux, Antonin Bunaud, le sculpteur Massoul, Henry Leyret, Le Barc de Boutteville, J. Leclercq, Ernest Carrière, A. Cazalis, Daniel. André Benilan, etc...

Morice, d'Artois et Bunaud ont dit des vers très applaudis.

Notre ami et collaborateur, le poète Gabriel Randon, prend l'initiative d'une entreprise artistique à laquelle nous applaudissons de tout cœur.

Sous ce titre : *Auditions de poèmes et de prosopopées*, il donnera, à la salle d'Harcourt, une série de soirées où les auditions poétiques alterneront avec les auditions musicales.

Les poètes, nos confrères et amis, qui désireraient faire interpréter ou interpréter eux-mêmes leurs œuvres, sont priés de s'adresser à l'organisateur, 66, rue de La Rochefoucauld.

Demander tous renseignents, sur les abonnements et le prix des places, à M. d'Harcourt, directeur des concerts electiques, 40, rue Rochechouart, à Paris.

PORTRAITS DU PROCHAIN SIÉCLE

Portraiturés & collaborateurs

Deuxième liste.

Les noms des portraiturés sont en italique, ceux de nos collaborateurs en petites capitales.

Aman Jean	HENRY BÉRENGER
Maurice Barrès	HUGUES REBELL
Barthélemy	G. RANDON
André Bellessort	FIRMIN ROZ
Henry Bérenger	FIRMIN ROZ
Léon Bloy	LAURENT TAILHADE
Léon Blum	LUCIEN MUHLFELD
René Boylesve	HUGUES REBELL
Alexandre Charpentier	CHARLES SAULNIER
Romain Coolus	LUCIEN MUHLFELD
François Coulon	LOUIS LORMEL
Debussy	F. HÉROLD
de Goncourt	ROGER MARX
Diamandy	A CHABOSEAU
E. Dubus	BARTHÉLEMY
Paul Dupin	EUGÈNE HOLLANDE
A. des Gachons	HUGUES REBELL
J. des Gachons	RENÉ BOYLESVE
A. de La Rochefoucauld	JULES BOIS
Maurice Du Plessys	HUGUES REBELL
Gabriel Fabre	CHARLES SAULNIER
Félix Fénéon	ID.

Jiliger	JULES BOIS
Eugène Fournière	A. CHABOSEAU
Geffroy	HENRY LEYRET
Alphonse Germain	HUGUES REBELL
Paul Hervieu	RENÉ BOYLESVE
Eugène Hollande	HENRY BÉRENGER
Huysmans	ROGER MARX
Ibsen	LUCIEN LECLERCQ
Jean Jullien	ABEL PELLETIER
Mme Jacquemiu	CAMILLE MAUCLAIR
Pierre Lavroff	A. CHABOSEAU
Louis Le Cardonnel	HENRY BÉRENGER
Marc Legrand	RENÉ BOYLESVE
Camille Lemonnier	A. TABARANT
Louis Lormel	MAURICE CREMMITZ
Pierre Louys	F. HÉROLD
Roger Marx	FRANTZ JOURDAIN
Maufra	J. LECLERCQ
Fortuné Mazel	ADRIEN MERLE
Émile Michelet	A. CHABOSEAU
Mockel	F. HÉROLD
Claude Monnet	HUGUES REBELL
Jean Moréas	ID.
Lucien Muhlfeld	SERGE DEFRÊLE
Abel Pelletier	LUI-MÊME
Picard	R. DE MARÈS
Mme Rachilde	JULES RENARD
Claude Rajon	FIRMIN ROZ
Ranson	F. HÉROLD
Hugues Rebell	RENÉ BOYLESVE
Victor Remouchamps	R. DE MARÈS
Jules Renard	HUGUES REBELL

Renoir	HUGUES REBELL
A. Retté	R. DE MARÈS
A. Roguenand	A. CHABOSEAU
Firmiu Roz	EUGÈNE HOLLANDE
Camille Sainte-Croix	LOUIS DENISE
Erik Satie	JULES BOIS
Charles Saulnier	ABEL PELLETIER
Stuart Merrill	F. HÉROLD
Henri Turot	A. CHABOSEAU
Georges Vanor	J. DES GACHONS
Pierre Valin	A. GERMAIN
A Vallette	JULES RENARD
Louis Veuillot	H. LEYRET
Vogler	CH. MORICE
Wagner	BARTHÉLEMY
Willy	F. FÉNÉON

Un certain nombre de noms nous étant parvenus trop tard pour nous permettre de les insérer dans notre deuxième liste, nous les publierons en notre prochain numéro, et, à ce propos, nous avisons nos collaborateurs que le dernier délai d'inscription au 1er volume, *Poètes et Prosateurs*, est *définitivement* fixé au 10 décembre prochain.

Tous les manuscrits devront nous être envoyés avant le 20 du même mois.

Date de publication : Fin février ou courant de mars 1894.

Nous sommes obligés d'insister sur ce point que les manuscrits ne doivent comporter que vingt lignes ou, *plus précisément*, ne point dépasser mille lettres.

Les portraits, bien que pouvant revêtir la forme critique, ne devront contenir aucune note agressive, sous risque d'être rigoureusement refusés.

Le Gérant : E. GIRARD

Imprimerie Girard, 8, rue Jacquier.

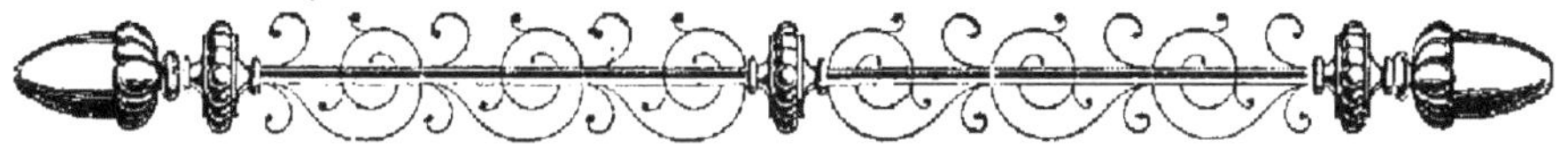

ILLUSION

(Suite)

L'ABIME SE DÉVOILE

I.

Sur le fond de brume et de mystère qui est l'âme des lacs scandinaves, dans le château hanté, perdu au milieu de la verdure noire des forêts peuplées de malfaisants génies, devant la couche haute où la Valkyrie endormie par ordre d'Odin attendit le héros libérateur, Brunehild s'offrait à Sigurd silencieux, sans un regret, pour être à lui, du séjour céleste.

Même maintenant que les doigts de Nittys n'animaient plus les touches du piano et que la voix de Silvaine s'était tue, le chant de la vierge exilée éveillait encore dans Césaire un peu de cette fierté des âmes d'aujourd'hui qui renversèrent les dieux pour élever l'Homme sur l'autel à leur place. Et comme la jeune femme se dérobait aux félicitations, les compliments prolongés de Dezobry et d'Effort adressés à l'accompagnateur lui laissant une seconde de rêverie, ce fut pour une satisfaction très agréable qu'il apprécia l'instant de vie traversé.

Vraiment, elle le contente, cette installation à peine achevée mais dont permet un augure rassurant ce petit salon au luxe calme, où la lumière jaunie par l'abat-jour de la lampe-phare et bleuie par le globe dépoli de la lampe de cheminée idéalise discrètement les têtes d'amis.

Depuis Dezobry qui regarde sa montre en marmonnant :

— Onze heures, elle ne viendra pas »

puis se remêle à la conversation des deux autres, jusqu'au cadeau d'Effort : cette main de bronze encore sur la table, le seul conseil de croire à la bonne aventure des joies désirées sort des objets. Une minute l'ennuya l'idée de la maladie de la bonne qui forçait Silvaine à s'absenter faire le thé, là-bas, dans la cuisine, mais elle s'effaça soudain, inanition chassée par une survenue de nourriture, devant la réflexion que se réalisait encore pour lui un nouveau rêve...

— Alors, vous croyez que les valkyries de ce temps-là valaient mieux que les simples mortelles d'aujourd'hui? Moi non, mon cher. Si cette Brunehild a épousé Sigurd, soyez sûr qu'elle lui a fait des traits. Toutes, des cercueils capitonnés!...

La phrase, donneuse de lait à son ver de jalousie qui somnolait, interloqua Césaire. Quel démon le tentait donc, Nittys, de crier ainsi sa misogynie en n'ayant pas plus l'air de se soucier que Silvaine entendit ou non, que de la fumée de sa minuscule cigarette de tabac blond? L'insinuation à voix basse de Dezobry, quittant la table où il était à la gauche d'Effort, pour rapprocher son fauteuil de la cheminée, le distraya de cette préoccupation :

— Diable, la baronne aurait-elle assez de son protégé?

Césaire, sourieur à l'insinuation, évoquait en transept dont le vitrail complète de chatoyante lumière une très merveilleuse nef, cette liaison de Nittys avec une femme du monde. Qu'importait qu'il l'eût connue aux temps de basoche et que ce fût pour le remercier du divorce prononcé en sa faveur — par quel tripotage de dossiers? — qu'elle était devenue son égérie et sa maîtresse. Afin de ne pas relever la méchanceté du soyeux qu'il savait garder rancune à Nittys de le négliger un peu, maintenant. lui, un vieil ami d'autrefois, il se pencha, disant :

— C'est assez son habitude de broyer du noir.

— Peuh! un poseur.

Peut-être Dezobry voyait-il juste. La présence de l'ancien clerc, ici, ce soir, n'avait-elle pour cause la seule promesse d'y rencontrer Effort qu'il souhaitait vivement connaître?

Mais voici qu'une déduction qualifiée vite de saugrenue attentionna Césaire. Ah ça! on supposerait vraiment qu'il insiste à dessein, Nittys. Il serait l'amoureux évincé en qui, toujours, même quand l'ennemie est hors de portée, le désir pousse à darder de la haine, il voudrait se venger de Silvaine qu'il n'agirait point autrement... Ou s'il ne fait qu'envelopper toutes les femmes dans la rancune méritée par une seule?

— C'est très amusant, je vous assure, continuait Nittys, parlant à Effort qui souriait, on les capitonne soi-même, moelleusement.... on les parfume avec tendresse... et quand il n'y a plus qu'à s'y étendre, une révérence, bonsoir.

Silvaine revenait porteuse de la théière d'argent qui fumait gris dans le salon féerisé de lueurs jaunes et bleues; Nittys parla plus bas au sculpteur, puis se tut, pendant que la jeune femme emplissait les tasses.

L'enchanteresse complétait maintenant, par sa présence, le décor de chère magie son œuvre. Oh! la trouver ainsi plus brune dans cette robe de cachemire blanc, tandis qu'elle frôlait Dezobry à qui sa face sanguine, sa barbe châtain en pointe et ses cheveux ras, faisaient attribuer moins de trente-cinq ans, malgré une obésité naissante! L'admirer servant Effort dont, auprès, le profil mâle, las, s'accentuait davantage, avec sa peau bronzée sous sa forte moustache tombante de chef gaulois et ses longs cheveux grisonnant un peu! La juger plus virile que Nittys, ce pâle aux airs d'éternel mourant en dépit du mince sourire ironique de ses lèvres ombragées à peine de duvet! Lorsque la voir, tournant la table, approcher de lui, doubla pour Césaire le plaisir respiré dans cette atmosphère de choix et rendit sa vélléité de jalousie une feuille sèche qu'un très fort vent d'avril emporte.

— Es-tu contente, souffla-t-il, levant les yeux vers Silvaine tandis qu'elle lui versait le thé.

Elle répondit « oui » d'un regard dont aucune parole n'eût traduit l'exquisité! Et comme elle regagnait la cuisine, Césaire la suivait de l'œil jusqu'à la porte où, après une minute d'éclipse, elle reparaissait, ensoleillante, pour venir s'installer entre lui et Dezobry. Effort et Nittys s'étaient remis à causer entre eux.

Une inquiétude au sujet de la console brisée l'avant-veille par la servante — « il avait bien oublié de passer chez l'ébéniste » — lui ayant remis en tête la préoccupation du mobilier, enfant qui se dissimule une déchirure à son manteau en le tournant devant-derrière, il faisait part encore une fois de son impression sur le cadeau d'Effort :

— Elle est très jolie, tu sais, cette main. Sont-ils élégants et fins ces doigts ; et cette souplesse de chair... On ne dirait jamais du bronze.

— Oui, répondait Silvaine tout bas, seulement, ce poignet coupé net comme cela me choque.

— C'est sans doute ainsi que ça se fait.

— Je ne dis pas non, mais j'aurais mieux aimé que le poignet fut recourbé, que la main eût l'air de sortir de la table, par exemple.

Peut-être avait-elle raison. Ce poignet que l'on eût dit tranché d'un justicier coup de hache, en effet, choquait. Qu'extraordinairement le sens féminin possédait une délicatesse et un tact inconnus même des artistes et des grands, tels qu'Effort ! Il en restait émerveillé, avec des actions de grâce à l'aimée de l'âme supérieure qu'elle montrait et à lui-même qui avait su la comprendre, la mettre en relief, comme une médaille dont on accentue les méplats en enlevant la terre des traits. Car c'était un très puissant talent que son ami.

— Tu ne le connaissais pas, Effort ?

— Si ; tu sais bien, nous l'avons rencontré, un soir, au parc Montsouris. Une drôle de tête avec sa moustache. Moi, je n'aime pas ces grandes crinières. Il a de jolis yeux.

Un article de journal de l'année précédente et où l'on traitait le sculpteur de fou, revint flotter à la surface des pensées de Césaire. Effort avait, alors, exposé au Salon un plâtre cause de tollés outranciers et d'enthousiasmes aussi frénétiques, quoique moins nombreux. C'était une femme nue qui veut briser d'un bond le fil dont la retient, liée aux chevilles, une incarnation chimérique faite de deux êtres réunis dans une même créature. Tandis que les parties du visage et du corps tournées vers le sol où se vautrait le monstre, désignaient un amour bénignement souriant, le dessus était d'un hideux cadavre ratatiné de vieillard nain qui serait mort en serrant dans sa main crispée le premier objet rencontré : ce fil, désormais éternel instrument d'un éternel supplice. Et cette dualité totalisait si harmonieusement l'hérétogène de ses parties que chacune, pour l'œil attentif, laissait deviner, sous son incompatible apparence, l'existence cachée de l'autre. Au-dessus, le corps de la captive se dressait sinistre de douleurs accumulées, les bras tordus et tendus vers un ailleurs qu'essayaient d'apercevoir les yeux profonds dans le visage gonflé d'angoisse, les entrailles remontées jusque sous les seins par le bondissement au milieu duquel le sculpteur l'avait figée. Et cet audacieux n'était que le fils de l'instituteur de Billy-sur-Sauldre! un compatriote!

— Nittys semble gamin auprès de lui, murmura-t-il à Silvaine.

Le mystère de celui-là, au sourire sceptique démenti par la flamme ardente des yeux, l'intriguait peut-être davantage encore. Pour quelle ruse semblait-il un très vivace s'étudiant à laisser croire que les draps des on lit recouvrent un moribond? Sa lutte pour l'existence, implacable et cynique, avec des railleries sans pitié pour toute faiblesse, le dénonçait taré d'égoïsme; mais, à côtoyer, on le jugeait plutôt un timide et bon que la peur d'être dupe revêt du heaume des impassibilités.

— Diane nous fausse décidément compagnie, disait Silvaine à Dezobry.

— Dame, il est onze heures et quart. Elle finit cependant de bonne heure ; et du Vaudeville à la rue Saint-Augustin il y a peu loin.

— Cela m'étonne qu'elle ne vienne pas. Elle m'a promis. C'est ennuyeux : Nous devions nous entendre pour aller voir demain un écran où elle a acheté le sien. Rue Le Peletier, n'est-ce pas ?

— Oui, rue Le Peletier.

— Il est très joli, le sien, reprit-elle. Et s'adressant à Césaire : Tu l'as vu ?

— Non.

— C'est un vol d'ibis dorés au dessus d'un marais, avec quelques joncs et des nénufars ; très joli...

Césaire, intimement, de toute la pureté de souhait d'un père qui pense à la virginité de son enfant, s'avouait satisfait qu'elle ne vînt pas, Diane. Une assez douteuse compagnie |pour l'aimée, cette cabotine de troisième ordre. Et il s'éjouissait que les hasards de la corbeille de fruits semblassent vouloir empêcher l'âme gâtée de toucher trop souvent l'âme saine. Cet écran, elle l'achèterait bien seule, ayant assez de goût pour cela.

— Est-ce que tu es passé chez Genevois, ce soir, pour la console ? demanda Silvaine.

Tout de suite, son idée se portait à cet oubli. Quel méchant sort rendait donc visible à celle aux yeux de qui, surtout, il eut voulu la dissimuler, cette déchirure de manteau ? Il s'en gourmandait, offrait la réparation de sa faute :

— Non, j'y passerai demain.

Mais quelle maladroite, cette Clémence! Si elle ne voulait faire mieux attention ils la renverraient certainement.

— Moi je ne trouve pas, exclama, brusquement très haut, Dezobry répondant à Nittys et s'adressant à tous. Du reste, je laisse Madame juge.

— De quoi donc? fit Silvaine.

— Nittys raconte qu'un de ses amis qui commençait à sentir moins de charme dans une personne très aimée jusque-là, est allé chercher un regain de passion dans l'écœurement d'une nuit, comment dirai-je, une nuit... de fille de rues, quoi! et qu'il l'y a trouvé.

— Ma foi, trancha la jeune femme, je regrette que ce soit votre ami, Monsieur Nittys, mais je juge le procédé absolument ignoble.

Oh! certes elle avait raison, Silvaine. Pour lui aussi, Césaire, le procédé était ignoble, un de ces actes qui montrent myopes d'indignité le cœur et l'esprit d'un homme.

— Et le résultat? s'enquit encore Dezobry.

— Mais cet homme-là est un malade, conclut Silvaine. Qu'est-ce que vous voulez que je vous dise... ce n'est pas cela qui le guérira... bien au contraire!

— C'est aussi ce que je crois. Votre avis, M. Effort?

— Hé!... si c'était le hasard qui l'eût conduit à cette comparaison, voyez-vous, j'affirmerais tout de suite : ça lui aura réussi.

— Mais non, c'est délibéremment qu'il y est allé, comme on va chez le pharmacien pour une potion.

— Dame! reprenait le sculpteur, lentement, comme se parlant à lui-même, choisir le moyen et le mettre à

exécution demande autant d'énergie que se donner simplement la vision des conséquences.

Et tout haut :

— Eh bien, malgré, s'il aimait sincèrement aupara-
vant, il a pu être guéri.

Césaire ne comprenait guère, dérouté d'abord devant
une situation qu'il ne concevait pas : Aimer, ne plus
aimer et aimer encore? On aimait ou l'on n'aimait pas.
Si l'on aimait, c'était comme les mauvaises ignorances
perdues pour jamais! Nittys et le sculpteur, qu'il voyait
se remettre à discuter entre eux, lui semblaient si étranges l'un et l'autre qu'il ne put s'abstenir d'en faire part à
Dezobry :

— Ah ça, mais est-ce qu'il perd la tête, Effort, d'ap-
prouver ce paradoxe? C'est ridicule. Je suis certain que
Nittys se moque intérieurement.

— C'est de la folie, tout simplement, dit Silvaine.

— Il paraît, expliquait Dezobry, entre deux gorgées
de thé, que les expériences de ce genre sont de bon ton,
aujourd'hui. On appelle cela se perfectionner. Nous ne
sommes pas assez fin-de-siècle, voyez-vous.

— Heureusement, conclut Césaire, cependant que le
commerçant ayant saisi au vol une phrase de Nittys où
revenaient les « cercueils capitonnés », jetait, en se rapprochant de la table :

— Diable! vous devenez d'une force... Et combien
ça durera-t-il?

— Mais ce n'est pas une conviction momentanée;
c'est l'arrivée définitive à un sommet...

— ... D'où vous aspirez à descendre...

— Tiens! vous chipez de l'esprit, ce soir.

— Vous en avez trop pour être jaloux, j'espère.

Lice discrète de ce tournoi d'attaques et de ripostes, il prenait, le petit salon, les finesses d'un visage de grande dame dont les lèvres sont un tantinet avivées de carmin et la mouche spirituellement posée. Une agréable quiétude s'empruntait au geste élégant de Nittys pour faire tomber du petit doigt la cendre de sa cigarette, aux mots qui semblaient se teindre, en traversant les lèvres, du dilettantisme de leur sourire. La voix chaude et bien martelée de Dezobry était une pierre de touche éprouvant la force dissimulée sous l'apparence mièvre des idées paradoxales de Nittys.

— En tout cas, continuait ce dernier, ce n'est pas à vous d'être ironique, théoricien de la cage.

— Oh! il y a une différence entre...

Cette comparaison de la cage formulée par le négociant au commencement de la soirée, Césaire n'y adhérait qu'en partie. Certes, les femmes sont des oiseaux auxquels il faut des cages dorées, comme aux rossignols de la verdure, mais la servilité qu'impliquait l'image le choquait. Pourquoi captives?

— La différence d'une vérité à son complément, interrompait Nittys. Au fond c'est toujours le mot de Diderot : *Laïdem habeto...*

— Encore! mais c'est une gageure, fit Dezobry un peu gêné par ce long étalage de sa pensée devant Silvaine.

— Vous ne le trouvez pas admirable, vous, Effort?

— J'y ferais une petite modification.

— Voyons.

— Eh bien — pour en revenir à la cage — qu'elle soit verte ou dorée selon les goûts, cela n'importe; seulement, il faut entrer dedans avec l'oiseau... et laisser la porte ouverte...

Oui, la modification du sculpteur était pour l'opinion de Césaire, l'œil qui, grâce à deux coups de pinceau, anime subitement un portrait de femme aimée. Cette nuance de la porte ouverte ou fermée ne l'attentionnait pas. Bien ainsi se symbolisait le bonheur. Et que le talentueux artiste eût si nettement formulé ce qu'il sentait manquer à la théorie de Dezobry sans savoir l'y ajouter, lui devint un encouragement au silence observé depuis le commencement de la soirée. Oh! ses rames endormies la douceur de laisser les autres nager pour lui! N'avoir qu'à suivre, sur la rive, les manifestations d'idée, qu'à écouter Nittys répondant :

— Alors, c'est l'à-vau-l'eau que vous préconisez?

— Du tout...

(... Elle devait être heureuse, Silvaine, d'entendre défendre son sexe de « tout mensonge intégral si l'on cherche bien »; mais elle n'écoutait pas, s'étant mise à parler avec Dezobry...)

—... Ainsi, j'estime qu'il n'y a pas eu, qu'il n'y a pas pu y avoir, depuis que le monde est monde, un « je t'aime » féminin, ou masculin du reste, sans au moins tel côté de sincérité. Mais, cela tient à une conception particulière de la vie...

Décidément, il voyait juste, Effort. Son pessimiste d'interlocuteur devait, sous son sceptique sourire, rager comme un dont on devinerait qu'il cache de la lèpre sous sa tunique de pourpre. Mais, que pouvaient-ils bien se raconter là, Elle et Dezobry?... Il comprenait que des réflexions de ce genre ne l'intéressassent guère. De quoi s'étonnait-elle ainsi, presque à haute voix :

— Comment, douze francs le mètre?...

— Cela vous surprend, hein!

— Quoi donc? fit Césaire.

Dezobry racontait que son irrémissible concurrent, ce juif d'Elias Michael, s'était amusé à vouloir, joueur indélicat, lui prendre avec une carte plus faible, la maison de Lyon qui lui fournissait le plus de soieries depuis cinq ans. Alors, dans un moment de colère et comme l'année menaçait d'être médiocre, puisque l'hiver se prolongeait, il avait riposté par un coup de tête et acheté presque toute la production brute de la saison des vers à soie. Au moins, ainsi, il pourrait faire les prix à sa guise.

— Parfaitement, douze francs le mètre, la bengaline; un costume pour cinq cents francs... et magnifique!.. Michael, comme les autres, ne la donnera pas à moins de seize. Il faudra d'abord que je la lui vende...

Le long regard rêveur de Silvaine, quand le négociant avait répété le prix de ces costumes, était une lézarde infiltreuse des ondées du trouble au plus intime réduit de la tranquillité de Césaire; et les mots de Dezobry lui semblèrent, tout à coup, grouillants d'intentions coupables. Est-ce qu'il jouait au tentateur? Il eût voulu que cette conversation cessât... Un léger silence de leur part permettait d'entendre l'exclamation de Nittys :

— Mais oui; la ligne n'est que le heurt de deux couleurs.

Et voici que, pendant une phrase d'Effort, il les voyait, Elle et Lui, reparler... de quoi? Il ne pouvait pas distraire et arracher son attention de l'engrenage où, pour s'y être intéressé de trop près, l'argumentation du sculpteur l'entraînait, soudain, jusqu'à complète absorption de pensée :

— L'objet, être ou chose, est-ce pas? ne plaît que par la possibilité d'émotion que nous y trouvons. Auprès de ceci qui nous charme en éveillant notre gaieté, cela nous captive en suscitant notre tristesse; et tel rien reste cher parce qu'à telle minute, tel rayon visuel la fait vivre pour nous de telle façon; telle femme, par exemple, parce qu'elle eut, au moment où cette émotion nous était possible, un frison disposé d'une sorte particulière sur la nuque, ou un plissement de lèvres spécial, que sais-je? La volonté de l'objet est le plus souvent pour rien là-dedans.

En écoutant sa conscience réveillée par ces évocations, il imaginait que le hasard seul remue les cartons colorés dont la rencontre fait les évènements dans le kaléidoscope de la vie. Et pourtant, autre chose devait s'entremettre : prédestination? attraction? affinité à travers l'inconnu? Mais pourvu que le bonheur vint, qu'importait d'où. Demandait-il à Silvaine quelle providence l'avait envoyée? Cependant, il faut savoir ce qui les occupe, eux autres, là. Car, une fois, le précieux talisman trouvé, on doit toujours l'avoir avec soi...

— Qu'en pensez-vous? disait Dezobry. Sur fond crème, des branchettes de myosotis parsemées; très clair, par exemple. La robe, la bouffette du chapeau, les souliers, l'ombrelle, tout de même étoffe; jusqu'à la chenille des gants.

— Ce sera évidemment nouveau.

— Et notez, qu'un vague besoin se fait sentir, en ce moment. On est las de ces chamarrures dans le costume qui font ressembler à des auvergnats. Cela sera peut-être sévère pour une robe d'été, mais distingué en tout cas...

— Non, pas si sévère que cela.

— Si. Comprenez, il faudra une robe très simple,

droite, un fourreau, avec, seulement, en bas, au plastron et aux manches, soit une draperie, soit une garniture de haute dentelle.

— Ça reviendra cher?

— Ah! voilà ce qu'il ne faudrait pas. De la fantaisie doit s'enlever vite. Du reste, c'est un risque hasardé. Je ne m'illusionne en aucune façon : ou bien on me prendra d'assaut, ou ce sera de l'argent perdu. Le commerce n'est point fait d'autre chose. Et puis, vous savez, entre nous, ça réussira...

Césaire s'aigrissait de son levain de jalousie de plus en plus corrupteur, à l'égard de ce Dezobry qui acquérait une sorte d'envergure à étaler ainsi ses tentatives de haut négoce. Le rôle où cet homme se montrait révolutionnant tout le Paris qui porte de la soie, par un seul acte de sa volonté, le laissait autant admirateur qu'envieux. Seulement, augmentait aussi en proportion de cette admiration et de cette envie, l'effroi que Silvaine vint à les éprouver à son tour. Elle semblait bien attentionnée par les clous de miroir tournoyant qu'étaient pour ses yeux d'oiselle les paroles de Dezobry... Et si lui, s'en apercevant, allait s'ingénier à la captiver davantage encore? Comment n'arrivait-elle pas, Diane... Il fut heureux de les voir se taire pour écouter Effort qui élevait la voix, s'animant remuant, entre ses doigts, la main de bronze, son œuvre.

— Cinq ou six sens ont été suffisants à l'anthropomorphe primitif pour se perpétuer à travers la vie de ce globe; mais, si la lutte contre le milieu en eût exigé ou toléré beaucoup plus — des rudiments d'autres ont dû se produire qui ne se sont pas développés — l'être supérieur d'aujourd'hui serait, sans doute, une de ces créatures d'élite comme il en peut exister sur quelque planète, un être doué de sens innombrables et parfaits, et dont nous imaginons aussi peu la complexité d'esprit qu'une nation de sourds concevrait les nuances d'une mélodie. Tels que nous sommes, nos facultés de perception sont, en regard de ces intelligences, ainsi qu'auprès du jour des lanternes disséminées dans de la nuit. Et comme nous ne pouvons que perfectionner nos sens, non en acquérir d'autres, il résulte que la majeure partie de nous-mêmes se trouve faite d'un vide que l'autre s'exténue à combler par l'illusion, ce qui est agrandir sa vie, puisque celle-ci est la faculté de n'être pas insensible aux objets environnants.

— Soit, reprenait Nittys, mais je ne vois guère comment ces émotions...

— Nous y voici. A chacun donc de ces avant-postes perdus dans le vide, que l'on nomme sièges des sensations ou des commotions, viennent aboutir des faisceaux de nerfs qui sont comme les fils d'une même pile électrique...

Son poing fermé, il appliquait les proéminences de ses deuxièmes phalanges sur la main de bronze, de façon à faire ainsi toucher isolément des quatre extrémités de ses doigts, les crêtes du métacarpe de métal.

— ... Alors, vous concevez le mécanisme : Si le point de commotion se trouve en contact avec un point étranger chargé d'électricité contraire, c'est à dire *pouvant le compléter*, il vibrera, soit plaisir ; s'il touche une électricité semblable, il ne vibrera pas, ce sera le vide pour lui, un vide qui se résoudra, au fond de la pile où aboutissent les courants, en regret, donc en souffrance, si ce sens a déjà vibré, autrefois, par un objet possédant réellement ce que celui-ci semblait seulement posséder. La haine n'est pas autre chose que la sensation du vide.

— Il y a cependant des sens qui vibrent avec déplaisir.

— Certes, mais pour la toujours même cause. Notre faculté de mémoire emmagasine des souvenirs. Et ce sont ces souvenirs qui, au moment de la sensation, permettent de comparer et de s'apercevoir qu'antérieurement le sens a fourni des émotions meilleures; d'où dépit, déplaisir. Ainsi naît le pessimisme. La mémoire grossit les sensations passées, de sorte que les présentes ne peuvent plus atteindre leur volume et paraissent inférieures, quand bien même ce serait le contraire, faisant estimer, ainsi, que l'on tombe de mal en pis. Nécessairement, un sens qui vibre pour la première fois a une sensation de plaisir.

— Alors, celle-ci serait la sensation primitive?

— Je le crois, et que c'est son amoindrissement seul qui a causé l'autre. D'où, peut-être, le vieil adage : notre science vient de notre souffrance.

— Mais... et les actions, les passions, qu'est-ce qu'elles deviennent dans tout cela : l'amitié, l'art, l'amour?...

— Elles en découlent très naturellement. L'amitié est le résultat du contact d'une fibre ou deux de quelques sens, sensations souvent répétées et passées à l'état, soit d'impression médiocre mais sûre, soit d'habitude. Généralement, il s'y adjoint de la gratitude pour des vibrations plus fortes facilitées.

— Et l'amour?

— C'est la vibration particulière du *contact créateur*, universelle loi qui fut d'abord le principal but du toucher tout entier, comme cela existe encore chez les minéraux, mais dont l'action, grâce à la progressive transformation des corps, s'est localisée.

— Je vous demande pardon, je ne saisis pas très-bien, « le contact...

— Si vous préférez, c'est la vibration particulière d'un besoin d'agrandir sa vie poussé en désir génésique.

— Ah !

— Cela paraît invraisemblance aux uns, blasphème à beaucoup, simplement à cause de l'*illusion que l'on subit*. (Le contraire a lieu en art où l'*on se crée sciemment l'illusion*.) Cette vibration a été, en effet, si cultivée, affinée, exaspérée, déviée, au cours des âges, qu'il est peu surprenant de la voir considérer comme une manifestation d'autre nature. Le sens lui-même, facilité de plus en plus par la fortune qui lui ménagea une place à part dans l'organisme, y est vite devenu le favori. La nécessité de fournir continuellement ou presque, ainsi que les autres, une part de travail à la conservation de l'être, ne l'excède point. Comme il ne vibre que par intermittences — la nature délicate que lui ont acquise ces ménagements l'empêcherait d'agir autrement — sa sensibilité s'émousse moins. Et même, ce sont les autres qui ont charge de lui servir de rabatteurs, de lui procurer les joies dont il vit, après les avoir estimées chacun selon sa compétence. Pour ces raisons, est-il étonnant qu'il ait atteint ce rare degré d'émotivité ?

— Elle me semble pas mal hasardée, votre théorie, constata Nittys. Mais, voyons, et la Beauté qu'en faites-vous ?

— Ici, cela devient un peu plus compliqué. Tout à l'heure, en usant de cette main — et il la reposa sur la table — je vous disais de voir les bosselures, mais de supposer que vous avez affaire à une surface plane. C'est qu'en réalité ces monts et vallées n'existent pas; leur image servait seulement à mieux faire distinguer les points de vibration de ceux d'à côté qui sont du vide, soit de ces sens qui eussent pu naître, mais qui ne naîtront jamais. Tenez, pour plus de clarté, je reprends une figure : supposez les taupinières de quelque pré. Eh bien, de ces sommets à commotion, de ces sens, aucun n'est semblable. Ils sont inégaux, irréguliers, suivant l'organisme qui les a produits et qui les alimente, les uns complets, d'autres avortés, ceux-ci exagérés, verruqueux, ceux-là crevassés, boursouflés, secs ou flasques, indurés de nodosités par endroits, amollis de fondrières plus loin, durs ou avachis, sains ou morbides. S'ils étaient égaux, *tous semblables chez tous les êtres*, les chances de vibration deviendraient des certitudes. Mais comme il n'en est pas ainsi, l'idéal sera qu'un objet émotionnel se rencontre qui s'adapte entièrement aux particularités de ces sommets et qu'ainsi l'inéquation disparaisse. Or, on dénomme *beauté* ce qui semble le mieux pouvoir réparer cet empêchement natif ou acquis. Elle est la constitution choisie qui peut prendre contact, non seulement avec les extrémités de nerfs vibrant d'ordinaire parce qu'ils sont les plus en évidence, mais surtout avec ceux qui, vu leur place, leur qualité, que sais-je? ne tressaillent jamais ou, du moins, ne tressaillent que rarement ou imparfaitement. Alors, l'inhabitude rend ces émotions si exquises que l'être entier en frémit et conçoit l'illusion que ses sens goûtent, tous à la fois, tout ce qu'il peuvent connaître de vie. Les défauts de l'organisme semblent supprimés ; c'est comme si, intégralement, nous atteignions au PARFAIT. Mais ce n'est qu'une éphémère illusion. Si c'était la réalité, c'est-à-dire si l'homme parvenait à cette absolue et prolongée conscience de lui-même : le summum de vibration simultanée de tous ses sens, cette commotion le tuerait sans doute.

— Alors, la Beauté n'existe pas?

— En tant qu'entité, si ; autrement, j'estime que non. Et cela se comprend, puisque la Beauté qui serait telle, pour moi, que son impression me tuerait, n'aurait peut-être même pas le don de vous émouvoir, vous...

Ces hypothèses qu'Effort avançait d'une voix chaude et en soulignant du geste les conclusions, évoquaient devant Césaire des panoramas d'idée immenses et prestigieusement nouveaux, l'harmonie d'un paysage à la Puvis, mais où pas mal de motifs demeuraient enfouis dans l'ombre de l'incompréhensible. Toutefois, il restait émerveillé du point de vue où le faisait placer le sculpteur pour examiner l'existence, et s'il refusait d'admettre beaucoup de ces solutions, il s'avouait obligé et heureux de reconnaître que d'autres le satisfaisaient pleinement. Et voici que l'effervescence d'eau où l'on immerge un fer rouge causée en lui par les paroles entendues, déterminait un réveil de vitalité dont il était surpris de se trouver capable. Au fond de son âme, les mots allumaient des conseils de courage, le réchauffant d'une vigueur inacoutumée qui demandait à se dépenser en accomplissement d'actes virils. Une vie intense le distendait rendant soudain pénible la comparution devant lui de son passé. Depuis cinq mois qu'il est revenu de Salbris, qu'a-t-il fait?... De toutes ses volontés, autant d'esclaves porteuses de la litière fleurie où s'enor-

gueillit le bon plaisir d'une femme. Et puis?... Rien!
A présent qu'ils sont. avouablement installés dans cet
appartement de la rue Saint-Augustin, trop luxueux il
le comprend, quoique pas encore autant qu'il le dési-
rerait pour elle, va-t-il continuer? Il lui faut pourtant
se remettre au travail, afin de passer son doctorat. Après,
il se fera inscrire au barreau. Superficiellement, pour
le monde — foncièrement encore plus, pour sa propre
situation et son avoir, mur de corps lézardé de dettes
par où le vent siffle des menaces, cela s'avère nécessaire.
Avocat, il le sera...

Mais, déjà, une lassitude de l'effort accompli le rendait moins apte à l'urgente prolongation de volonté, et
sa résolution momentanée redescendait, sans qu'il s'en
gourmandât, au niveau des ordinaires indifférences. Pauvres arbres qu'une trop forte poussée en feuilles épuise
et laisse incapables de fruits.

L'accagnardement était certes mauvais, mais si doux...
Dorénavant, d'ailleurs, le tirage de la cheminée, enfin
établi, l'astreignant moins à tisonner et souffler le feu
d'amour, il aura plus de loisir et travaillera... La conscience vague de l'infini où il avait devoir d'apporter sa
part d'activité d'atóme s'anéantissait, tout à coup, devant
la constatation orageusement plue que Silvaine et Dezobry, n'écoutant point les autres, causaient entre eux.

— Enfin, nous ne sommes pas mal, disait-elle, c'est
vrai; j'aurais préféré, cependant, nous éloigner un peu
du centre... vers les Champs-Elysées.

— A Passy, une petite maison ne vous eût guère coû-
té plus cher qu'un appartement ici.

— Elle n'a pas voulu, fit Césaire, tristement satisfait
de voir un autre apporter son « Vous avez raison » en

couronne à la tombe intime d'un désir très regretté.

— C'est trop loin. Bon quand on a une voiture...

Ah! elle était implacable. La moindre phrase lui devenait prétexte à recommencer les égratignures d'épingle de son reproche, lorsqu'un désir formulé par elle n'avait point été immédiatement comblé. Trente fois par jour, depuis une huitaine, et sous l'idée qui pouvait en paraître le plus éloignée, elle glissait, en « je ne t'aime plus » crié au milieu de la plus voluptueuse étreinte, sondé pit qu'il atermoyât quand elle demandait une voiture au mois. Dans l'occurrence, il savait pertinemment qu'elle mentait : même avec une voiture elle eût refusé d'habiter Passy. Mais sa mine pincée qu'elle affectait de voiler d'indifférence, comme une piqûre si largement enveloppée de bandes qu'on la croira très grande plaie, le déconcertait au point qu'il ne lui adressa pas des yeux le tacite reproche prémédité. Dezobry ajoutant :

— Aux Champs-Élysées, vous savez, tout est hors de prix. Diane y habitait, il y a deux ans. Jusqu'aux bonnes que vous y emmenez qui vous demandent, dès l'arrivée, une augmentation de gages »

Césaire eut hâte d'éloigner cette conversation et s'informa :

— Dites donc, est-ce que vous n'auriez pas, par hasard, des relations avec quelqu'un qui se connût aux achâts à l'Hôtel des Ventes?

— Ah!... non.

— J'y ai vu ce soir, une potiche en vieux Chine de la collection Victor Baudry dont j'ai une envie... Elle est magnifique. Nous la mettrions là, en face de la fenêtre, avec un palmier, achevait-il, se tournant vers Silvaine.

—Allez-y vous même.

— Je me ferai voler. Il faut s'y connaître. Enfin, je puis toujours voir.

La concession faite, une minute plus tôt, à l'autoritarisme rancunier de l'aimée le rapprochait, par analogie, du soyeux dont il fut un instant jaloux. Etait-ce assez sot! Allait-il défendre à sa maîtresse d'être aimable avec ses amis... des amis qui pouvaient devenir utiles?... Et il partagea l'avis exprimé tout bas et un peu dédaigneux de Dezobry à l'égard de la conversation qui se prolongeait aussi passionnée, aussi technique, entre Effort et son voisin :

— Ah! ça, mais ils n'en finiront pas avec leurs vibrations. Il a joliment l'air de s'emballer, votre sculpteur. Et Nittys l'écoute avec un sérieux. Mazette! Voyons ce qu'il raconte.

— Au lieu de pleurer sur son néant, parce que l'homme n'est qu'un point intermédiaire entre une cause et un effet, pourquoi ne prendre motif de ce peu que nous sommes pour se substituer le plus possible au hasard dans l'édification de sa vie?...

En réalité, tant de complexités lui importaient peu à lui, Césaire. Vivre, simplement, comme le reflet allumé sur le flanc d'ébène de ce piano, comme les éphémères qui, nés le matin, se gorgent tout un midi d'air printanier et meurent, le soir, afin de ne pas survivre au soleil, lui semblait encore le meilleur, sans s'inquiéter de buts et de causes que depuis des centaines de siècles on s'acharne vainement à démêler. Tous les sophismes d'Effort ne valaient pas le moindre baiser des lèvres de Silvaine, ces lèvres dont la teinte rouge avait des frissons verdis sous la lueur jaune de la lampe; toutes les néga-

tions de Nittys fondaient ainsi qu'un fantôme de glace
au soleil, sous l'éclair mouillé de lassitude et de langueur
que les yeux chers, en ce moment, dardaient sur lui,
du haut de ce visage d'ambre casqué d'ombre. La phrase
de Dezobry semblait, du reste, l'applaudir :

— Il doit faire un froid de chien, dehors. En voilà
un hiver qui se prolonge ; il a encore gelé à quatre degrés,
l'autre nuit.

Et ces diverses causes de satisfaction disposèrent Césaire à jouer avec une idée gaie tout à coup survenue :
Jeter, en ballon d'enfant, dans le parisianisme gouailleur
dont il était entouré, la phrase de M. Brunet, à Salbris.
Souriant, il fit :

— Les savants affirment que la température de la terre
se refroidit d'une façon extraordinaire.

Qui la renverrait du poing, la balle ?

— Par ce temps-là surtout, dit Silvaine un peu mo-
queuse.

— Tant qu'il y aura du charbon dans les mines et des
fourrures de loutre, je m'en fiche, reprit Dezobry. Oh !
minuit va sonner... On ne s'ennuie pas chez vous...
Il est l'heure de filer...

Par politesse, Césaire se récriait :

— Vous avez bien le temps, voyons.

Mais son trouble s'était brusquement reformé, à suivre
le regard du négociant descendre du cadran, de la pendule, sur Silvaine qu'il fixait juste au moment où sa bouche prononçait, avec des inflexions de voix mollies, comme caressantes, l'insinuateur : « On ne s'ennuie pas
chez vous ». Il avait, ce regard, la menace des reflets d'é-
pées d'une armée de barbares qui approche. Et brusquement, quoique osât Césaire pour lui barrer l'accès,

la cohue de frayeurs envahissait le sanctuaire silencieux, lorsque Dezobry fit mine de se lever, criant au groupe acharné dans sa discusion à mi-voix :

— Ils n'en finiront pas, si on les laisse. Dites-donc, il est minuit.

— Nous partons, répondait Nittys.

Dezobry se mettait debout. Césaire, du coin de l'œil, le voyant examiner Effort et Nittys qui se dressaient sans interrompre leur entretien, fit comme eux.

— ... En somme, tendre à moins d'indifférentisme.

— Il est si doux.

— Il est surtout coupable.

Mais son agacement, accru par la physionomie de Silvaine que cette conversation insupportait, le rendait une mère qui aperçoit des étrangers conseiller à son enfant de jouer au bord d'un précipice. Et, se rapprochant de la cheminée pour y prendre la lampe, il endurait, à trouver en son cadre de peluche un portrait d'Elle petite — si différente d'aujourd'hui — le maternel regret qu'elle n'eût plus l'âme de cette époque. Peut-être ne parlerait-elle pas à Dezobry, comme elle le faisait encore?...

Que pouvait-elle donc avoir de si sérieux à lui dire, tandis qu'ils gagnaient la porte ensemble? Heureusement, Nittys et Effort rendus à plus de sensation, se retournaient pour prendre congé; et, rapproché, il entendait le sculpteur demander pardon de l'impolitesse de leur dispute à part, s'excusant d'avoir accaparé M. Nittys et ennuyé, sans doute, tout le monde. Césaire se récriait à l'unisson de Silvaine... Mais, pusillanime timoré jusque devant lui-même, au point d'anéantir, d'une immédiate restriction, la parole qu'il vient de prononcer,

il eût voulu qu'ils missent moins de temps à endosser
leurs pardessus, maintenant; qu'ils fussent partis, — mal
à l'aise pour beaucoup d'épines dont le pied commun
était cette informe jalousie aussitôt devenue de l'affolement. L'air respiré par l'aimée, ce soir, l'effrayait de
la crainte des Sybarites quand on parlait de liberté devant leurs esclaves. Il se comprenait trop petit auprès
d'Effort, qui lâchait la main de Silvaine pour la sienne;
et cependant il lui devait tant de reconnaissance!...

— Encore une fois, mon vieux, merci. On te reverra,
n'est-ce pas?

— Mais oui, de temps à autre; je travaille beaucoup...

— Au revoir, Nittys. Nous y sommes toujours, tu sais.

Celui-ci, avec son éternel sourire sceptique, le menaçait peut-être davantage encore des fantaisies qui font
effeuiller les roses pour parfumer un mouchoir. Le voir
saluer très sélectement Silvaine l'horripila...

Mais dire à Dezobry : « Quand vous reverra-t-on? »
lui fut impossible : il souhaitait trop que cela n'arrivât jamais. Oh! ils brûlaient sa chair, les doigts du négociant
qui venaient de retenir plus longtemps la main de Silvaine dans le shake-hand d'adieu. N'étaient-ils des vo-
leurs lâches qui, pas assez forts pour emporter un beau
marbre, le souillent d'immondices? Et il laissa tomber un :

— Au revoir »

glacial sur la jovialité sans gêne de l'autre. Décidément, il s'attardait d'une façon insupportable à répéter
encore à Silvaine, au moment de disparaître du seuil :

— Entendu, au revoir! »

quand Effort et Nittys descendaient déjà l'escalier.

Soudain, tout son dépit pour eux, comme si la porte

refermée en éclusait le cours, reflua vers la jeune femme. Il veut, il doit savoir ce qu'ils se sont dit. Quelque voix lui insinue qu'ils ne peuvent point s'être entretenus de choses indifférentes. Au reste, s'il a pris, pour vivants, des clodoches de cire, tant mieux. Il sera édifié, du moins.

Et il revenait derrière elle dans le salon, serrant nerveusement de la main le col de la lampe, quand la pensée de mettre son projet à exécution le décontenança.

Comment obtenir ces confidences? Si, justement indignée, elle allait le traiter en domestique qui ose interroger, ou, pis, lui répondre le mensonge, apanage des maris qu'on berne, que fera-t-il? C'est terrible, vraiment...

Dans sa perplexité, il gagnait lentement la cheminée, devinant Silvaine chue sur le canapé; et, la lampe posée, il s'attardait à tourner le bouton pour remonter l'huile, comme s'il eût craint qu'elle ne vînt à s'éteindre. L'insolence de se dresser devant Elle pour lui dire que son âme de cristal, en un coin qu'il ne peut pas voir, doit celer quelque tache, lui reviendra sûrement en mépris prometteur de catastrophe. Si elle est coupable, elle mentira. Mais, peut-être, à quelque indice, s'en apercevrait-il...

Une idée lui parut, alors, le salut, le réconfortant. Il prendra l'air d'avoir vu leur tête-à-tête d'une minute en indifférent qui traverse un Louvre sans s'inquiéter du regard de sa compagne à l'Apollon rencontré. Au point d'inverser déjà, une seconde après, le rôle de celui des deux qui a prononcé le « C'est entendu » de la fin.

Brusquement, il se retourna vers le canapé, insinuateur et fourbe comme un bravo cachant son poignard sous un bouquet de lis apporté :

— Qu'est-ce qu'il te réclamait donc, Dezobry, en partant?

— C'est moi qui l'ai chargé de dire à Diane qu'elle vienne me prendre demain matin, à dix heures, pour aller chez son marchand d'écrans.

Fou qu'il était!... Sa vie affluait en joie à son cerveau, car elle ne mentait pas... D'un gradin de plus se haussait le piédestal de son autel, à la Nimbée d'amour qu'il étreignait contre lui, maintenant, de toute sa félicité revenue, dans l'air vicié du salon vide.

(A suivre.)

ABEL PELLETIER

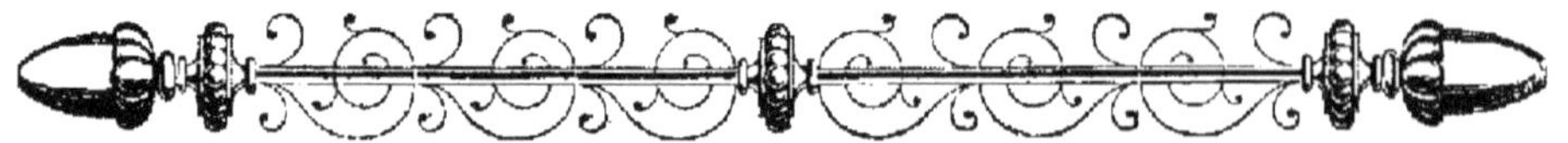

LA ROUGE
(Fragments.)

A P.-N. Roinard

I.

voix d'en haut. — Châtie!

voix d'en bas. — Cogne!.

L'idée, l'idée pure. La fille pâle marche sans guide dans la nuit noire, suivie de près, de loin, par la Bête qui boit de l'eau trouble goulûment; l'enfant ne peut boire que l'eau pure où elle se mire. La Bête est grasse avec des pattes grêles. L'enfant musèle l'animal d'un ruban de cou, et le tient en laisse, avec un ruban de ceinture. Mais, des moqueurs méchants lient les mains de la fille si pâle, si frêle, (pauvre petite!), Elle est nue presque, ses longs cheveux lui sont un manteau; elle ne voit pas les affreux crapauds. les vipères affreuses, ses longs cheveux lui sont un voile. Lassée, elle s'étend sur la terre et ses longs cheveux lui sont une couverte. Le jour, on parle, on ment; la nuit, on rêve; elle rêve de baisers, de caresses. L'animal méchant et laid s'approche de l'enfant endormie, de l'extraordinaire enfant, et la mord (pauvre, pauvre petite!). Mais la dent de la Bête a rompu les liens!.

L'enfant marche, elle « vole » du bois et se chauffe; elle « vole » des fruits et mange — enfin. Elle taille son pain, son pain dur avec un grand couteau pointu. Elle marche, la fille pâle et triste conduite par les étoiles du ciel; des nuages cachent les étoiles, les vers luisants montrent à l'enfant la bonne route!

Elle passe dans le jardin aux fruits amers, au milieu des buissons d'épines; les pieds saignent, les mains saignent, elle pleure. La Bête veut mordre, encore mordre, mais de la ruche heurtée s'élèvent les abeilles qui gardent l'enfant des morsures de la Bête.

II.

Sur le passage de l'enfant, de l'extraordinaire enfant, des gens crient :

— Créveras-tu petite gueuse!

Et dans la nuit belle, leur fureur interrompt l'ardent remous du suprême labeur...

UN PAUVRE. — Du sang coule... Ton sang?

UN PAUVRE. — Oui, mon sang... mon sang aussi!

LE POÈTE VAGABOND. — La haute collerette de mon amie est l'entours d'un frais bouquet... Sa robe est rose... rose aussi.

DES PAUVRES :

— Tous sont supérieurs à moi et je ne suis pas inférieur à tous.

UN PAUVRE, FIER. — J'écris des pages non faites pour être lues.

UN VIEUX PAUVRE. — La fleur qui pue, la fleur qui tue, c'est la même fleur.

UN JEUNE PAUVRE. — Non.

UN DEMI-RICHE. — Mes tableaux, je les ai payés, je les ai choisis...

UN DEMI-RICHE. — Ma vigne, mon champ!

UN PAUVRE. — Si tu me prenais dans ton champ, tu me tuerais pour garder tes choux, tous tes choux. Avoue!

LE DEMI-RICHE. — Je ne sais pas; je ne suis pas assez pauvre pour être juste. J'ai peur de la justice... J'ai comme un doute...

LE PAUVRE. — Avoue!

LE DEMI-RICHE. — Je ne sais pas, je ne sais pas!

Des malheureux, des vaincus forment un groupe — des groupes! — d'une navrante beauté.

UN PENSEUR ERRANT. —‧ Vérités belles... L'art parure de l'idée.

UN ARTISTE. — Le beau, le laid, oui; le juste,
l'injuste... je sais moins.

DES VOIX. — On peut frapper sans choix, il n'y a
pas de riche innocent!

UN PAUVRE. — Je suis lâche, je voudrais l'étran-
gler,.. D'autres mains!...

UN PAUVRE. — Je hais celui qui est au-dessus de
moi, oh oui! celui qui est au dessous de moi, je
hais mon égal!..

DES VOIX FAIBLES. — A l'aide! à l'aide...

III.

L'enfant marche, tombe, se relève. Elle se baigne dans l'eau douce d'une souce. Alors belle, elle
apparaît! Et des moissonneurs encore émus par
le souvenir des terreurs passées, l'admirent la faux
dressée, comme une arme.

C'est le matin.

PAROLES ESSENTIELLES.

*Elle ne peut boire que l'eau pure où elle se mire.
— La Bête en lui mordant les mains a rompu les
liens. — L'enfant taille son pain dur avec un grand
couteau pointu.*

JEAN DOLENT.

CONTE DE L'ERMITE

A Jules Demenynck

En ce temps-là il n'était bruit partout que du vénérable Barnabé et de ses miracles. Depuis qu'Athanase avait entendu parler de l'ermite, il n'avait plus qu'un désir : aller le trouver pour vivre, sous sa règle, dans la pénitence et la mortification. Sans cesse il songeait au pieux solitaire qui avait renoncé à toutes les joies terrestres ; et, se comparant à lui, il maudissait son existence luxueuse et dissipée. Rien ne l'intéressait, de ses anciens plaisirs. Il laissait le duc Karl, son père, partir seul pour la chasse, il n'assistait point aux joutes qu'on donnait au Château, et la belle Blanceflore, sa fiancée, passait ses journées à pleurer, maintenant qu'il n'allait plus causer avec elle sous les grands arbres du parc.

La pensée d'Athanase était toute à l'Ermite : tantôt il se le représentait le visage extasié, les yeux au ciel, conversant avec la Vierge et les Saints, tantôt il le voyait s'avancer dans les campagnes en chantant les louanges du Seigneur, précédé d'un vol de colombes et suivi d'une troupe de fauves qu'avait charmés ses cantiques.

Un matin, n'y tenant plus, sans rien dire à personne, Athanase s'enfuit du château. Il s'était enquis de son chemin, il allait à la recherche de Barnabé.

Il marcha des jours et des jours. Ses pieds étaient en sang; ses jambes brisées de lassitude; c'est à peine s'il pouvait se traîner, mais il n'avait pas perdu courage. Enfin il aperçut sur la lisière d'un bois une misérable cabane, toute semblable à celle qu'on lui avait dépeinte comme étant la demeure du solitaire : il poussa un soupir de soulagement; puis, tombant à genoux il remercia Dieu d'avoir ainsi béni son voyage.

La porte était entr'ouverte : il entra. Dans un coin, sur un lit de feuilles, l'Ermite reposait. Athanase fut très choqué, il s'attendait à le trouver en oraison; en outre, Barnabé ne s'avisait-il pas, ainsi que le dernier des rustres, de ronfler bruyamment. Quel sommeil pour un ascète, et comme il témoignait mal de songes séraphiques et de célestes visions! Le vieillard était d'ailleurs, vulgaire et repoussant, avec son teint rouge, son obésité, les pustules qui couvraient son visage et la malpropreté de sa robe.

Cependant le bruit des pas avait éveillé Barnabé. En apercevant quelqu'un, il fut très surpris et se leva aussitôt. Par simple politesse, car son enthousiasme commençait à se dissiper, le jeune homme se jeta aux pieds de l'ermite et courbant la tête :

— Mon père, fit-il, donnez-moi votre bénédiction.

Barnabé bégaya.

— Alors, vous voulez ma, ma bénédiction.

Peu à peu, toutefois ils se se familiarisèrent l'un avec l'autre. La cordialité, la douceur de l'ermite émurent Athanase, et il essaya de chasser sa première impression.

— Qu'importe, pensait-il, qu'importe la gaucherie de ses gestes et la laideur de ses traits s'il possède une belle âme.

Au bout de quelques instants, le vieillard lui frappa sur l'épaule et lui dit :

— Mon enfant, je veux vous confier le secret de mon bonheur.

Athanase exultait. Enfin ! l'ermite allait lui donner de précieux conseils, lui annoncer la bonne parole ; il connaîtrait les desseins de Dieu, il entendrait par la bouche du solitaire la voix des Prophètes.

Barnabé le conduisit à un petit enclos situé derrière la maisonnette ; à l'entrée, il s'arrêta pour déclarer à son hôte son admiration.

— Voyez, s'écriait-il, ces arbres chargés de fruits. Contemplez la magnificence de cette vigne. Tout cela est mon œuvre : ce sont mes mains qui ont fertilisé cette terre.

Et écartant délicatement les glauques feuilles qui la dérobaient, il montrait au jeune homme une énorme grappe aux lueurs d'émeraude et de topaze.

— Décidement, se répétait Athanase, complètement désabusé, il a moins de piété pour le Seigneur que pour ses treilles. Et il s'attristait, à cause de ses beaux rêves de jadis.

— Allons, prenez-là, ne vous gênez pas, poursuivait Barnabé. Hein ! Avez-vous rien goûté de pareil ? Mais, j'y songe, vous devez avoir faim, rentrons, notre dîner sera vite préparé.

Sans qu'il voulût se l'avouer, Athanase s'inquiétait beaucoup du repas qui l'attendait. Il était bien résolu à jeûner le lendemain, mais, ce soir-là, après des journées de marche et de privation, il n'eût point refusé un somptueux festin.

Quelle ne fut pas sa stupeur quand le vieillard lui servit, délicieusement accommodé, un perdreau que des chasseurs charitables lui avaient apporté la veille, puis des œufs, de la crême, des pêches, le tout arrosé de vin vieux et de liqueur de prunelle.

Athanase dévorait les victuailles et vidait les gourdes; mais quand il se fut bien rassasié, il ne put cacher à l'ermite qu'il eût jugé plus convenable de ne manger que des racines et de ne s'abreuver que d'eau claire. En même temps, avec la franchise des bonnes digestions, il lui avoua combien il s'était mépris sur son caractère.

— Mon cher fils, lui répondit Barnabé, vous ne devez pas mettre en doute ma sainteté; cependant, je vous le confesse humblement, mon idéal fantôme est de beaucoup supérieur au personnage que vous avez devant les yeux. Lequel de ces deux êtres est le réel? Évidemment celui que vous avez imaginé avec tout le monde et qui passera à la postérité. Vous me possédiez bien mieux quand vous ne me voyiez pas; aussi, écoutez-moi, retournez chez vos parents : au château familial, vous retrouverez le vénérable ascète qui a enchanté votre jeunesse.

Malgré de nombreuses protestations, Athanase suivit le sage avis du vieillard. Le lendemain il lui fit ses adieux et se mit en marche pour revenir chez le duc Karl.

L'ombre de Barnabé, comme autrefois, l'accompagnait. D'abord, il l'aperçut tel qu'il venait de le quitter, énorme et rubicond, drapé dans son manteau malpropre; puis, graduellement, la grossièreté de l'image s'effaça. Le second jour, l'ermite était déjà devenu très beau ; le troisième, il lui parut sublime, et Athanase le contemplait dans son rêve, assis sur une nuée lumineuse, au milieu des anges et des bienheureux.

— Ah ! s'écriait-il, lorqu'un passant l'abordait, je viens de voir un saint.

Le soir de son arrivée, son père, qui le croyait mort, l'accueillit avec des cris de joie et il fut le héros de la veillée. Il se montra même si éloquent en contant les miracles dont il se figurait avoir été le témoin, que la douce Blanceflore se précipita sur lui et l'embrassa devant toute l'assistance.

Quelque temps après, le mariage des jeunes gens était célébré en grande pompe dans la chapelle du château. Le jour même, Athanase donnait l'ordre de poser la première pierre d'un ermitage consacré au pieux Barnabé, mais il ne voulait pas aller le voir, de crainte de diminuer sa dévotion pour le futur saint.

HUGUES REBELL.

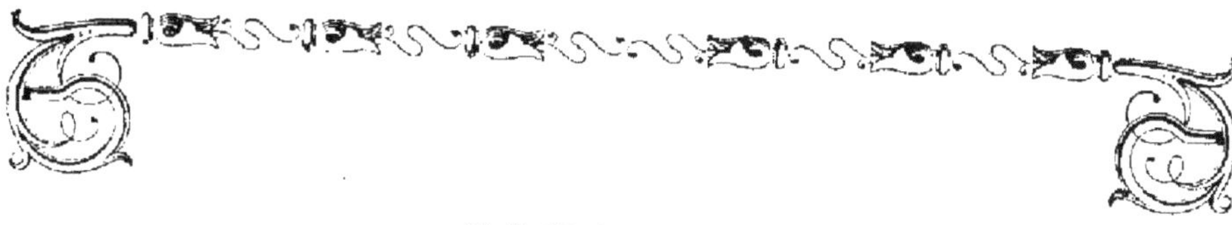

L'OUBLI

Bien qu'elle fût partie depuis plus de deux ans,
— oh! les deux années d'absence mesurées, seconde
par seconde, à l'horloge de mon cœur, — je sentais
qu'elle était près de moi, sans cesse, attentive à
mes gestes et à mes pensées, inéluctable compagne
dont il m'était impossible de me séparer, même aux
heures où la solitude s'impose comme les ommeil,
impalpable amante de mon cerveau, qui se nourrissait de mes rêves, puis s'évanouissait lorsque le
mâle s'exaspérait à sa chair.

Quand je m'accoudais à la table de travail, quand
ma plume creusait au champ nitide du papier le
sillon noir d'où jaillirait la floraison multicolore des,
rythmes, elle se penchait sur mon épaule et son
sein la baisait de sa bouche de rose, jusqu'à ce que
j'eusse laissé pariir l'Idée pour l'installer, elle, l'A-
mante accapareuse, en maîtresse absolue dans mes
bras où s'érigeaient des feuillaisons de mains pour
d'impossibles caresses; dans mon rêve, splendide
et morose comme un palais où se fanerait une solitaire princesse.

Son image flottait dans la brume effrayante des

miroirs, des miroirs ternis auxquels je n'avais osé toucher depuis son départ, et, lorque mon visage s'y reflétait, il s'unissait au sien dans un baiser de cadavres, dans un baiser de faces molles de noyés, sous l'onde trouble des glaces verdies.

Elle était mes Espoirs et la raison de mes Actions. C'était elle qui dirigeait toutes mes facultés vers Son Égoïsme.

Elle avait confisqué mes joies et il m'était impossible d'en jouir sans qu'elle s'en fût enjoyellée.

Sa jalousie avait tué la Douleur et mes larmes anciennes s'étaient cristallisées sur ses seins, plus tentants encore que dans la réalité.

Parfois, elle ouvrait ma poitrine, puis elle prenait mon cœur entre ses mains froides. Alors, il neigeait horriblement dans mon cœur.

Après une journée que nous avions passé ensemble, avec mon fantôme, moins tyrannique en sa personnalité que d'habitude, je m'étais assis près de la fenêtre. Le soir s'épandait sous une pluie d'ombre et de silence.

Il faisait très calme en mon Être.

Tout d'un coup, je sentis qu'Elle se mourait.

Ce fut très rapide et sans les ridicules de l'agonie.

Elle se détacha de mon cœur et de mes sens, puis elle s'en alla à tout jamais.

Le cercueil d'oubli s'ouvrit. Un angelus martela les clous. Les vibrations de la cloche s'épandirent en ultimes prières, le soleil couchant remplit de coquelicots cette tombe. Et ce fut tout.

Mon cœur fut comme un logis paisible que troubla trop longtemps la bruyance d'hôtes passagers et qui retombe à son vide sonore.

Je compris que je ne reverrais plus ses yeux épier mes actes, et que ses seins frôleurs ne viendraient plus m'inciter à des caresses frigides.

Elle était morte en moi, morte dans les glaces que j'essuierai demain de leur poussière, morte dans ma couche où je pourrai enfin étreindre des créatures de chair, sans qu'elle s'interposât.

Je me retournerai vers mon Chez Moi.

Le couchant l'emplissait de roses.

De flamboyants géraniums s'irradiaient dans les miroirs.

Puis la pourpre s'éteignit en roses pâles, en violets doux comme des consolations de mère.

Le soir rendit aux touches jaunies du clavecin de ma jeunesse leur blancheur aucienne, une blancheur évocatrice d'enfance et d'airs joyeux.

Et je regardai dans mon cœur. Depuis que les mains froides avaient desserré leur corolle la neige des mauvais jours s'y fondait par larges plaques.

Le soir l'avait habillée de mauves et déjà, sur la terre de sang, grandissaient les tournesols d'or, dans l'orgueil du Soleil intérieur retrouvé.

GASTON LESAULX.

INTROIT

Mon Ame est close, en un tombeau de jaspe vert,
Où rêve, en des miroirs éteints, l'image pâle
De très hautaines Dames à face d'opale,
Qui sont les heures souvenues des temps chers.

O cher Jadis! en la douceur de te songer,
Mon Ame heureuse te revit, heure par heure,
Sous le fixe regard de celles qui demeurent,
Immobiles témoins d'un très lointain passé.

Gardiennes vigilantes du pieux Souvenir,,
Qui vêtez le linceul des vieilles heures mortes,
Roidissez-vous contre le Temps et son escorte,
Et protéger mon Ame qui craint ĭAvenir!

Ah! ne détournez pas d'Elle votre pitié,
En souvenir des éphémères hyménées!
Gardez-Lui le reflet de Sss gloires fanées
Dont le triomphe ment aux demains répudiés.

Veuillez sur Elle épandre la grave clarté
Qu'ondent vos fronts royaux en nappes solennelles,
Et vous serez les chevalières immortelles
Qui La consoleront en son éternité!

Joignez vos bonnes mains vierges des labeurs vils,
Pour le suprême effort ui retiendra mon Ame
Sous la tutelle désirable, saintes femmes,
De vos yeux de Jadis éclairant Son exil!

Prétresses des splendeurs de Son Rêve aboli,
Des heures mortes, une à une, et magnifiques!
Empourprez de leur gloire la pierre magique
Où s'enferma mon Ame pour vaincre l'oubli!

Envoi :

Mon Ame songe de Jadis, et des temps chers,
Quand rêve, en les miroirs éteints, l'image pâle
Des très hautaines Dames à face d'opale,
Qui La veillent en son tombeau de jaspe vert...
Avril 1893.

CHARLES-HENRY HIRSCH

LES LIVRES

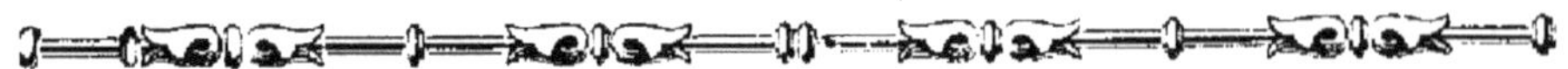

Vieux Saxe, par Henri Mazel, *(E. Girard)*.

> Adieu, beautés dont une mouche
> Noire avivait la joue en fleur,
> Et dont la grâce peu farouche
> Était faite encor de pudeur!...
>
> Moutons galants, aux airs de fête,
> Broutant de réguliers gazons
> Et portant la soie en bouffettes
> Sur la blancheur de leur toison!
>
> Amour pimpant, musqué, frivole,
> Doux aveux surpris sous l'ormeau,
> Votre âme légère s'envole,
> O gloire rose du trumeau!..

Ainsi il m'arriva de soupirer sur la disparition de l'ère exquise qui inspira Boucher, Lancret et Watteau. Mais je « rentre » mes soupirs devant ces jolies figurines de pâte tendre — oh! si tendre! — qui s'appellent Hortense et Silvia, Armand et Agénor, le Maréchal et le Commandeur, la Marquise et l'Abbé, Crispin et Frontin. Ce sont les personnages d'une manière de tragi-comédie en cinq actes, les premiers couleur de rose, le dernier rouge sang.

D'abord nous assistons à des chassés-croisés d'amour, solennels comme une pavane ou gracieux comme un menuet, *flirt* énervant et aguichant, jeu de feintes et de stratagèmes sentimentaux, celui-là même qui fait s'écrier au poète :

> Hi! hi! hi! Les amants bizarres!

Les surprises de l'amour contiennent plus qu'un précieux marivaudage : un brin d'émotion. Une dame en paniers et un ci-devant en pourpoint brodé y laissent, pour une fois, battre leur cœur de roc...aille !

Enfin, *Les funérailles d'un siècle* nous transportent du château seigneurial à la Conciergerie : des prisonniers de marque comme figures de fond (Danton, Chénier, devinés), arpentent le lugubre préau. Au premier plan, s'agitent nos élégants fantoches de l'Ancien Régime : leurs hauts talons, tout à l'heure, se vont rougir encore dans la mare qui se coagule au pied de la guillotine...

Nous ne pensons pas que M. H. Mazel ait voulu nous apitoyer outre mesure sur la fin de ses héros et de ses héroïnes. Amusants seulement dans leur inconsciente et monstrueuse immoralité, la société ne perdra avec eux ni une force, ni une vertu.

Mais, nous serons les premiers à reconnaître le charme et le mérite de ces « idylles » restaurées, à constater la belle souplesse du talent de l'auteur, à admirer l'aisance d'une langue et d'un style si habilement « fardés », en un mot, à conseiller aux délicats la lecture de ce coquet volume qui a paru, comme un touchant hommage, bouquet de fleurs délicieusement passées, au moment même de l'anniversaire funèbre de la Reine bergère de Trianon.

MARC LEGRAND.

Nouvelles passionnées, par Maurice Beaubourg. *(Édition de la Revue Blanche.)*

Enfin, voici un livre. Mais comment, brièvement, dans un article de bibliographie, dire tout le troublant intérêt de ces quelques nouvelles dont l'esprit chante, sur des notes étrangement diverses : hantise charnelle et luxure cérébrale, ironie dissimulant mal des sanglots et tendresses qui semblent d'ailleurs, « la douleur des amants dont les passions meurent étouffées par la froideur de leurs maîtresses » ou les

« âmes de verre » qui aspirent à la possession et que la possession tue. Aussi, n'essaierai-je point d'analyser ces récits où la sensibilité d'élite de l'auteur a plus de caprices que de réseaux une couche de gel sur des vitres et me contenterai-je d'indiquer une des particularités qui dégagent le plus d'impression. Le conteur des **Nouvelles Passionnées** a une habileté merveilleuse — nulle part encore rencontrée aussi puissante — à s'hypnotiser devant un fait, devant une idée, à s'en halluciner jusqu'à l'obsession, jusqu'au complet envol dans le monde du rêve, jusqu'à donner, au moyen de phrases étranges, saccadées sans verbe même, la sensation de vivre les épisodes invraisemblables et tragiques d'un cauchemar. Mais, c'est surtout lorsqu'elle lui vient des yeux que l'inquiétude de l'inconnu a le don de le fasciner. Charme, effroi, haine, science, culte, elles sont les dispensatrices de toute émotion, les prunelles où l'amour brille comme des lueurs perdues au fond d'un lac. »

Par elles, son esprit malade qui se délecte à prendre vengeance des choses sur les mots, souffre moins de sa haine, souvent folle, pour les laideurs et les hontes ambiantes. Et c'est sous leurs auspices qu'est placée la nouvelle la plus longue du recueil : les *Yeux*, une des meilleures peut-être, avec la *Caresse* et la *Nuit de lumière réelle*. Quant au style, qu'en dire, sans citer, si ce n'est qu'il est plein de trouvailles, de phrases exquises, de mots à l'emporte-pièce, de touches d'un peintre expert — et précieux, çà et là, d'un sertissement particulier d'épithètes qui rappelle les escarboucles lumineuses dont s'émaillent les *Moralités Légendaires*.

La Pivoine, par Charles Bourget. (*Bibliothèque des Modernes*).

Le souci de « former dans le public des lettres, dans le public des villes surtout, une opinion, aussi exacte que possible, de la vie habituelle et constante, de la vie politique, économique et sociale de nos populations des campagnes » honore suffisamment M. Charles Bourget. Sa **Pivoine**, une Trouille qui, de nombreux gars et un mari dont elle a un fils ne lui suffisant plus, vient chercher d'autres mâles à Paris où il lui naît une fille, est une rare brute. Et l'inceste sur lequel se clôt le livre : le frère et la sœur se possédant d'amour en un rut forcené sous les yeux d'un prêtre qui vient de leur révéler leur naissance, ne manque pas d'intentions sadiques prudhommesquement réalisées. Une citation du père abandonné à son fils pour le mettre en garde contre l'éternel monstre : « En un mot, la femme, c'est ta mère, une créature indigne qui fait souffrir les siens, torture le cœur d'autrui et qui s'enlise de boue, de sang et d'abominations. »

ABEL PELLETIER.

Par les Routes, par Joseph Desgenêts (Godenne, à Malines).

Un livre plein de promesses et de... déceptions.

Imaginez un jardin où, soigneusement espacées, de maigres plantes se groupent en figures géométriques ; la plupart rabougries et chétives s'étiolent et meurent, ne subsistant plus qu'en des tiges jaunissantes vouées à une destruction proche. D'autres, — l'élite sans doute — grandissent, se couvrent de frondaisons, se parent de boutons prometteurs de séduisantes corolles. Sous la poussée de la sève, des branches indépendantes vont jaillir et rompre la monotonie des lignes tracées par le banal jardinier... Point, tout se développe suivant une loi immuable et les fleurs elles-mêmes s'ouvriront dépourvues de couleur et de parfum.

Allons, Monsieur Desgenêts, tâchez d'emprunter un peu de ses libres et primesautières allures à la fleur sauvage qui vous donna son nom ; modifiez plus souvent la coupe fatigante de vos phrases, et montrez vous de race en nous donnant, à bref délai, une œuvre plus forte et de plus haute volée.

Ibis, par Paul Leclercq — frontispice d'Auguste Donnay — *(Édition de la Revue Blanche).*

Un bien coquet petit livre, où prose et vers marient joliment leurs fleurs de rêve, mais où l'on trouve, à côté de phrases au charme très prenant, telles :

Un jour que j'errais dans un de ces grands parcs où rêvent des parfums, je vous aperçus a travers une dentelle de magnolias que le vent berçait...

. . . Votre fifre était un fêtu de paille et vous faisiez des bulles savonneuses que le vent rabattait sous les magnolias.

Je voulais tant respirer votre haleine, que je poursuivis comme un papillon, parmi les herbes, une de ces bulles irisées et légères, mais, maladroit chasseur de baisers errants...

et de vers adroitement ciselés :

La gloire des jets d'eau chante parmi les marbres
Où les saules d'oubli se courbent en pleurant
Et les folles viendront se mirer sous les arbres,
Tristes comme un sourire aux lèvres d'un mourant.

des ésotérismes, rappelant les versets de l'Apocalypse ou les *Centuries* de Nostradamus :

La fenêtre comtemple un coin de la colline
Silencieux et triste où le reflet d'un cierge
Glisse sur le sentier de la chapelle en feu...

J'ai suivi le reflet vaporeux des grands cierges
Vos doux pas m'ont conduit vers les jardins blêmis
Aux rives de candeur où s'exhalent des vierges
Étreignant en leurs bras des anges endormis.

Monsieur Paul Leclerq me paraît avoir beaucoup de talent, mais pourquoi, par des obscurités inutiles, nous inciter à en parfois douter?

EDMOND COUTANCES.

Au prochain numéro : *les Aspirations* de V. Remouchamps, *le Verbe auroral*, de José Hennebicq, *Premières lueurs* de Paul Fort.

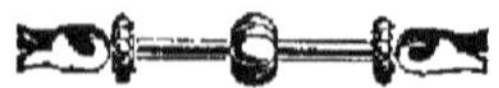

BEAUX-ARTS

Exposition de quelques peintres chez le Barc de Boutteville.

On les appelle novateurs, et ils semblent en effet mériter ce nom par leur louable soin de s'affranchir des tyranniques conventions, de s'évader de la geôle des épouvantables formules courantes pour, en toute probité d'artiste, œuvrer selon leur seul instinct, et sans autres règles que cette probité et le ouci desfaire œuvre d'art. Mais, en vérité, ils nous apparaissent plutôt traditionnels. Je veux spécialement parler de Pierre Bonnard et d'Édouard Vuillard, deux exquis intimistes, et qui seront certainement des maîtres demain. Ce qui nous enchante en leurs toiles, c'est ce qui nous charme en celles de Chardin et de Watteau, c'est ce spécial et délicieux instinct qui fait le peintre d'intimité, c'est qu'ils savent fixer ce bonheur très calme et très doux, insaisissable papillon qui semble voltiger dans l'atmosphère d'une chambre amicale, c'est le chuchottement qui rôde dans les coins de pénombre, c'est la lumière amie et l'abat-jour, la ligne plus souple et plus harmonieuse des objets qui nous sont habituels, ce frôlis d'étoffe et cette gracilité de geste, l'œil effaré du baby et le regard attendri de la mère, la femme qui lit ou qui coud, enfin toutes ces attitudes, qui plaisent, de l'animal en son gîte. Tout cela, nous le retrouvons en MM. Bonnard et Vuillard, et nul ne nous l'avait fait sentir depuis les maîtres du xviiie siècle. Ils ont renoué la tradition de cet art que je nommerais de goût éminemment français, si telle expression n'avait été, de la manière que l'on sait, déshonorée.

De M. Pierre Bonnard, deux toiles seulement en cette exposition, mais de quel charme intense et discret à la fois, cette tête de femme, cette rue à la lumière falotte et clignotante.

De M. Édouard Vuillard, l'exposition est de plus d'importance; comme les précédentes, elles nous montre un artiste uniquement épris d'attitudes féminines. Ce sont toujours des femmes en effet dont la tiède haleine embue ces douzes tableautins, dont les contours gracieux indiqués en lignes tremblées et comme émues et comme caressantes peuplent ces intérieurs aux tentures mouchetées. Une seule fois, on voit apparaître une forme masculine, mais c'est dans l'entrebâillement d'une porte, et comme demandant pardon de l'illicite intrusion; et encore, cette flexibilité de taille, l'élégance de ce corps et les longs cheveux encadrant ce visage l'apparient fort aux hôtes habituels des toiles de M. Vuillard. Et l'on sent dans celui qui se complut en la douceur d'une telle peinture une âme profondément passionnée, comme en ont les frissonnants et mélancoliques héros de Maurice Beaubourg.

Nous nous plaisons d'autant plus à proclamer l'admiration qu'imposent les envois de M. Denis que nous pûmes un moment douter de lui. Après sa dernière exposition des Indépendants, nous crûmes, avec nombre de ses premiers admirateurs, que le jeune peintre s'était — comme tant d'autres — arrêté à une facile manière; ses primitives gracilités étaient là bien affadies et ses mélancolies nous apparaissaient d'ordre plutôt bourgeois. Bien volontiers nous adressons aujourd'hui toutes excuses à l'artiste qui se présente à nous, d'une neuve vertu, d'une renaissante inspiration. Cette *lutte de Jacob avec l'ange* est une page où règne vraiment le plus haut souffle biblique. Comme il faut aimer aussi ces pleureuses et ce martyr, dans la forêt qui s'empourpre, moins des flamboiements d'un somptueux couchant que de la sanglante agonie du transgladié; et aussi cette *légende de chevalerie*, et le décoratif de ces papiers peints où gyre, vire, serpente, s'enroule et se déroule la flexueuse ligne d'un chemin de fer, ou cette ronde puérile, la danse des vaisseaux sur les vagues et le bondissement des rennes.

C'est encore un merveilleux décorateur que M. Ranson, mais cet éloge lui a été fait trop souvent. et il implique une trop froide beauté pour qu'il ne soit pas nécessaire d'ajouter que c'est en outre un artiste plein de sentiment. Son *conte de fée* est bien la plus exquise musique de lignes qu'il nous ait été donné d'admirer. C'est pour l'œil un enchantement dès le premier regard, et nous croyons qu'on peut contempler longtemps ce pastel sans s'en fatiguer. Cette *étude de femme* aussi dont la lassitude s'étire en un fauteuil nous charme extrêmement.

Nous souhaiterions voir M. Vallotton, illustrer Edgar Poë. Sans doute, il n'en saurait pas rendre, comme le grand Odilon Redon, le vertige et la profondeur métaphysique, mais qu'il transcrit merveilleusement et le grotesque et l'étrange des quotidiennes attitudes! J'en citerai comme preuve l'extraordinaire comique de cette *Charge*, et ces *Petites filles* aux gestes inquiétants, l'une — au premier plan — avec ces grands yeux hystériques.

De tous les peintres que tenta la description de cette admirable contrée du Finistère, c'est M. Séruzier qui nous semble avoir le mieux réussi. Non que nous veuillions dédaigner les œuvres de Gauguin, d'Émile Bernard, de Filiger, d'Armand Séguin, d'Amiet, d'Henry Moret; mais, si nous admirons en eux de prestigieux artistes, le seul M. Sérusier nous restitue, en toute son acuité, l'exacte impression d'art que dégagent les êtres et les lieux qu'il a figurés. Il a peint magistralement ces grands bois roux, ces grands bois violets, et ces tons mats qu'arborent là-bas. La terre, l'eau, le ciel, et jusqu'au teint et aux vêtements des habitants. *Le marché, la marchande de chiffons*, ce *portrait de femme*, et ces enfants qu'encadre l'arborescence des fougères sont certainement parmi les toiles qui intéressent le plus en cette exposition que je m'en voudrais de quitter sans signaler les subtiles, précises et lumineuses études de M. Roussel et, d'entre les envois de M. Mouclier, un paysage d'une fort jolie grisaille.

MAURICE CREMNITZ.

Quel sera le sort du peintre Paul Gauguin?

Des diseurs de bonne Aventure ont à savoir ceci :

Ce qui est faiblement dit n'est pas dit, manier des cartes et lire dans les astres, ce n'est pas la même chose (Joueurs!) Nul n'est Sorcier sans la sorcellerie du style.

Un temps viendra où l'artiste sera consolé de l'injuste attente; alors, on discutera pour arriver à connaître celui qui le premier a deviné... Et la première place conquise, il y aura de la gloire pour deux personnes.

— C'est un sauvage!

— Des douches!

— Les Impressionnistes ne le laisseront point passer.

Il passera dit Carrière.

Gauguin pare les murs et, — pour un temps — il n'est pas de vente.

J. D.

THÉATRES

Le théâtre, cette semaine, le théâtre de tendance littéraire a été particulièrement soporeux.

Au *Chat-Noir*, *Héro et Léandre*, un poème de Haraucourt qui, par moment bon poète, s'égare trop fréquemment dans l'hommage aux sous du public, et malgré tout, est resté ici dans une bonne moyenne par cette pseudo-pièce. Et puis, assez d'ombres en zinc! assez de ces petits motifs plus ou moins retour de Grèce en passant par le Japon. — C'est bien, c'est charmant, c'est délicieux, n'est-ce pas, Madame? Mais il pourrait faire mieux. — Qui? Eh! M. Rivière! Pendant la pièce en zinc, des gens en chair, Mlle Jeanne Marcya, qui *Sarah-Bernhardise* avec un peu trop d'hystérie dans la gorge, et M. Depas, qui *comédifie* très plaisamment suivant l'antique (en l'écriture de ce rôle, il faut louer très fort M. Haraucout), nous distraient un peu de l'ennui ambiant.

D'autres pièces, négligeables, mais drôles, avaient préludé à cette petite fête, dont M. Horace — le dernier! — Valbel faisait les honneurs idéalement.

A *l'Œuvre*, une répétition presque clandestine, tant la peur du presque anarchiste, A. Cohen et la crainte de la préfecture avaient éloigné de monde.

Il est vrai que deux heures de trottoir, sous la pluie et sous la menace d'interdiction, avaient peut-être encore plus écarté de spectateurs.

Au fond *Ames Solitaires* est une pièce insignifiante. l'Idée a été gâchée. Rien autour; un pauvre dialogue direct, si direct, si étiolé, si rien du tout et interprété mal; disons franc : très mal ! Sauf Mlle Bady qui, qui en définitive, pourrait devenir une très grande comédienne, tous les acteurs se sont montrés ternes, y compris M. Lugné Poë, qui nous passionne de coutume, et Mme de Pontry, qui trouve parfois certaines beautés d'allure et de voix. Mon cher Lagrange, il faut jouer mieux que ça ! Monsieur Ravet, vous étiez, l'autre fois, si bien, en préfet ! Et vous, Monsieur le pasteur ? je vous ai connu bien des attitudes prometteuses, à la *Bodinière*, dans *Rosmersholm*, voir même dans un *Ennemi du peuple*. Vous fûtes très mauvais. Il fallait vous le dire, et c'est la première fois, depuis que je vous suis. Le programme devient de plus en plus confus — je ne parle pas du dessin, mais de la distribution des rôles.

M. Vanor, le conférencier, a fait de son mieux et après Tailhade la place brûlait, difficile. Enfin, bravo tout de même pour tous ! L'interprétation et l'administration de *l'Œuvre* a dû être si ennuyée ces jours.

P.-N. ROINARD.

Sur l'initiative de nos confrères, René Dubreuil et Charles Quinel, un comité se forme en vue de régénérer la chanson et de nous délivrer des stupidités qu'on débite dans les cafés-concerts. Œuvre, à premier examen, salutaire, mais difficile à réaliser. Aussi, tout en réservant nos appréciations sur les chances de réussite plus ou moins présumables qu'aurait telle entreprise, applaudissons, de tout cœur, à cette bonne intention.

Régénérer la chansons, certes ! mais peut-être faudrait-il régénérer par la méthode Brown Sequart, MM. les chansonniers ! qui, osons l'avouer, au lieu de marcher, à l'audacieux unisson des jeunes littérateurs et artistes, en sont à ressasser des gâteux flons-flons, sur des timbres surannés et à s'empêtrer dans les obcénités du plus puant des naturalismes, à moins que feu-calembour ne leur réapparaisse d'outre tombe, — avec quelle gaîté ressuscitée !

Ah ! si les novateurs se proposent de rajeunir la chanson, en s'inspirant des naïves traditions lyriques d'il y a plusieurs siècles. Soit ! et comme nous applaudirions, nous qui l'avons tant espérée, cette chanson se déroulant comme une arabesque folle et, seulement définitive par les rythmes, par les revenues de consonnances et d'assonances, et par les rappels d'idées s'arrimant, pour voguer avec des grâces et des sautes imprévues vers de multiformes retours d'harmonie.... très fugitive, très lointaine, très.... profondément dans l'âme.

Que puisse le comité qui se fonde avoir assez de combativité et de talent pour orienter le public vers la légitime haine de cette bourgeoise, plate, banale chanson, à refrain bêtement même, et qui ressemble assez, dans ses symétriques alternances, à la fameuse devanture d'épicerie décrite par Balzac. Oh! la haine surtout de cette gelée-là, près de qui la marchandise naturaliste prend l'air et le parfum d'un fondant.

Notre collaborateur et ami, Gabriel Randon, sympathique par le courage, dénué de ressources qni convient aux lutteurs, nous a donné la première tentative de la série d'entreprises qu'il nous avait annoncées sous ce titre : *Audition de poèmes et de prosopopées*. Il faut hardiment dire que l'hostilité administrative, des habituels organisateurs de la salle d'Harcourt a beaucoup nui au succès de notre ami. Pourtant, malgré les obstacles, et surtout à cause des obstacles qui lui ont été créés, Gabriel Randon — personnellement — a droit à nos applaudissements. Nous ne saurions ici, aux « Essais d'Art Libre » trop encourager quiconque s'est assigné pour but, l'anoblissement de soi-même par la désintéressée mise en lumière de tout ce qui est noble, œuvres ou personnalités.

P.-N. R...

NOTES ET COMMUNICATIONS

Notre ami et collaborateur Paul-Armand Hirsch vient de faire paraître, à la librairie de l'Art Indépendant, des vers et proses inédits, sous le simple titre de *Prélude*. Il n'a été tiré de cet ouvrage que 250 exemplaires numérotés dont 25 de luxe, ces derniers en souscription.

Nous avons l'honneur de prier Monsieur Saint-Georges de Bouhélier de bien vouloir nous donner son adresse.

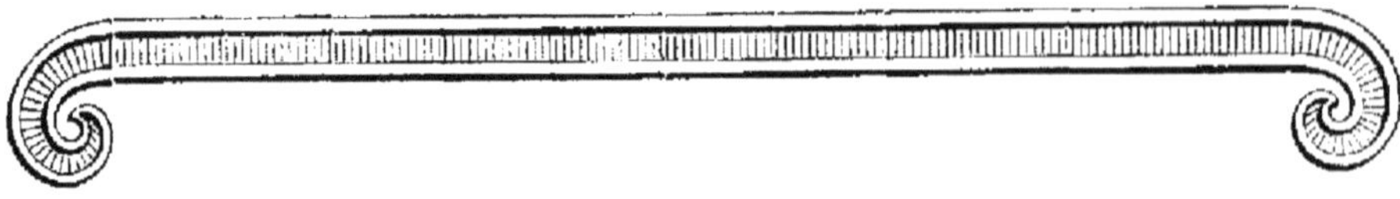

PORTRAITS DU PROCHAIN SIÉCLE

Portraiturés & collaborateurs

Troisième liste.

Les noms des portraiturés sont en italique, ceux de nos collaborateurs en petites capitales.

Albert Aurier,	J. LECLECRQ.
Barbey d'Aurevilly,	HENRI MAZEL.
Auguste Baud-Bovy,	ÉMILE BESNUS.
Baudelaire,	ADOLPHE RETTÉ.
Henri Becque,	J. DES GACHONS.
Paul Claudel,	P.-A. HIRSCH.
Charles Cros,	ANTOINE CROS.
J.-L. Croze,	J. DES GACHONS.
Gaston Dancinnes,	MAURICE PUJO.
J. Declareuil,	ALPHONSE GERMAIN.
Henri Degron,	A. DELAROCHE.
A. Delaroche,	HENRI DEGRON.
G. de la Salle,	ÉMILE PORTAL.
Maurice Denis,	ADOLPHE RETTÉ.
Alfred de Vigny,	HENRI MAZEL.
Pierre Devoluy,	PAUL REDONNEL.
Flaubert,	P.-A. HIRSCH.
Paul Fort,	P.-A. HIRSCH.
Georges Jourest,	J. DECLAREUIL.
Edouard Juster,	ALBERT LIVET.
Paul Gavault,	J. DES GACHONS.

Gérard de Nerval,	CHARLES MORICE.
Ludovic Hamilo,	ÉMILE PORTAL.
Hayet,	PAUL FORT.
Léon Hennique,	J. DES GACHONS.
Ch.-H. Hirsch,	J. LECLERQ.
P.-A. Hirsch,	CH.-H. HIRSCH.
Lautréamont,	CH.-H. HIRSCH.
Paul Leclercq,	L.-O. RAQUIN.
Jean Lombard,	GEORGES DOCQUOIS.
Lugné-Poë,	PAUL FORT.
Manet,	STÉPHANE MALLARMÉ.
Paul Masson,	MARC LEGRAND.
Charles Morice,	JEAN DOLENT.
Edgar Poë,	GUSTAVE ROUANET.
Constantin Pecqueur,	STÉPHANE MALLARMÉ.
Émile Portal,	LUDOVIC HAMILO.
Maurice Pujo,	GASTON DANCINNES.
Puvis de Chavannes,	CHARLES MORICE.
Paul Redonnel,	L.-XAVIER DE RICARD.
Carloz Schwabe,	MAURICE PUJO.
Strindberg,	P.-A. HIRSCH.
Louis Tauxier,	ALBERT LIVET.
Tolstoï.	P.-A. HIRSCH.
Mario Varvara,	GEORGES DOCQUOIS.
Pierre Veber,	TRISTAN BERNARD.
François Vidal,	GUSTAVE ROUANET.
Villiers de l'Isle Adam,	RÉMY DE GOURMONT.
Whistler,	STÉPHANE MALLARMÉ.
Zo d'Axa,	P.-A. HIRSCH.

C'est avec un très reconnaissant plaisir et par un juste sentiment d'agréable devoir à remplir, nous remercions les amis et collaborateurs qui nous ont permis par leurs empressements d'assurer l'entière réalisation de cette œuvre collective et difficile : les Portraits du prochain Siècle.

Le premier volume : Poètes et Prosateurs est à la composition, c'est dire aux rares retardataires qu'ils veuillent bien, dans *le plus court délai*, nous envoyer leur copie. Le livre dans les grandes lignes est établi, et sur la totalité des portraits reçus nous sommes dès à présent certains de fonder sinon l'absolue, du moins la très signifiante expression de ce que nous pensons être l'ère prochaine en tant que personnalités, et, *principales*. Inutile donc d'ajouter que les tardifs et les traînards se pressent s'ils ne veulent risquer de nous faire reprocher leur regrettable mais non indispensable absence.

Dans d'ultérieurs numéros nous continuerons la publication des listes pour les deux autres volumes qui doivent comprendre : 1o les peintres sculpteurs architectes musiciens critiques et comédiens; 2o les philosophes, sociologues et savants.

Il nous faut aussi remercier le nombre croissant des souscripteurs et leur bonne volonté aura en raison de s'affirmer dès la première heure, car la souscription sera irrévocablement close le premier mars pour le volume : « Poètes et prosateurs » lequel volume paraîtra vers le quinze du même mois.

Le Gérant : E. GIRARD

Imprimerie Girard, 8, rue Jacquier.

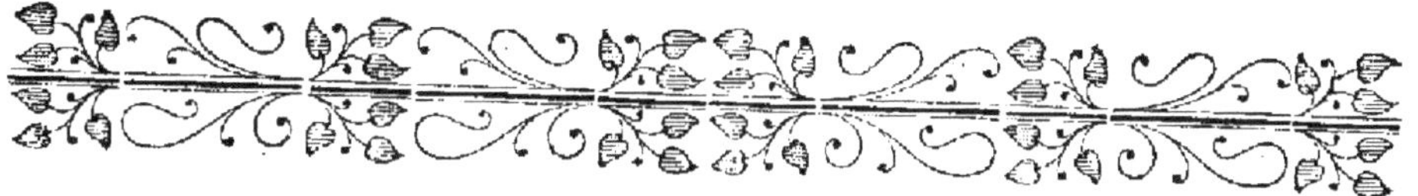

LES TÉNÈBRES ESSENTIELLES

Pour Camille Mauclair

Là-bas, vers l'Idéal, en son Royaume aux étranges floraisons qu'elle ignore et qu'elle devine, la Reine aveugle se désole...

Plus fantômale de se sentir plus illustre, elle est si pauvre d'être Reine! Elle garde, misère profonde, le frisson ancestral des Royautés...

De mystérieuses fleurs naquirent vers elle, en son vaste palais ténébreux, des fleurs à ses couleurs, que nul jamais ne connaîtra et qui fleurirent pour ses seuls yeux morts...

Les roses, miracles inutiles, ne se révèlent que par leur haleine et leurs blessures.

En des nids qui chantent pour elle, d'impossibles oiseaux flamboient.

Et d'horizon en horizon, ses villes et ses forêts éblouissent — les forêts plus fastueuses que les villes.

Et les palais sont tout pleins d'ironiques miroirs. Et des étangs éclatent sans cesse dans le feuillage.

IV.

Mais la Reine est aveugle et les miroirs partout ne reflètent que ses yeux clos...

Elle sait qu'elle est belle; qu'il y a, pour lui sourire selon sa guise, des crépuscules et des aurores; que tout un ciel d'étoiles la contemple, car elle est la souveraine des joyaux et des astres —

Dès le jour où ses yeux ressusciteront, elle verra s'enchanter des mines où attendent ses pierreries, et toutes les splendeurs du firmament — de son firmament — l'envelopperont de ferveurs et d'extases.

Le jour où ses yeux s'ouvriront, tout un univers — enclos sous les yeux clos — bénira leur clarté comme d'une aube aux fécondes Magies...

Des miracles futurs aspirent vers la joie impérieuse de ses prunelles...

Elle voudrait voir; elle voudrait se voir; elle aimerait se connaître; elle pleure d'amour vers ces gemmes inconnues qui sont ses gemmes —

Elle a des heures cruelles d'orgueil, avec d'infinies rébellions qui saignent. Les rêves quelquefois lui ont dévoilé sa richesse, les rêves aux prodigieuses clartés révélatrices —

Mais elle voudrait voir fleurir toutes ses fleurs; elle voudrait voir vivre au soleil tout son fabuleux Royaume de ténèbres.

Les Rêves ne lui suffisent pas.

Elle est plus riche que ses Rêves; elle est plus riche que toutes les aspirations; elle est riche comme l'infini! Elle s'éplore de n'étreindre que des fantômes... Elle erre dans la Vie comme en de l'Inéclos... Elle ne veut pas ainsi rôder comme une ombre... Elle voudrait voir tous ses trésors resplendir; elle voudrait dominer sa gloire...

Souvent elle a frôlé — héros et dieux — les pures statuts de ses jardins, mais la sensation était glaciale comme de chairs mortes...

Et toujours un jet d'eau sanglote; et toujours un cygne meurt...

Elle voudrait s'arracher les paupières comme une barbare pour s'émerveiller enfin sur la Vie avec ses yeux de flamme et de sang...

Et la Reine est si triste parfois qu'elle espère en la tombe afin de reconquérir sa Chimère...

VICTOR REMOUCHAMPS

ILLUSION

L'ABIME SE DÉVOILE
(Suite)

II.

— Alors, ça fait? Monsieur Lhomme.

L'usurier continuait de fermer son coffre-fort sans paraître avoir entendu. L'ennui de Césaire se distilla en alcool d'impatience si amer qu'il se leva de sur le mauvais fauteuil où il était assis et se tint debout au milieu du jour douteux de l'étroit cabinet. La satisfaction de froisser entre ses doigts les cinq billets de mille qu'il venait de toucher, s'émoussait, profil de camée sous un frottement de granit, contre ce parti pris de silence gros de conjectures. A nouveau, les oreilles encore agacées des « n'est-ce pas? » dont l'agent d'affaires émaillait ses phrases, comme d'une sorte de dédain gouailleur, il répéta :

— Ça fait combien, en tout?

L'autre se retournait, quêtant une confirmation; et ses yeux aux besicles larges, qui brillaient dans son visage de fouine vieille à barbe rousse, blanchissante et courte, son corps entier, maigre, petit, voûté un peu, interrogeaient autant que sa voix :

— En tout? »

et glissaient sous les deux mots l'étonnement ennuyé d'un « Est-ce que, par hasard, vous voudriez me payer? »

— Oui, en tout.

Progressivement s'affermissait, chez le jeune homme, l'impression d'être, à cette minute, sur la bascule d'un piège sans pouvoir se dérober, sans savoir si la trappe va le laisser choir au fond d'une cage de bois possible à ronger, ou dans le vide. La lenteur de M. Lhomme à rouvrir le coffre-fort, le tintement des clefs tournées entre les doigts, la prise comme regrettée, dans son casier, du registre à dos vert qu'il apportait maintenant sur le bureau, paroxysmaient cet effroi pour un réveil de conscience où, peu à peu, fendant le sol d'insousiance, germa la honte et le dégoût de soi. Nécessaire et raisonnable action! Rendre les cinq mille francs et s'enfuir de ces griffes de bête dont il était devenu le volontaire prisonnier. Mais, Silvaine?

— Voyons, ça fait... marmonna l'autre qui feuilletait.

Son ignominie, au consentement de laquelle le profil reapparu de l'aimée le condamnait, acquit soudain toute sa hideur, au pressentiment de la somme dont le chiffre lui allait être révélé.

— Cinq et cinq dix, n'est-ce pas?... plus...

Dix mille francs, c'était en effet l'argent touché, les deux premiers emprunts; mais les renseignements pris par un envoyé exprès, et discrètement, afin que l'on évitât le périlleux éboulement de se renseigner auprès du notaire, M. Detrimont, avaient dû terriblement hausser les intérêts.

— ... Plus, deux cent cinquante, plus treize soixante-quinze, plus l'intérêt consenti à huit...

IV.

M. Lhomme calcula à voix basse.

Les inextricabilités d'un filet aux mailles d'angoisse menaçaient de partout dans ce cabinet bas, odorant le moisi et les vieilles étoffes, et où, par cette belle matinée d'avril, n'arrivait qu'un demi-jour terne. La parole qui troublait le silencieux repaire était une confirmation des craintes appréhendées :

— Dix-huit mille cinq cent soixante... à peu près, Monsieur Février; je dis : à peu près, à cause de l'intérêt, n'est-ce pas; nous ne sommes qu'au tiers du troisième trimestre.

Dix-huit mille cinq cent soixante! Le chiffre, cru moins élevé, flamboya en mané-thécel-pharès devant sa pensée... Il subissait la douleur et l'épouvante d'un qui se sent asséner des coups de masse invisible dans la nuit. Quelque instinct de révolte le poussait à s'avancer, à le traiter de voleur, cette canaille qui affectait de recompter et ne lui donna guère que quinze mille francs sur les dix neuf portés dûs. Mais l'idée d'avoir accepté ces conventions l'écrasa sur lui-même dans l'intimité de sa souffrance. Et seule resta — au milieu de la vision qui le hantait maintenant, ensemble des péripéties pour qui cette somme était un commun centre : d'un côté l'amour de Silvaine, d'un autre son propre bonheur, d'un autre la tristesse des siens, s'ils savaient — seule resta, participant également de toutes ces émotions, comme un gibet où pendent plusieurs cadavres, son opprobre! Cette hantise répandait un te-découragement qu'elle prostrait là sa chair veule... Lorsl que la vue de l'usurier qui, sans prendre garde à son abattement, se levait pour reporter son livre au coffre-fort, détermina par analogie un réveil de volonté chez Césaire.

Il fit un pas, roidi dans le :

— C'est très bien »

des acceptations inévitables et glissa les billets dans la poche de revers de sa jaquette. L'ivraie germée est germée, mais il faudra mieux vérifier le grain des semailles, désormais. Et il prendra garde. Sans doute, il sera difficile de trop restreindre les dépenses; en y veillant, cependant... Il a hâte de fuir ce réduit aux allures d'espion qui vêt des loques de mendiant pour mieux engeigner ses dupes. Il étouffe en tête-à-tête avec ce sertisseur d'affaires louches qui, le voyant prêt à partir sans parler de remboursement, reprend sa fausse platitude de valet obséquieux et sourieur pour venir à lui.

La rancœur de Césaire s'accentuait ; et si, pendant qu'il tendait la main à M. Lhomme, une faible voix au fond de lui-même, disait, malgré tout : « Merci », il ne pouvait supporter davantage le rire aux dents jaunes, sous le buisson pendant de moustache clairsemée, qui accompagnait la flagornerie sue hostile du :

— Bonjour, Monsieur Février; au revoir, n'est-ce-pas?

Les doigts osseux quittés étaient répugnants et plus froids que le cuivre du bouton de la porte refermée sur lui dans un dernier :

— Bonjour.

Oh! la satisfaction de respirer, enfin, un peu plus à l'aise, hors de cet antre affreux de toutes les consciences qui y furent égorgées!

La mine tirée, aux yeux malins déjà, du jeune garçon donneur des premiers renseignements, devant le vitrage à guichet duquel il passait, lui en était moins insupportable. Et le délassait du cabinet de M. Lhomme, ce salon d'attente traversé, sombre avec une grande table couverte de journaux, des bas-reliefs en plâtre fumé et quelques gravures entre les trois petites portes à double battant capitonné de toile cirée marron, semblables à des coussins de voitures dressés par la défense de prendre du repos ici.

Mais, le premier pas dans l'antichambre, couloir humide, nauséabond, et éclairé vers le milieu par la flamme mince d'un bec de gaz insuffisant, ramenait la vivacité de son dégoût. Quels énormes lambeaux d'honneur il était obligé de laisser brûler en cette officine de sorcier pour obtenir un peu d'or! La porte, sur laquelle s'étalait en grosses lettres : SORTIE, ouverte avec un tintement de timbre qui faisait émerger de l'ombre, au fond du corridor, le profil d'un saute-ruisseau, il se jetait dans l'escalier, hanté d'une réflexion qui se précisait. Comme l'éclat des lys est mieux nourri par les fumures, la beauté si altière de Silvaine avait pour aliment la nécessité d'existence de cet escalier aux murs de cave lépreux et suintants, le jour crépusculaire de cette fenêtre aux trois vitres noircies de poussière et dont la quatrième, absente, laissait apercevoir les murs sales et rapprochés d'une cour.

Quoiqu'il fît pour la chasser, la honte de sa conduite à cause d'elle demeurait devant lui, en ombre de qui marche à rebours du soleil.

Ne pouvait-elle plus l'aimer que dans un décor de luxe? Autrefois, quand ils habitaient l'hôtel de la rue Monge, elle avait des goûts simples. Peut-être, aussi, étaient-elles un peu sa faute, les exigences que manifestait l'Aimée, aujourd'hui... Jamais, cependant, ils n'avaient gaspillé la poudre dans leur chasse au bonheur.

Est-ce que lui-même eût voulu habiter un bouge comme celui-ci, où son gant collait à la rampe, maintenant qu'il s'y appuyait pour avoir un conducteur dans la demi-nuit? Toutefois, il jugeait mieux Silvaine, en cette minute; et il reconnut que les superfluités, dont le flot croissant l'effrayait, ressac de houle surgi soudain d'une mer calme, avaient pour vraie cause l'inconvénient de posséder un objet trop fragile. La perspective de l'avenir rehaussait ses incertitudes vers la résolution définitivement envisagée d'enrayer. Car, malgré la puanteur du long boyau obscur suivi pour rejoindre la rue lumineuse, il osa nourrir ce dessein prôneur des infériorités spécieuses de la matière devant l'idée pure : Expliquer à Silvaine les raisons pour lesquelles, désormais, ils devront s'abstenir de dépenses exagérées.

Il croit assez en elle, à présent, pour lui apprendre ce que, par amour-propre, il lui tint toujours caché : la situation exacte de sa fortune, beaucoup moindre que celle dont il s'est vanté possesseur.

Mais, tout de suite, l'appréhension de la catastrophe que cet aveu pouvait entraîner refoulait, en bastille bien gardée, l'insuffisant assaut de sa résolution. Son existence d'autrefois, auprès de celle d'aujourd'hui, était ce couloir sépulcral empli d'ombre, quitté pour la rue Feydeau bruissante de clarté et de vie et où il allait respirant à larges halenées, maintenant. Si lui compter ses caprices était lui économiser le pain? Si elle refusait, préférant même aller mendier ailleurs?... Oh! c'était impossible qu'elle le laissât redevenir le collégien naïf et indifférent d'autrefois. Cet état, tolérable jadis qu'il ne savait pas, ne le serait plus à présent que ses lèvres, toujours restées

brûlantes depuis qu'elles ont humé pour la première
fois la liqueur de ce corps de femme, le veulent croire
un fruit d'amour à saveur éternelle. Est-ce que les luxures ne s'intensifient pas à mesure du désir qui les doit
goûter? Alors, quelle autre saurait verser en lui les bons
spasmes donneurs de chaleur à son sang plus rare?
Quelle autre posséderait la science des heures d'anéantissement où la mort est trois fois plus vivante que la vie?...

Néanmoins, les nausées ressenties, là, dans le cabinet de M. Lhomme avaient été si violentes qu'au réap-
paru justicier à face de courroux et dont la bouche demandait vengeance au nom de la famille, au nom de la
société, il reoffrait, victime expiatoire, son dessein de
prévenir Silvaine et de la persuader.

Vaguement — ce sergent de ville qui, ses deux mains
dans les manches de sa tunique, le bousculait, aurait
bien pu faire attention — vaguement, sa pauvre idée folle
ramassait encore les cartes pour le rêve, toujours renversé par le vent, d'une existence bourgeoise retirée et
réglée — presque sauvage. Il était absolument de l'avis
de Dezobry qui conseillait d'habiter une petite maison
dans ce fond calme de Passy et de s'y harmoniser sur
une clef définitive, sans toutes les hautes tonalités que
comportait le côtoiement du monde parisien. Trois
mois, seulement, le séparaient de ses examens; et il n'a-
vait encore été qu'un soldat oubliant dans l'ivresse la
mission confiée. Arrivera-t-il à temps, maintenant? Car
il lui faudra compenser le labeur d'une année, resuivre
sérieusement les cours. Et sa thèse?... Le jeu ennuyé qui
dessinait la physionomie d'un Monsieur, devant lui,
regardant l'heure à sa montre, augmentait le regret de
l'époque ancienne, si ancienne déjà, où les moindres

parcelles de son temps étaient utilement fixées par le travail sur sa vie, comme des lépidoptères sur le liège d'une collection. N'avait-il passé son deuxième bachot avec les six boules blanches du maximum? Dire que, depuis huit mois, il n'a pas ouvert un livre...

— Tiens!

L'exclamation était poussée par M. Brunet qui se dressait devant lui au moment où il tournait l'angle de la rue de Richelieu. L'apparition fit sursauter Césaire pour la minute d'effroi brusque et irraisonné d'un enfant croisant des gendarmes.

— Par exemple, continuait M. Brunet en lui tendant la main, je suis content de vous rencontrer. Comment ça va-t-il?

— Très bien; et vous?

Sa frayeur s'accentuait de seconde en seconde. Qu'est-ce qui se passe? Un pressentiment de quelque chose de funeste le hanta. Vient-il pour... Escaladeur cramponné à la brèche d'une muraille et surveillant l'ennemi, il épiait, avec un léger tremblement, les yeux du vieillard pour lire d'avance et apprécier les mots sortant des lèvres:

— Moi, vous savez, aujourd'hui ça ne va pas trop mal... depuis hier que je suis arrivé. C'est drôle comme l'air de Paris est bon pour mes rhumatismes... Hé! hé! hé! hé!

La peur de Césaire diminuait un peu. Il ne semblait pas être un porteur de blâme, ce vieillard dont la paillardise égayait le corps d'un rire d'adolescent qui raconte une orgie, et dont les yeux clignotants avaient, entre la bouffissure des paupières, des regards de femme lubrique. Pourtant, il était nécessaire de se convaincre que l'on ne savait rien, là-bas.

— Et quoi de nouveau, à Salbris?

— Heu! pas grand chose. J'ai reçu une lettre d'Argen
ton, il y a quatre jours...

— Ah? interrogea-t-il.

Et voici que la crainte de Césaire redevenait une atmosphère nauséabonde, peu à peu suffocante. Il n'était
pas ici pour faire une enquête, au moins, M. Brunet?
Oh! cette roue de fiacre qui râclait le bord du trottoir
opposé lui agaçait les nerfs et trouvait un écho dans
ses dents. Sa sœur ne se fût point abaissée à le faire es-
pionner, surtout par son beau-père, mais Adolphe?...

— Oui, ils vont bien. Lise profite à vue d'œil, paraît-il.

... Sa perplexité s'aggrava, une minute, de nostalgie.
Quelque joie intime lui manquait : les lettres, autrefois
longues et fréquentes de Marcelle, dont il avait toujours
été le confident. et qu'il traitait en amie, presque en
épouse, plutôt qu'en sœur.

— Il y a déjà quelque temps que je n'ai pas reçu de
nouvelles fraîches.

— En effet, il paraît que vous n'écrivez plus.

C'était vrai, il s'avouait sa négligence — ayant reçu
du docteur Arcy-Boissel, le matin, une carte chargée
des mêmes reproches. — Mais, plaie cachée que l'on
néglige pour en nier l'importance, sans s'attrister du
fait ou le regretter, il protestait contre :

— Si, voyons, j'écris, je vous assure. Je ne puis cependant pas ne faire que cela.

Et, tout à coup, sa peur lui reportait le vase empoi-
sonné aux lèvres, tant l'œil gris de M. Brunet le fixait
obstinément. En vérité, est-il un ami ou un ennemi,
celui-là qui semble, avec sa phrase et sa gaieté sonore :

— Ils m'ont l'air de vous croire perdu dans les ju-
pons. Hé! hé! hé! hé! »

l'encourager aux confidences avec dessein, peut-être,
de le mieux trahir ensuite? Sait-on jamais?

Il ne répondrait que d'un sourire ambigu et d'un
haussement d'épaules qu'il regardait reflétés dans le
tain rongé de chancres de la glace d'une devanture en
face. D'ailleurs, sa fatuité aux gestes de coquette qui se
refuse afin d'être plus tôt prise, aimait assez qu'il parût
un coureur de femmes, à ce vieillard auprès duquel ce
devait être un titre de gloire. Mais M. Brunet avait
beau insister d'un :

— Hein? »

persuatif de mansuétude et conseilleur d'aveux, il ne
dirait rien. Sa conduite, après tout, n'était pas un crime ;
seulement, ses dilapidations...

— A propos, votre ex se marie.

— Qui ça? Mlle Detrimont?

— Oui. Ils se sont rencontrés, par hasard, à dîner
chez M. Nanjac. C'est un ami du fils. Je ne l'ai vu qu'une
fois. Un Morvandiau ; l'air assez bonasse.

Est-ce bizarre? On eût dit qu'il pressentait quelque chose : il pensait à elle tout à l'heure. La nouvelle
de son mariage, c'était la fin du tintement de cloches re-
prochant à un dévot de manquer l'office. Elle le confir-
mait dans l'idée qu'il avait bien fait de ne point l'épouser, cette jeune fille, qu'il voyait toujours disant du bout
de ses lèvres flasques : « Ce que j'ai été vexée » et à qui
un « bonasse » suffisait pour mari. N'eût-il, ainsi,
quitté le lacryma-christi pur pour du vin coupé d'eau?
Cependant, le vague déplaisir de comprendre qu'un acte

possible jadis, quoique indifférent, a cessé de l'être, lui faisait entendre avec satisfaction la suite de la phrase de M. Brunet :

— On dit que la petite est encore trop bien pour lui. Pourtant, ce n'est pas un phénix...

Combien la comparer à Silvaine la rapetissait encore ! Il s'enorgueillisait tellement de posséder cette Illusionnante, que penser soudain à elle après l'avoir oubliée une minute lui était un délicieux retour de mère pour l'enfant qui la crut perdue. Et il irradia de bonheur à contempler ce forgeron barbu qui, devant la glace, esssuyait du mouchoir sa face noire humide de sueur, avant d'entrer chez le marchand de vin du coin.

— ... Entre nous, vous savez — en province çà ne s'avoue pas, — mais vous avez bien fait. On ne se marie pas, à votre âge. Hé ! hé ! hé ! hé !...

Malgré tout, il n'eût pu dire pourquoi cette gaieté semblait sonner faux ; et l'anxiété de ne savoir si l'homme qui vient à vous dans l'ombre est un camarade ou un larron, n'abandonnait pas Césaire. Pourtant, il ne pouvait qu'être sincère en ce qu'il conseillait, ce vieillard ; et il avait raison. Est-ce que l'on vit, continuellement choqué, autour du calice des sensations que l'on fleure, par le mufle asin d'une épousée inférieure qui s'y veut et s'y doit plonger en même temps ?...

— ... Croyez un veuf, le plus tard, c'est le mieux. Hé ! hé ! hé ! hé !

Une femme grosse, trop fardée, passait auprès d'eux, projetant la chair déjà dissoute en gelée de sa colossale poitrine... Elle regardait d'abord M. Brunet, Césaire ensuite, surprise ; puis M. Brunet encore, mais fixement... Et l'éclat de rire du vieillard s'achevait en sourire prolongé... Alors, à ce regard échangé, dans lequel l'homme attardait, avec une soumission heureuse, l'agenouillement remercieur de sa décrépitude oubliée, Césaire fut complètement rasséréné. Il eut une action de grâce intime vers celle-là dont la survenue, déterminant le départ de M. Brunet, était le coup de vent qui emporte un flocon de chenilles abattues au sein d'une jeune feuille.

— Ah! je suis obligé de vous quitter, j'ai une affaire.

Il comprenait : c'était sa maitresse. Mais pourquoi la seule pensée des luxures qui fouetteraient peut-être, tout à l'heure, d'une tempête de chers frissons, cette face couperosée de vieillard et ce corps de femme qui s'éloignait, lent, dandinant la croupe, allumait-elle de désirs le sang de Césaire? Une minute, il eut connaissance de l'éréthisme qui entretenait dans sa chair le très vibrant délice et la consumante beauté des ressorts trop tendus; et il voulut chasser l'idée...

— Je suis ici pour une huitaine. Venez donc dîner un de ces soirs. Seulement, prévenez-moi d'avance. Hé! hé! hé! hé!

Par tout son être, cette brusque émotion nerveuse dont il venait d'observer le mobile, laissait, maintenant qu'elle s'éloignait, un vide : la stupeur de se savoir devenir machine à plaisir. N'osant, toutefois, s'inculper franchement du dégoût éprouvé, il le rejetait, lâche devenu agressif quand le danger s'éloigne, en mépris sur le cynisme de ce vieillard dont un rire canaille ouvrait la bouche sèche et ridée, tandis qu'ils se serraient la main :

— Toujours hôtel Saint-Marc... rue Saint-Marc.

— C'est cela; au revoir.

Et il reprit sa marche par la rue de Richelieu.

Cette déviation de son blâme avait redonné quelque paix à sa conscience. Sincèrement, sa pitié tombait sur la gentille trottin au minois déjà vicieux, qui se retournait pour le regarder sous le nez, en mordant une pincée de pommes de terre frites, dont elle semait sur son passage l'haleine de basse misère. Elle était sans doute, cette enfant, l'hôtesse de quelque bouge semblable à celui qu'il venait de quitter, plus sordide même encore, en attendant qu'elle devint la fille, ce troupeau d'appétits rués aux pâtures humaines. Vengera-elle assez, alors, l'humiliation passée, à coups de diamants offerts, peut-être, par ce monsieur décoré qui s'écarte d'elle avec mépris aujourd'hui !

Soudain, le souvenir de ses terreurs récentes si peu fondées, lui laissait le ricanement forcé d'un simple à voir tomber, de sur les épaules d'un ami, le drap qui en faisait un revenant.

Heureux, il se gourmandait doucement d'avoir été si crédule. Il ne devait pas ignorer, pourtant, le motif des voyages de M. Brunet. Et quand même?... N'était-il libre, après tout?...

Cependant, la réflexion que, s'il avait ainsi rencontré son beau-frère, l'appréhension des suites lui eût été l'effroi d'un chat surpris à dérober des friandises, montrait mieux quelles indignités voilait sa spécieuse fanfaronnade. Elle le grise tant, cette femme, que le vain bois de leurs chairs ne s'identifie jamais assez souvent dans le frôlement créateur de flamme. Mais il conçoit trop, aussi, quel dispersement de soi-même en est la conséquence.

Le contentement du danger franchi prédonnait un

fond d'espérance à l'issue du nouveau péril qu'il allait
affronter. Elle n'est pas une fille : elle comprendra, Silvaine. D'ailleurs, si imposer sa volonté reste la suprême
ressource, pour la première fois il osera lui parler sé-
vèrement. N'est-elle la compagne élue, l'épouse? Si le
bras droit contrecarre les desseins du gauche, comment
porter aux lèvres la bonne coupe?...

III.

Sans remonter jusqu'en haut de l'allée des Acacias, à
la porte Maillot, pour tourner suivant le mode, le cocher, sur l'ordre de Silvaine, souriante et rose de tous
les chers baisers du plaisir échangés, a repris la file descendante des voitures, afin de revenir au plus fort de la
bataille de fleurs : vers le carrefour des Sablons.

Dans le landau jonché de brins d'œillets, de pétales
de roses, de pivoines effeuillées, de bleuets à queue
tordue, elle et Césaire étaient, en cette minute de répit,
deux insectes s'endormant tachetés et ivres du pollen
des pistils fourragés. Un coup d'œil jeté sur la capote
de derrière — sa provision de bleuets, de roses et de
pivoines n'avait presque pas diminué, tant on ripostait
vigoureusement à ses avances; la corbeille de devant
était seule aux deux tiers vide — elle se tournait vers
Césaire avec de la joie gonflant ses lèvres sanglantes.

Depuis une heure qu'elle froisse, casse, lance des tiges, elle n'a pas encore eu le temps de le regarder; et cet
instant d'accalmie où elle redevenait sienne plus délicieusement, après s'être donnée à cette foule, emportait
en brise essuyeuse de la poussière des feuilles, le vague
reproche de cet oubli su nécessaire et cependant ré-
prouvé.

Ils passaient, maintenant, devant les barrières du
Contrôle pour les entrées de la porte Dauphine. Au milieu de ces équipages somptueusement fleuris qui, de
la clôture à la porte du Bois, faisaient queue, attendant
leur tour de pénétrer; au milieu de cette foule admi-
rative, massée au bord des allées, et devant l'aspect féerique que prenait le bas de l'avenue de Longchamps,
tout proclamait l'orgueil d'être coin de chair d'un corps
de patricienne portée à dos d'esclaves dont les ahans
sont des hosannas.

La double file de voitures qui, ici, continuait à se
dérouler au pas entre les rangées d'acacias en fleurs, re-
liés de guirlandes où pendaient des banderolles de couleurs vives, se quadruplait, se quintuplait là-bas. Et ce
n'était plus, sortant de cette mer mouvante des flots de
voitures, et dans l'éblouissement du soleil. qu'un étrange épanouissement de fleurs remuées, volant, multicolores, autour des têtes à hauts-de-forme des cochers,
jetées par des bras de femmes dont les vêtements ruti-
lants et clairs semblaient, eux-mêmes, sur le ciel pâle-
ment lumineux, de magnifiques efflorescences.

Au fur et à mesure que l'on avançait, dans l'accalmie, commençaient à vibrer les effluences de la mêlée
proche. Des pincées de bleuets et de roses s'échangeaient gracieusement, çà et là. Une femme encore de-

bout et fiévreuse de la lutte quittée, reprovoquait. Cette jeune fille rattachant avec les queues une poignée de marguerites coordonnait des causes en vue d'un effet meilleur. Quelqu'un, d'une voiture remontante, faisait signe à la bouquetière installée sous les premiers arbres de l'esplanade et s'arrêtait. La suite des attelages s'immobilisait un instant, puis s'écartait pour passer, se rapprochant, en coude, de la file descendante. Une troisième ligne était formée. Et cela, tels des antagonistes dont la lutte reprend parce que leurs yeux se sont menacés de plus près, cela causait une recrudescence d'escarmouches. Repourvu, le landau se mettait en marche; le coude redevenait ligne droite. Mais on continuait d'aller par trois.

Et voici qu'une avalanche de bleuets — tombés du haut de quelle intention? — recouvre leurs genoux. Silvaine se préparait à le savoir, pour riposter; elle resta préoccupée, et dans un :

— Vois donc »

détacha d'elle l'attention de Césaire.

En dépit des premiers encombrements de la mêlée dont le désordre se propageait, la troisième voiture d'avant eux venait de parvenir à obliquer jusqu'au milieu de la chaussée. Un homme, faisant de tous les regards braqués sur lui, une auréole sanctifiante à son offrande, jetait aux pieds d'une femme seule, très belle, qui remontait avec une autre file, un magnifique bouquet de chrysanthèmes blancs. Puis, un arrêt se produisant dans la marche, le long sourire charmé dont la jeune femme remerciait, entraînait Césaire, maintenant que l'on repartait avec lenteur, au fond d'une rêverie faite du souhait de goûter aussi l'amour qui révélait, là, sa béatitude de meilleures larmes bues par de meilleurs baisers. Un mouvement de Silvaine pour répondre à la demi-douzaine de soucis qui s'éparpillait sur eux, réoccupa son attention.

Ils s'engageaient dans la foule des voitures allant pressées, à présent, comme un troupeau que hâte la houlette... Cette charrette anglaise qui les précédait n'avançait pas. Le cocher profitait d'un espace vide ; et ils se trouvaient en pleine chaussée, Silvaine s'acharnant à cribler, par-dessus les oreilles d'un cheval dressées d'être parfois frôlées, une créole au profil de juive à qui un monsieur grisonnant, décoré et d'allure militaire, tendait sans discontinuer d'énormes pivoines. Deux, déjà, venaient de s'abattre dans le landau. D'autres fleurs arrivaient d'ailleurs. Et ces projectiles rapides faisaient demander de l'aide par Silvaine :

— Donne, donne !

Mais, tout de suite, la marche des voitures reprise dispersait cette mêlée ; et la jeune femme, déjà aussi oublieuse des poignées présentées qu'une douairière, le soir, des gestes du valet qui lui tendit ses mules le matin, en avait, maintenant, à une matrone aux sourcils outrageusement allongés et noircis de khôl qui passait sans riposter, affalée sur les capitons verts-jaunis d'une calèche à l'heure. Son émerveillement de la première fois reprenait Césaire, devant cet envol diapré de fleurs qui lui rappelait la procession aux Fêtes-Dieu d'autrefois, quand les enfants de chœur tapissaient de pétales le chemin des reposoirs...

A propos, il ne voyait ni Dezobry, ni Diane... Oh ! il leur arrivait un bouquet de roses-thé superbes, il le mettait dans un coin de la corbeille, derrière : ils le garderaient, celui-là...

Et, malgré elle, son âme simple de provincial conservait l'effarement d'un hibou devenu diurne et qu'éblouit toujours un peu le ruissellement de lumière des midis. Tant de luxe flamboyait ici, depuis les chaînes polies, semblables à de l'argent, de ce timon, jusqu'à la mine glabre et digne de ce cocher de maître, jusqu'au salut courtois de deux hommes qui, séparés par trois voitures, échangeaient un soulèvement de chapeau, cependant que leurs femmes bataillaient ailleurs sans se voir. La face béate de ce sergent de ville perdu au milieu de la cohue avait la haine domptée des tourneurs de meule carthaginois à qui l'on mettait une muselière pour qu'ils ne mangeassent pas de farine. Une touffe de pivoines pas assez délicatement lancée maculait au flanc cette robe gris perle. Oh ! Silvaine venait de faire plier, sous un paquet de marguerites, le large bord d'un chapeau de jeune fille...

De toutes les toilettes agitées, de toutes les corolles secouées et froissées, un parfum âpre et griseur montait, aigrissait l'odeur lourdement capiteuse des acacias fleuris, comme des conseils de courtisane pervertissant les pures idées d'une vierge ; et un regain de vie semblait animer ces faces d'habituées du Bois ordinairement si pâles. Des éclats de rire ! Des appels aussitôt tus ! Quelques récriminations contre la haie des piétons qui maraudaient dans les corbeilles proches ! Des huées ! Des bruits de lutte autour d'un breack d'officiers, couvraient le roulement lent et grinçant des voitures. De toutes ces expansions, l'horizon doré de soleil faisait une vibrante bataille moderne sur un fond de primitifs. Un cocher es-

sayait d'avancer, des chevaux s'effaraient, piaffant...
Au risque d'être écrasé, un camelot venait offrir une
gerbe de bleuets ; il le remerciait n'en ayant pas besoin...
Tiens ! on eût dit Nittys, qui, seul et vêtu de flanelle
blanche, dans un fiacre découvert, approchait parmi la
houle...

— Sale bête, va !

Césaire, jeté bas de sa contemplation, regarda Silvaine,
interloqué. Etait-ce elle qui avait presque crié cela ?
Il n'en douta plus à la voir, le front rembruni de colère,
rejeter d'un geste de dépit la poignée de fleurs qu'elle tenait à la main et se renfoncer brusquement dans le landau. Le gros mot, choqueur d'abord, ne lui laissait plus
que le désir inquiet d'apprendre quel hasard était capable de faire remonter, sous tant d'épaisseur d'eau pure,
cette pincée de bourbe ignorée :

— Qu'est-ce qu'il y a ?

— Tu n'as pas vu ? tu ne vois rien.

Sa façon de casser, de colère, en premier objet rencontré, sa phrase, l'édifiait complètement ; et voici qu'elle
se levait pour crier au cocher :

— Rentrez. Rue Saint-Augustin.

Mais, qu'y avait-il donc enfin ? Ne sachant que penser,
effrayé, comme on entend grandir un ouragan, il la dévisageait, rassise, se draper de sa mantille... Quelle lubie
la prenait ?

— Nous rentrons ?

— Oui, nous rentrons. J'en ai assez.

Ce que ne révélaient pas les mots saccadés de rancune,
il le cherchait dans la contenance ; mais elle avait l'aspect morne des burgs détenteurs de mystère et où l'on
ne pénètrera point. Immobile, maintenant, avec sa

main gauche sortant de sous la pèlerine de soie claire, elle soutenait debout son ombrelle, le manche d'ivoire entre ses doigts et le pouce allongé, gardant, même aux minutes de revers, son sceptre de distinction. Les yeux, dans une rêverie factice, restaient obstinément fixés sur le soufflet bleu du landau où la corbeille d'osier était mi-pleine de tiges froissées, mêlées, de pétales éparpillés. Et elle ne semblait pas plus s'intéresser qu'une veuve désolée à un cortège d'épousailles, aux agitations de la fête qui continuait. Peu lui importait le cocher qui tournait difficilement bride dans la cohue. Mais puisque, irrévocablement, on retournait, il fallait qu'il sût au moins pourquoi.

— Tu te disais très contente, tout à l'heure. Qu'est-ce qui t'est donc arrivé? Es-tu malade?

Elle ne répondait toujours pas; et l'anxiété de se trouver dans un carrefour dangereux sans savoir quelle route prendre, envahit Césaire. Il ne voit pas en quoi il peut être cause de cette moue subite. Alors, que veulent ces frémissements précipités des ailes du nez, ce plissement du front, cette dureté du regard qui se relève, encore une fois, voir si l'on prépare bien les verges... pour quel esclave irrespectueux? Et ce mot! crié au cocher, en désignant d'un signe de tête l'embranchement de la porte Dauphine :

— Vous tournerez là.

— Tiens, cette jolie petite voiture, dit-il, essayant un autre moyen d'attirer son attention.

Mais elle ne regarde même pas la minuscule charrette, complètement cachée sous un monceau de fleurs multicolores, qui font d'elle une corolle invraisemblable au-dessus de laquelle émerge, pistil merveilleux, une fillette de huit à dix ans dont les mains tirent les rênes du poney. Et pourtant il a le droit de savoir. Pourquoi, pourquoi s'en va-t-on ?

Du haut de l'avenue de Longchamps qu'ils quittaient à présent, arrivait un attelage où tant de métal poli luisait sous le soleil, que les chevaux semblaient taillés dans l'éblouissant éclat d'une fournaise. La pensée lui vint de s'opposer à ce départ. Mais, tout de suite, son manque de force pour en exécuter le projet le ramenait à des supplications. Et il se pencha vers Silvaine, implorant qu'elle cessât de promener autour de lui cette torche de menace dont la fumée, l'aveuglant, l'empêchait de voir si elle était irritée ou joueuse :

— Je t'en prie, qu'as-tu ?

— Tu n'as pas vu ?... tu n'as pas vu une grande brune qui avait le bras levé pour me jeter une poignée de roses-thé ?... En voyant que c'était une voiture de louage — bien sûr ce n'est pas autre chose — elle a flanqué les fleurs par terre... Comme si on ne valait pas autant qu'elles !

Césaire resta stupéfait, ses regards collés aux lèvres de Silvaine... Oh ! se confirmer dans ce qu'il vient d'entendre, ou démêler la raison véritable entre les mots de ce mensonge... Car le réel motif doit être bien inique pour qu'elle préfère le voiler sous ces haillons de vraisemblance. Et voici que le pressentiment vague de quelque disgrâce, présumée d'autant terrible qu'établie sur de plus invérifiables soupçons, le hantait, amenant l'irritation de vivre semblable scène au milieu du tohu-bohu des voitures, de cette foule massée le long de la route... Coûte que coûte, il lui faut une certitude ; dût-il trouver, là derrière, un malheur armé pour l'en punir :

— Mais, ma chère amie, ce n'est pas possible; tu as dû te tromper :

— Puisque je te dis que si, moi. Avec ça que je n'ai pas vu sa tête.

La demi-croyance accordée maintenant à ces affirmations le livrait, plus léger volant, aux raquettes de la surprise. Certes, une irritation née de semblable motif décelait quelque rare affinement de sensibilité encore inaperçu chez Silvaine; mais la fugitive satisfaction ressentie se dissipait aussitôt par la pensée du livre immense que se révélait cette âme de femme dont il n'avait épelé qu'une page, peut-être, malgré ses désirs de la connaître toute. Et il redevint l'accablé de son premier pressentiment :

— Enfin, pourquoi veux-tu?...

— Dis tout de suite que je suis folle.

La colère grinçante de la phrase le repoussait dans le coin de la voiture, de plus en plus interdit et effrayé...

Ils atteignaient la porte du Bois. Sur le chemin à peine encombré d'arrivants retardataires, les chevaux marchaient bon pas, escortés, comme des héros de ballets qu'environnent les génies du Bien et du Mal, ici de gamins se précipitant pour arracher les fleurs des roues et des harnais, là d'agents qui chassaient les maraudeurs. Devant eux, au milieu de fiacres et de promeneurs, une voiture garnie s'en allait aussi...

Décidément, quel but poursuit-elle?... Un désir, toujours caressé au fond de lui-même, conseilla le remède unique : l'emmener hors Paris. Jamais, devant tout le luxe de la Capitale, il ne pourra empêcher son admiration de s'épanouir en dessein de posséder... Quelques clameurs s'élevaient de la foule qui bordait la route, réclamant : Des fleurs! des fleurs! à ces bourgeois qui repartaient, leur voiture encore pleine. Et voici qu'entendre Silvaine formuler :

— C'est ta faute aussi, nous pourrions bien avoir une voiture »

était la révélation du gouffre préjugé sous ce tapis de feuilles mortes. Un chaos d'idées s'échevela dans la pensée de Césaire. Avait-elle joué la comédie ou sincèrement agi? Se moquait-elle, ayant indirectement appris son peu de fortune? Ou si elle attachait les bois sinistres d'où laisser tomber ce couperet fatal : la rupture?... Était-elle irritée de quelque chose qu'elle ne voulait point avouer — quoi, alors? — et se vengeait-elle sur lui?... Mais il n'osa que répondre au sens où elle l'attaquait :

— Tu n'y songes pas, voyons, une voiture?

Du paysage joyeux, une minute effleuré des regards — les marronniers de l'allée répondaient la sainte bénédiction de leurs pétales sur la foule bigarrée, et semblaient des arbres d'apothéose plantés le long du chemin conduisant à l'Arc de Triomphe, majestueuse porte sombre de l'infini bleu — du paysage joyeux, Césaire reporta ses yeux au landau. Et voici que, pour lui aussi, maintenant, de la laideur s'exhale de ces cuirs écailleux rebadigeonnés de vernis quantes fois, de ce drap bleu des coussins dont la trame pâlissante n'a pas plus de velouté qu'un sahara de verdure, de ces odeurs de chose-à-tout-le-monde et de moisi, malgré le parfum des fleurs entassées, et des cahots durs que n'amortissent point les ressorts usés... Oh! elle paraissait ancrée, Silvaine, inarrachablement dans sa résolution ; et une frayeur envahit Césaire de se sentir aussi bien lié à cette

bouée qui le ballotte sur l'abîme de perdition... Il n'a-
vait remarqué, jusque là, combien était luisant d'usure
le drap de l'habit du cocher et comme son haut-de-forme
noir tournait au jaune... Cependant, malgré tout, il ne
s'incurve pas selon l'anguleuse volonté de Silvaine. Ils
ont déjà trop fait de dépenses...

— C'est impossible, impossible!

La victoria étincelante et aux bais piaffeurs qui les
croisait était un refrain d'arrogance chantant de tout son
luxe aux larges corbeilles de pivoines et aux valets trop
roides, la beauté fière de la jeune femme brune en robe
de soie ivoire ceinturée d'une écharpe vieil or, qui s'y
dressait triomphale. L'homme assis auprès d'elle, déjà
âgé, très correct, gardait la mine soumise d'un domestique admis là par faveur. Et le bouton de la poignée
intérieure des portières de son landau, à lui, Césaire,
parut d'un os plus dépoli, jaunâtre, strié de ternissures...

— Ce ne serait pas si énorme que tu veux dire, ob-
serva Silvaine.

Elle avait changé de voix; ses doigts fixés, tout à
l'heure, à son manche d'ombrelle, s'étaient abattus sur
ses genoux. Elle se rapprochait de lui, le regardant,
câline, avec des invites de mouette qui volète à portée
de la main pour se jouer d'un enfant.

— Pas énorme? Au moins dix mille francs par an.

— La voiture de remise revient déjà à plus de moitié.
Je ne te demande pas une écurie entière. Rien qu'un
coupé... comme Dezobry. Vois Diane; son cocher fait
en même temps le palefrenier et le valet de chambre.

— Mais Diane dépense... beaucoup plus que nous ne
... pouvons dépenser...

L'évocation de Diane, à cette minute, l'effraya. N'était-elle la menace d'un recors étalant son droit d'être plus brutal encore qu'il ne fut? Césaire eut la pensée d'objecter que Dezobry aussi avait loué un landau pour aujourd'hui, puisque l'actrice ne possédait qu'un coupé ; il n'osa pas, confirmé soudain dans la certitude qu'il subissait une résolution machinée d'avance, dont, tout au plus, cette bataille de fleurs avait fait jouer le déclic...

— D'abord, j'en veux un. Sois gentil, voyons.

... Et son inquiétude grandit à se souvenir d'une pareille scène, l'autre semaine, quand elle désira ce fameux costume aux fleurs de myosotis que Dezobry venait de lancer et qui révolutionnait la mode. Il ne voulait pas s'attarder à trop analyser son vague dépit du rabais amicalement accordé par le soyeux, de peur d'avoir à constater, en son calme, la présence d'un élément morbide désorganisateur; mais il ne pouvait s'empêcher de réfléchir que Silvaine semblait moins l'aimer qu'elle n'eût dû. Et quelque injustice s'y mêlant, il lui adressa intimement reproche de cette tiédeur, comme si elle eût pu être reconnaissante de sacrifices pécuniaires qu'elle ignorait...

—Il y a justement une écurie à louer dans la maison, l'ancienne des Pierson, les locataires du premier.

... L'autre semaine, une robe; aujourd'hui, une voiture; et demain?... A l'intersection de l'avenue Malakoff, des voix, parmi la foule massée plus grouillante aux angles de trottoirs, recommençaient à demander leurs miettes aux repus de la table du plaisir : Des fleurs!... Visiblement, la scène était préparée d'avance. Si elle jouait les sentiments en cabotine, il n'y avait pas plus à compter sur elle qu'à voir se déplisser le front soucieux d'un masque tragique. C'était fini... Et sa douloureuse détresse s'accrut d'entendre Silvaine insister encore :

— J'aime mieux me passer d'autres choses et avoir une voiture.

Du désespoir, une minute, l'amollissait, affinant sa sensibilité. Ah ! cette fillette en loques qui faillait se faire écraser pour ramasser, au milieu des voitures, quelques pivoines flétries !... Elle lui disperse l'esprit, pensée par pensée ; elle lui embrase le sang de vice, afin d'y plus chaudement boire ; elle le tue, tout, tout, corps et âme... Et les meilleurs de ses regards ont l'ironie des gestes d'un enfant qui vous présenterait, sourieur, la corde avec laquelle on vous étranglera demain...

— Si tu savais comme ça me porte au cœur, de courir les fiacres tout le temps.

— Les fiacres ? Mais une voiture de louage n'est pas un fiacre, il me semble...

Cette subtilité n'émouvait guère son âme de bourgeois-paysan ; et de voir Silvaine devenir rêveuse, il augura quelque espoir de la branche à laquelle, éperdu, il se raccrochait, en continuant :

— .,. On a même l'avantage de pouvoir prendre une charrette, une calèche, un landau, le jour que cela vous plaît.

— Oui, comme celui-là, n'est ce pas ? Il est propre. La preuve !... Sois gentil, Fernand.

Entendre le nom qu'elle s'obstinait à lui donner, n'aimant pas celui de Césaire, fut une recrudescence dans la corrosion du fatal breuvage tendu à ses lèvres séchées. Ainsi, jusqu'où n'a-t-elle poussé l'accaparement...

— Dis, tu veux ? Nous serions si heureux...

Cette nouvelle gorgée de mensonge avait des contacts de braise; tout son être en frémissait. Après, ils ne seront pas plus heureux; peut-être même... Est-ce qu'il a besoin de voiture pour s'aimer, ce couple errant parmi le gazon vert-pâle et tondu d'un boulingrin, sous les marronniers sombres et fleuris? Oh! enlacés et se contemplant dans le soleil, comme Dante et Béatrix à la clarté surnaturelle de leurs rêves, la fête de là-bas ne les préoccupe guère. Non plus que les regards gouailleurs des passants, abois jaloux de chiens à la lune...

Il en restait l'âme plus vide, navré de cette joie qui faisait honte à sa souffrance; mais il cacha pudiquement la désolation éprouvée sous les pseudo-indifférences d'un net et résolu :

— Nous verrons.

Certes, il eût plus été selon la logique des choses que ce fût elle, la Phryné jeune et lapideuse d'hommes sous les regards de pierre de sa beauté, qui trônât dans ce landau à deux chevaux, armorié d'une couronne fermée de prince, au lieu de cette vieille, ridée, à figure de macaque. Et que n'eût il donné pour que cela pût être...

— Dis oui, voyons.

... Mais, puisque l'infranchissable dressait toujours barrière entre le souhait et la réalisation, à quoi bon? Il vaut mieux tenter de l'enlever à ces envies. L'emmener hors Paris est le seul salut. Voudra-t-elle, aussi? Les villégiatures vont commencer... Mais elle n'acceptera qu'une grande plage... Et ce sera le même péril...

Ils atteignaient la place de l'Étoile. Silvaine se pencha un peu, lui posa une main sur le genou, et, le regardant en face, répéta :

— Dis!...

Plus que jamais, si ce corps s'offrait à plein les lèvres tendues, l'âme restait dissimulée derrière l'ombre des prunelles; Césaire eut peur de s'aventurer à l'y aller quérir. Et si la fatalité voulait que l'esprit et la chair fussent les deux cornes opposées d'un croissant, dont on ne peut faire avancer l'une qu'en reculant l'autre?...

Sans répondre, sans s'inquiéter de la jeune femme qui se renfonçait dans son coin, dépitée, il détourna les yeux; et l'aspect d'un facteur occupé, sur le trottoir, à classer sa boîte aux lettres, lui rappela les matins où il guettait celui de Salbris, en soif d'un mot de Silvaine, ce fruit qui ne devait jamais tomber de l'arbre! La vision de Melle Detrimont passait. Il eût peut-être bien fait de se marier... avec une autre! Maintenant, où allait-il? Où allait-il?...

Un bruit de voix s'élevant derrière, il détourna machinalement la tête. Là-bas, au fond, le Bois semblait une fourmilière où s'engouffraient des caravanes de voitures; et tout le paysage était si luisant de soleil que la fine poussière montée du sol embuait à peine les attelages.

La voiture prit le trot.

Et ce fut son coup d'œil de regret sur un passé heureux qu'il pressentit ne jamais devoir retrouver. Maintenant, ils descendaient vers la Ville. De la fumée des massifs hôtels de l'avenue, des toits brumeux de l'autre côté de la place de la Concorde, de la somme des vies grouillantes en cet amas de matière grise étalée, de l'horizon pénombré de mystère, lui vint l'angoissant effroi d'un condamné apercevant soudain le chevalet, les coins et la roue qui vont déchirer ses membres, tout à l'heure.

(A suivre.)

ABEL PELLETIER

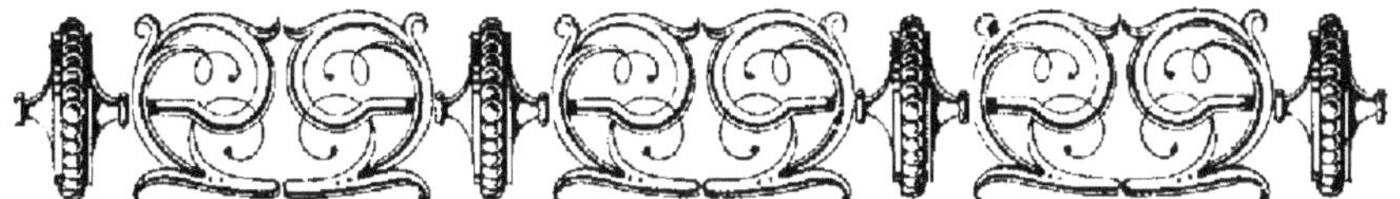

NATURES MORTES

Dans ma chambre jaune, — des fleurs de soleil,
aux yeux pourpres, se détachent sur un fond jaune ;
elles se baignent le pied dans un pot jaune, sur
une table jaune. — Dans un coin du tableau, la signature du peintre : Vincent. Et le soleil jaune,
qui passe à travers les rideaux jaunes de ma chambre, inonde d'or toute cette floraison, et le matin,
de mon lit, quand je me réveille, je m'imagine que
tout cela sent très bon.

Oh ! oui, il l'a aimé le jaune, ce bon Vincent,
ce peintre de Hollande ; lueurs de soleil qui réchauf-
faient son âme ; en horreur du brouillard. Un besoin de chaleur.

Quand nous étions tous deux, à Arles, fous tous
deux, en guerre continuelle pour les belles couleurs,
moi, j'adorais le rouge ; où trouver un vermillon

parfait? — Lui, traçait de son pinceau le plus jaune,
sur le mur, violet soudain :

Je suis sain d'Esprit.

Je suis Saint-Esprit.

Dans ma chambre jaune, une petite nature morte;
violette, celle-là. — Deux souliers énormes, usés,
déformés. Les souliers de Vincent. Ceux qu'il prit,
un beau matin, neufs alors, pour faire son voyage
à pied, de Hollande en Belgique. Le jeune prêtre
(Il venait de terminer ses études théologiques pour
être comme son père, Pasteur.) le jeune prêtre
s'en allait voir, dans les mines, ceux qu'il appelait
ses frères. Tels il les avait vus dans la Bible, oppri-
més, simples travailleurs, pour le luxe des grands.

Contrairement aux enseignements de ses pro-
fesseurs, sages hollandais, Vincent avait cru à un
Jésus aimant les pauvres, et son âme, toute péné-
trée de charité, voulait, et la parole consolante, et
le sacrifice : pour les faibles, combattre les grands.
Décidément, décidément, Vincent déjà était fou.

Son enseignement de la Bible dans les mines fut,
je crois, profitable aux mineurs d'en bas, désagréable aux autorités d'en haut, de dessus la terre.
Il fut vite rappelé, révoqué, et le conseil de famille
réuni votait la folie, la réclusion de santé. — Il ne
fut pas cependant enfermé, grâce à son frère Théo.

Dans la mine sombre, noire, un jour, le jaune
de chrôme inonda, lueur terrible de feu grisou,
dynamite du riche, qui ne manque pas, celle-là.

Des êtres qui ranpaient en ce moment, grouillaient salement dans le charbon, dirent ce jour-là adieu à la vie, adieu aux hommes, sans blasphème.

Un d'eux, terriblement mutilé, brûlé au visage, fut recueilli par Vincent. « Et cependant, disait le médecin de la Compagnie, c'est un homme foutu, à moins d'un miracle, ou de soins maternels très dispendieux. Non, c'était folie de s'en occuper. »

Vincent croyait aux miracles, à la maternité.

Le fou (Décidément il était fou.) veilla quarante jours au chevet du moribond; il empêchait impitoyablement l'air de pénétrer sur ses blessures et paya les médicamments. — Prêtre Consolateur, (Décidément il était fou.) il parla. — L'œuvre folle fit revivre un mort, un chrétien.

Quand le blessé, sauvé enfin, redescendit dans la mine reprendre son travail, vous auriez pu voir, disait Vincent, la tête de Jésus martyr, portant sur son front l'auréole, les zigzags de la Couronne d'é- pines, cicatrices rouges sur le jaune terreux du front d'un mineur.

Et moi... je fis lui, — Vincent — qui traçait avec son pinceau jaune, sur le mur violet soudain :

Je suis Saint-Esprit,

... Sain d'Esprit.

Décidément, cet homme était Fou.

PAUL GAUGUIN.

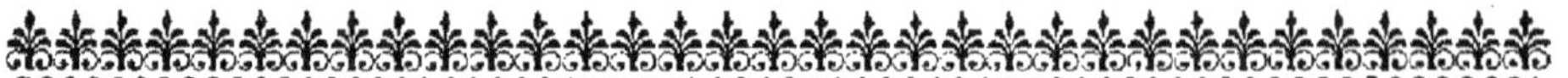

DIPTYQUE

I.

LA CHANSON DES VIEILLES

A Stéphane Mallarmé.

Les vieux rouets que filaient en tremblant les vieilles
Marquaient de leurs tic tac chaque pas vers la mort,
— Et que les quenouilles vacillaient comme le sort.

Les lèvres marmottaient de ces tremblantes vieilles,
Cependant jamais plus un seul mot n'en sortait :
A peine un souffle éteint que le vent emportait.

Les yeux ne regardaient de ces tremblantes vieilles,
Tant leurs vagues sensations disparaissaient,
Tant les calmes surnaturels les embrassaient,

. . . .

Les rêves sont partis de ces tremblantes vieilles;
On n'entend plus les secs tic tac au seuil des portes :
Les rouets sont brisés et les vieilles sont mortes !

16 Décembre 1893.

II.

LA CHANSON DES LYS

A Rémy de Gourmont.

Les pâles lys laissaient pencher leurs lourdes têtes
En pleurant la rosée éparse du matin,
— Et leurs pétales luisaient comme du satin.

La rosée dégouttait de leurs si lourdes têtes,
Tant qu'on voyait leurs âmes nacrées confessant
De timides pensées sur un air attristant.

La fierté s'épandait de leurs si lourdes têtes
Où l'or marquait discrètement les longs pistils,
— Longs autant que des doigts de poète et subtils.

. . . .

Les calices sont bus de leurs si lourdes têtes,
Tandis qu'au loin, les lèvres de tristesse pleines,
Les pâles fiancées sont passées par les plaines!

26 Décembre 1893.

PAUL-ARMAND HIRSCH.

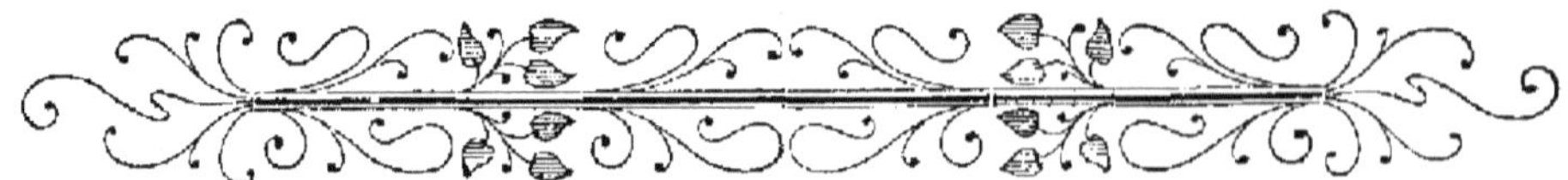

SUR LE SEUIL

A Jean Dolent.

Vers son Rêve réputé inaccessible et pourtant réel comme le ciel, le Pauvre, extasié d'amour, les yeux hauts, les bras accueillants, sur le seuil de son obscur logis, s'est agenouillé face â l'aube, et la ferveur de son âme s'exalte en un suppliant vœu de Liberté pour tous, un vœu qui baigne d'avance ses regards droits dans la lumière promise.

L'année s'ouvre, la neige qui n'a pas encore voulu ensevelir l'obscur logis, deviendrait-elle clémente comme l'aube promise? Oh! alors, que les hommes se fassent blancs pour combattre les ténèbres, qu'il se fassent fantômes d'âme pour animer le logis noir.

Par toutes ses lézardes, sur toutes ses misères,

la chaumière du Pauvre implore de l'air ensoleillé!
de l'air chaud! de l'air balayant et pur!

« Qu'ils entrent! » dit le pauvre, « moi seul, je
suis l'hospitalier. Qu'ils entrent, la joie en tête,
jusqu'au cœur de mon logis obscur; qu'à m'apercevoir offrant mon seuil, ils n'aient point d'obsé-
quieuses postures humiliées!

Mon année s'ouvre et se désire hospitalière! Pour
eux, le cœur de l'obscur logis ne demande qu'à brûler comme un bon foyer réconfortant! Qu'ils entrent
tous les gens de bonne volonté, car la neige clémente
qui n'a pas encore voulu ensevelir la chaumière, la
neige fantasque pourrait bien, se mettre à tomber, â
barrer le seuil, à glacer son hospitalité! Oh! la neige,
qui rend plus froids et plus obscurs les logis pitoya-
bles! Oh! la neige, qui gèle les cœurs, les plus somptueusement vêtus! »

Tiens!... qui sont ceux-là qui viennent, comme
de guingois et comme rampants. Ils n'ont pas l'air
franc et tranquille des hommes blancs qui doivent
illuminer le logis de leur présence!

— « Lève toi! ont-ils dit, et rentre! » — De quel
droit ces hommes commandent-ils?

Nous avons croisé soudain la droiture de mon
regard et l'obliquité du leur.... Ils ont porté la main
chez moi; leurs mains m'ont caché le ciel.

Ils me jettent à terre et passent par dessus mon
corps pour me violer mon seuil, à *moi*, qui suis
l'hospitalier.

Tomber devant ceux qui osent le guet-apens est une posture qui ne saurait m'humilier, tomber au seuil de liberté qui voudrait s'ouvrir à tous, me semble plutôt fier. Et puis, tomber d'à genoux, est-ce tomber bas? Tomber, c'est tendre les mains vers la terre, et le geste n'en paraît point mauvais; tomber sur le front vous voile la face des ignominies qui seront derrière votre chute perpétrées.

A quoi pensent-ils donc? L'ombre des mauvaises consciences appelle la noirceur des bras qui frappent dans le dos.

Oh! radieuse aube de l'année qui s'ouvre, puissent, à ton seuil, se redresser les regards obliques au croisement de la droite contemplation du Rêve, réputé inaccessible, et pourtant réel autant que ce ciel : la Liberté! Que les oreilles sourdes s'emplissent de l'entente du Verbe qu'on ose menacer; comme si l'on égorgeait le Verbe!

Les lézardes des obscurs logis entendent mieux le Verbe que les volets richement capitonnés, mais, quand même, il faudra bien que les pires sourds entendent. Le Verbe viole les oreilles les plus bourrées de crasse ou de coton.

La neige, qui n'a pas encore voulu tomber, tombera, mais peut-être clémente, et peut-être floconnera sur les plus somptueusement vêtus, toisonnera de froid les cœurs les plus secs et les mieux capitonnés. De la neige, seuls les pauvres souffraient, les riches en jouissaient comme en présage d'une aison joyeuse.

Ceux qui souffraient jouiront.

Les murs dévastés sont moins inertes que les neufs. Ils entendent, les, murs! Ils retiennent! car tout se souvient. Les mots fatidiques s'inscrivent d'eux-mêmes dans la pierre, et la pierre est réputée insensible!

Un bruit grondant se lève, là-bas, dans l'aube! Est-ce enfin le vent libre fait d'air chaud, d'air ensoleillé, d'air balayant et pur.

L'année, sur le seuil, advient, hospitalière; le logis obscur espère et sourit par toutes ses lézardes; toutes ses misères flambent, avivées par un bon feu réconfortant.

Miracle! L'aube s'est ouverte comme un Sourire et a prononcé ces radieuses paroles sereinement roses :

Paix aux seuils, pour qui veut la paix dans la maison!

P.-N. ROINARD.

BEAUX-ARTS

L'EXPOSITION DE MAXIME MAUFRA

A la plupart des paysagistes de ce siècle, une qualité primordiale aura manqué : le style.

Le style, c'est une caresse de l'éternité sur une œuvre éphémère. Seul peut atteindre au style l'artiste qui perçoit les rapports d'une vision transitoire avec le caractère d'éternité qu'elle porte en soi. Avoir le style, c'est pénétrer les correspondances reliant par une chaîne infinie les plans divers du monde. Qui n'a pas cette intuition ne sera jamais ni un poète ni un savant, et par savant j'entends initié.

L'histoire de l'art nous montre une aventure sans cesse renouvelée : Toute école, ou pour mieux dire, tout mouvement d'art laisse dans ses traces un poncif, comme tout vivant laisse un cadavre. Une réaction nécessaire entraîne dans un excès contraire à ce poncif l'école qui va succéder. Celle-ci manifeste alors la beauté vivante, tumultueuse et physique de la jeunesse, mais ne possède pas la beauté profonde, méditative, épurée, de la maturité.

L'histoire du paysage en France offre ceci : Les paysagistes représentant la grande tradition, les Claude Lorrain et les Poussin, purs et profonds Voyants, grands maîtres du style, laissent derrière eux un poncif : le genre dit « paysage historique », qui engendra tant d'innomables navets officiels pendant la première moitié de ce siècle. Alors, réagissant contre ce poncif, la pléïade auguste des paysagistes alla boire aux sources de la vie. Riche de sève, puissante d'un sang jeune, elle bondit parmi la nature, avec la fougue du juvénile Iacchos, ivre d'avoir pénétré les arcanes de la vie. Grisée des apparences charmantes de la nature, elle s'attarda moins devant son mystère : elle fut naturaliste et négligea le style. Les postérieurs adeptes en vinrent à se contenter de peindre le morceau, — indice des décadences. Vint l'heure où elle ne se manifesta plus que par son poncif. Aujourd'hui, à part quelques merveilleuses individualités, telles que Claude Monet, les paysagistes sont voués au poncif naturaliste. Or, l'heure de la réaction doit sonner. Les tendances simultanément décoratives et intellectualisées de la peinture d'avant-garde doivent s'appliquer au paysage.

Voici un paysagiste dont l'effort se tend vers le style, c'est Maxime Maufra. Il se trouve qu'il serait emporté sans doute par son tempérament, qui est d'un coloriste intense et violent, s'il n'avait su le vouer à une recherche d'harmonie. Il aurait pu se contenter d'être ce qu'on appelle, en style d'atelier, « un beau peintre », et d'exécuter des « morceaux » qu'aurait rendus intéressants la fougue de sa vision. Il a cherché à exprimer par l'entrelacement décoratif des lignes, quelque chose de cette beauté des choses pour laquelle les couleurs et les atmosphères sont une parure infiniment variée. Il a voulu faire des tableaux, et non plus des études. Un Corot, poète échappant à la servilité du naturalisme, arrive au style par l'ingénuité pénétrante de sa vision. M. Maufra y arrive par sa volonté tandis que son organisation l'entraîne vers la lumière, les reflets éclatants et les atmosphères vibrantes. C'est pourquoi il n'a pas chance de tomber dans le précipice ouvert sous les pas du paysagiste qui s'éprendrait trop passionément de l'abstrait : la sécheresse d'une interprétation trop architecturale de la nature.

* * *

L'exposition de M. Maufra chez Le Barc de Bouteville se divise, dans la conception du peintre, en trois parties : 1° *Les effets;* 2° *Synthèse de la Bretagne,* 3° *Les Phénomènes.* Les effets, c'est à dire une série d'aspects fugitifs de la nature; les phénomènes, c'est-à-dire les aspects rares. Sauf une toile montrant un effet de feu d'artifice dans le soir parisien, tous les tableaux viennent de Bretagne, et ils ont de quoi surprendre les yeux habitués à voir les études de Bretagne qu'enfantent les villégiatures estivales de peintres innombrables.

Je m'explique très bien le mot de Desboutin, qui, habitué au ciel italien, ne connaît pas la côte bretonne : « Tout cela me semble des paysages d'une autre planète que la terre. » (Au point de vue astrologique, la vision de Maufra porte la signature astrale Mars-Jupiter). La Bretagne n'est pas la terre grise que montre une convention analogue à celle qui créa les Bretonneries d'Opéra-Comique. C'est un pays d'une couleur extrêmement intense, violente et sauvage. Son éternelle tristesse a les manifestations les plus variées. Mais ce caractère de morne grisaille qu'on lui a attribué n'est qu'une vaine apparence. Autour de cet Océan et de ce sol breton, il y a une enveloppe d'atmosphère générale qu'on retrouve toujours, comme on retrouve autour de la musique et de la poésie des hommes de ce terroir une enveloppe de mélopée, comme on retrouve, autour de leur âme, une enveloppe de mélancolie. Que vos yeux percent les enveloppes : ils verront des tonalités éclatantes, des rêves véhéments et d'audacieuses passions.

Deux aspects très différents peuvent synthétiser la côte bretonne : Sur la hauteur, la roche farouche supportant la lande; dans les creux, dissimulé, presque invisible de loin, le vallon boisé, calme et souriant où court un ruisselet parmi l'opulence des herbes et des fleurs.

Ce dernier aspect, je l'ai reconnu dans *Une heure de rêve*, qui montre, à cette heure indécise du soir proche apâlissant la lumière, le cœur de la vallée, d'où l'on aperçoit, entre les cimes des arbres assombris, les rousseurs du ciel. Cette douceur des coins touffus baignés dans l'air vaporeux, reviendra dans *la Rivière*, cette adorable rivière du Guer qui coule vers la petite ville de Lannion dans une vallée de féerie.

Dans *un vallon le soir*, même aspect encore, mais cette fois laissant deviner la détresse farouche des terrains soulevés, proches de la mer mauve apparaissant à l'horizon, sous le ciel de safran.

Le clocher, ce clocher d'un violet fauve surgissant au lointain parmi les cieux d'or, de cuivre et d'ardoise, il a bien le double caractère breton d'ardeur violente et de mélancolie.

Clocher silencieux montrant du doigt le ciel,

dit un vers de Wodsworth glosé par Gautier. En Bretagne, le clocher apparaît sur la hauteur, comme l'auberge du Mystère, où le

solitaire vagabond se reposera l'âme. Tristan Corbière a merveilleusement rendu cette sensation bretonne quand les pèlerins de la
côte implorent la bonne dame Sainte-Anne-de-la-Palud:

> Aux perdus dont la vue est grise,
> Sauf respect, perdus de boisson,
> Montre le clocher de l'église
> Et le chemin de la maison.

Voici la mer. Comme ils sont rares, les peintres qui la virent !
La Vague de Courbet est en zinc, bien que ses entours soient
très beaux. Mais cette grâce de la lame en volute toujours harmonieuse, qu'elle soit projetée par la houle ou tiraillée par le
ressac, quel peintre, l'a possédée ? De la mer, Corot nous a
donné la suggestion de paix, Whistler l'attirance perfide, Claude
Monet la féerie décorative.

Tous trois ont senti de la mer la féminité, la part lunaire de
l'hermaphrodite océan. Ils ont été fascinés par les Ondines. C'est
les Ondins qu'a vus Manfra. Celle de ses marines que je préfère,
Un gouffre, c'est la sauvagerie mâle de l'Océan, sa brutaliét
mystérieusement épanouie. Je note en passant, la construction
technique de cette peinture, le parti pris d'accuser tous les
plans, et la justesse des rapports. Sur cette mer surtout apparaît le rappel d'un violet en haut du tableau avec un violet en
bas. La nature donne toujours, dans un certain espace, un rappel du même ton formant autour d'un motif, une enveloppe
elliptique, rappel que les Primitifs ont saisi pour en tirer d'admirables effets décoratifs.

Maxime Maufra voit la mer bretonne violemment colorée. La
mer est un miroir reflétant la couleur du ciel. Dans tout miroir,
la couleur est réflétée plus intense. L'or du soleil, s'épandant
sur la mer, est plus opulent que dans le ciel. L'expansion de la
lumière dans l'embrun, dans cette subtile poussière d'eau qui
semble s'enflammer sous le soleil, l'atmosphère d'onde vapo-
risée, elle est derrière cet *Arc-en-ciel* dont la courbe irisée jette
de la falaise à la mer, un pont de mystère. Elle flotte au-dessus
de cette *Écume* dont les lames de fond empanachent le roc. .

Il faut, en terminant, parler des dessins rehaussés qu'expose
Maufra. L'artiste y atteint une remarquable synthèse, une sim-
plicité de moyens comme en montrent les peintres d'Extrême-
Orient. J'aime là-dedans le mépris de l'habileté, d'où naît une

saveur plus vive et la recherche du style par la disposition des plans.

Toiles et dessins m'apparaissent l'œuvre d'un bon ouvrier, non satisfait de lui-même, et ne considérant son exposition actuelle que comme une première étape sur la voie enfin trouvée.

ÉMILE MICHELET.

FRÉQUENTATION D'ART DU MOMENT

Durand-Ruel, présente, succédant à l'exposition Cassatt, qui témoigna du progrès d'une femme usant, en expression, du sens comme *franchi* de l'élidé — (et « toujours le sac de voyage en main » selon l'ascendant) — Une hétérogène composition impressionniste, à savoir : de Renoir, sa grande joviale danse déjà vue, d'une naturelle chaleur à longs traits insinuée, bue. 2° les Deux femmes en l'herbe, au soleil de l'ondée qui chauffe — l'une travaillant sa grâce en catimini, au ras du pré ; l'autre surprise, interrogeant la compagne, à la fois aux petits soins, jalouse d'un succès ou préférence, et décidée enfin à lui « souffler le terme » — De Camille Pissaro : vue de gare Saint-Lazare, montrant chaque voiture aux dessus goudronnés, en la sableuse rue qui, fournie, s'évase. 2° une vue, menu-hachée de jardin à Londres ; mais surtout 3° un Repos, de moissonneurs que rejette le flux du blé du bout de ses langues ocre, contre la claie d'ombre, qui se rétracte, de peupliers, et alors les moissoinneurs ne sachant où se tourner tant ils sont bien ! — puis 4° une Faneuse ralentissant un peu plus à chaque sillon son air penché « de Sophie » dans le soleil drû — De Manet le Christ affalé, farci de douleur, dominé par l'aile de l'ange, dindon bleu, gros oiseau terrestre, naïvement filial, volant de devoir vers cette portion de corps sain. De Monet, un chemin creux calciné d'estivale poudre. 2° le si connu ponton de bains de Bougival — chevillé de chaque silhouette romantique, que masse, écorne un maître paysage, répercuté dans l'eau musclée, traversée d'un Grand-Sympatique de reflets en bambou, reproduisant, loupe, les stries en grand du caleçon de bain vilain — sur laquelle onde se penchent, clapotent les Ridicules, petits ludions poseurs placés sur l'îlot comme sur un bouchon, pour récréer la nature mère — et dont est couverte, certe, la voix par l'énorme eau bruyante, sous eux, le ponton. — 3° Enfin les « Soleils », à l'éclat cœlial ainsi qu'à travers un verre de myope — Après, de Courbet le rocher creux. En plus, des Degas, Pissarro, Puvis, Daumier, Guillaumin, Sisley etc, habituels, la maison accrocha au couloir la tête bleue de Redon.

Au 20 rue Laffite, s'ouvre une Exposition Néo-Impressionniste. De Angrand du déjà vu, lampe et usine, — de Cross une plage de la Vignasse roncière, rabougrie, vue à toute vapeur — de Luce des lithographies — Mais soyez attentifs aux envois de Georges Pissarro. Il est ici deux « l'abbé Jules », pour Mirbeau, en gravure sur bois, essayant une entente de sa carrure. Néanmoins, qu'influencé de W.-Crane, c'est bien. Demandez aussi a voir le carton d'aqua-fortiste du même. Des gravures aussi de Félix Pissaro. — De feu Seurat, des ports et leur attirail, d'une inquiétante perspective, toute cette chapelure de sciure parvenant, à la fin de tout, au but.

Bernheim jeune présente un Courbet, fumeur placidement tourmenté — selon Hals — Ce que fit Ribot. — G. Tempelaëre des Barye, un Bonvin. — Cézard un Camille Pissarro, avec une poissonneuse cascade à pente douce; 2° un Sisley variolé d'éclat — Dumont un album de Louis Legrand, vrai! dont un forgeron à la crèche, pointe-sèche originale, échancrée, rabotée en estampe ancienne, aussi sereinement parfaite, avec le savoir de la *couleur value* dans le *dessin*, nous comble de joie. — D'autres pointes sèches originales de Helleu (la Jeune Femme au col braceleté de velours, parmi le point d'Alençon, au ducal poignet, aux yeux provinciaux... hobereaux... châtelains). — Ensuite, Diot un grand Daumier, au voyageur sous l'arbre séculaire; au loin sous un nuage blanc frappé, une croix, noire petite écharde. — G. Thomas, boulevard Malesherbes montre des : Lautrec, Bonnard, Valtat (à connaître), Schuffenecker, Berton — une indicible tête de vieille par Émile Bernard, et des Fauché. — Enfin Bailly à l'Art Indépendant possède des Redon, des Blacher caverneux — une aquarelle de Manet, touchée avec la sécurité du pinceau de Sépia d'un Extrême Oriental.

LÉON-PAUL FARGUES.

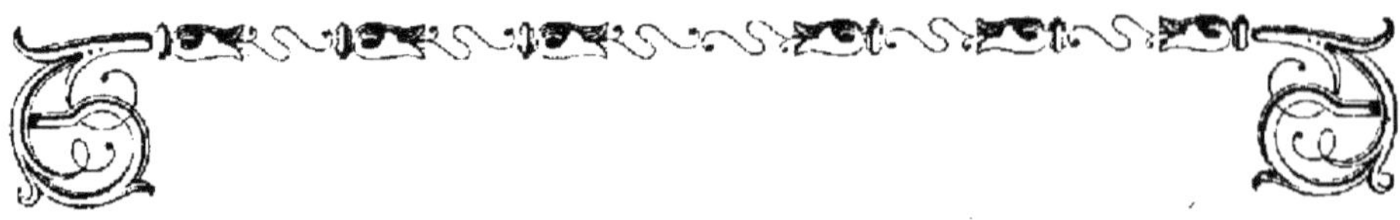

THÉATRES

....

Théatre Libre. — *L'Inquiétude*, pièce en trois actes et en prose, par MM. Perrin et Claude Couturier.

Bien pâle contrefaçon du réel, ce drame pulmonaire.

Les auteurs qui veulent peindre exact sont rarement logiques s'ils ne sont simples. Or, toute cette pièce m'a tenu sous la pénible sensation d'une équivoque dans le sentiment même qui l'inspira. Je ne suis de ceux qui prétendent connaître à fond le cœur humain, je m'y efforce, voilà tout. Pourtant, je n'aime guère, dans une œuvre *l'état d'âme* qui n'est pas *un*. Le cœur m'apparaît toujours logique, chez les plus complexes, et très simple, par conséquent. Ici n'est point le cas ; jugez : Une femme quelconque épouse un hypocondriaque qué sa maladie rend soupçonneux. Un goujat se trouve mêlé au ménage, la femme accepte un rendez-vous, — platonique, dira-t-on ! Ah ! l'on veut m'en faire accroire ! Elle ne songe à l'adultère, qu'à la minute où lui vient le mépris de son mari, rencontré — fin de rendez-vous — furieux et le revolver en main ? Bast, le pauvre homme eût été confiant que son sort eût été plus doux, par ignorance, mais non moins ridicule.

De ce drame ambigu et pénible je ne retiendrai que l'interprétation de Mme Savelli, qui doue d'une vraie autorité son rôle à peu près insignifiant. M. Antoine a poussé au lugubre. M. Gemier et Mme Barny sont très mauvais.

De la pantomime qui suivait, nous n'aurions à parler qu'en faveur de Shakespeare parodié.

. Là, M. Gemier est meilleur, M. Clerget a trouvé quelques gestes suggestifs et Mlle Fériel quelques attitudes séduisantes. Mais, grand Dieu ! quel livret et, dessous, quelle musiquette.

Mon impression de toute cette soirée m'inspirerait volontiers ces quelques réflexions :

M. Antoine, qui s'avéra clairvoyant, — jadis — semble mener

son œuvre à de funèbres jours et prochains. Voyons, qu'il déprisonne son théâtre du naturalisme moribond ! Il aurait si beau jeu à se retourner vers l'avenir, au lieu de se vouloir le fossoyeur d'un passé — prématurément trépassant.

Qu'il aille aux synthétistes et, pour ce, n'hésite pas à changer sa troupe, qui n'apparaît pas de force à les interpréter. Bien entendu, c'est en désintéressé que je parle, n'ayant rien de prêt à lui offrir que mes souhaits d'une meilleure année, mais en ami sincère, qu'il en soit convaincu.

P.-N. ROINARD

PETIT THÉATRE DES MARIONNETTES. — Sous le titre *Les Mystères d'Éleusis*, M. Maurice Bouchor a fait représenter, le 16 Janvier, à la Bodinière, une pièce en cinq tableaux, en vers, qui ne manque pas de saveur poétique.

Certains passages sont d'un lyrisme presque pur; la pensée philosophique qui s'en dégage est parfois idéaliste, noblement. Les personnages humains créés par l'auteur plaisent et charment par leur simplicité, par la naïveté de leurs sentiments, par le naturel avec lequel ils sont présentés. Peut-être les mythes, au contraire, paraissent-ils trop oublier leur caractère divin, quelquefois ?

L'enlèvement de Perséphone par Hadès sert de thème aux cinq tableaux dont les décors sont, « Dans les montagnes de l'Épire » notamment, d'une discrète originalité.

La musique de M. Vidal (?) accompagne agréablement les vers de M. Maurice Bouchor que nous tenons à sincèrement féliciter pour l'excellente diction de ses marionnettes.

SALLE ÉRARD. — La Société de Musique classique, presque exclusivement composée d'amateurs, a donné son troisième concert le 18 Janvier. Au programme : Beethoven, Mozart, Mendelssohn, Bizet, Chopin, Haydn, etc., un vrai régal d'harmonies, artistement offert. L'excellent violoncelliste Gur: et M. H. Dallier, le pianiste connu, se sont fait entendre. Nos compliments à M. J. Martinet pour la bonne tenue de son orchestre.

P.-A. H.

LES LIVRES

Les Aspirations, poèmes en prose, par Victor Remouchamps (*Vannier*, éditeur).

En ce livre étrangement douloureux, et de belle et mélodieuse langue, on trouve, concentrée en quelques pages étincelantes et parée de phrases sonores et rythmées, toute la doctrine philosophique de ce *Poète du Rêve*, cet affolé d'Idéal, qui s'est taillé au pays de l'au-delà un féerique et mystérieux royaume.

J'ai presque aimé d'être aveugle, car l'Imagination est plus hautaine que la Vie — et j'allumerais des dieux dans les ténèbres.

L'humanité se divinise dans le sommeil. L'âme, se sachant bien seule, joue alors ses drames et ses féeries comme une très vieille et très grande artiste, au fond, qu'elle est...

Poète et philosophe, double aspect sous lequel l'auteur se présente à nous, double également l'ensemble de son œuvre.

Le philosophe, pessimiste, outrancier du dogme chrétien : « *Mon royaume n'est pas de ce monde,* » et « *Je retournerai vers mon Père.* » méprise la guenille corporelle et sent avec une cuisante âpreté la triste dualité de la nature de l'homme, si infinie et si sublime, si banale et si éprise de sensations inconnues, si satisfaite de joies misérables et si inassouvissable dans son éternel désir du mieux obtenir.

Oh ! tous les doigts flétris depuis le monde ! Les doigts aux caresses chrétiennes, les doigts aux sensualités grecques, les doigts pâles et maigres des consolateurs, et les doigts de Pascal, éteints et mornes en leur chair vivante!

Les doigts d'amour, les doigts de poésie, les doigts qui cherchèrent la Vérité...

Tous les doigts et tous les doigts!

Pas un n'a su le délire triomphal; pas un n'a fixé la splendeur souveraine.

Et je rêve de baumes si bons qu'ils guériraient la Vie...

Et je rêve de cieux si vrais qu'on bénirait la Mort...

. . . .

C'est l'Impossible que je rêve, c'est l'Impossible...

La terre me blesse avec ses impuissantes floraisons... J'ai vu les suprêmes chefs-d'œuvres et je continue d'aspirer. J'ai vu la Vénus et la Joconde, Antinoüs et Apollon. Mes yeux pleurent d'autre chose...

Alors, avec une inflexible logique, le philosophe a pris le poète en ses bras, et, pour le consoler de la Vie et de l'éternelle *rancœur des contingences*, il l'a précipité dans le monde des Rêves.

Au philosophe, nous devons les pages de doctrine, au poète, les visions superbes, et partout, disons-le bien haut, en ce temps où si nombreux deviennent les jeunes écrivains qui, espérant fuir la banalité, tombent dans l'absurde, le niais et l'incompréhensible, Remouchamps a gardé l'admirable limpidité de son style, la phrase souple et chatoyante, le rythme harmonieux et divers; partout on suit la pensée sans fatigue, jusqu'en ses élans les plus audacieux; *plus haut que les mornes Himalayas.*

Dans ces mêmes *Essais d'Art Libre*, que Remouchamps honore de sa collaboration, je tenais à dire que celui-là est bien « de race idéale » et fait partie de la phalange des courageux et des forts qui, coude à coude, se trouveront demain réunis pour le bon combat.

Le Verbe Auroral, par José Hennebicq *(Godenne,* à Malines).

J'aurais voulu ne dire que brèves paroles au sujet de ce

livre de triste poésie, mais, hélas! il est des péchés qu'on ne saurait absoudre et M. José Hennebicq vient de commettre un de ceux-là.

Le Verbe Auroral m'est apparu, sous une enveloppe blanche, violette et or, paré comme une châsse contenant des reliques — oh! l'aimable et coquet recueil et la délicate typographie. — Hélas! le reliquaire déclos, je n'ai remué qu'ossements et poussière.

Le poète parle une langue où la plate banalité résonne à côté de la naïve sottise. Oyez plutôt :

> Voici mon âme aussi qui fut adamantine,
> Longtemps blanche et pareille au frêle agneau divin,
> Voici mon âme qui ne chante plus *mâtine*, (sic.)
> Hélas! déjà flétrie et repentante en vain!

D'un petit bijou, *le Port*, piécette d'une vingtaine de vers, j'ai détaché ces perles nombreuses :

> J'allais à la dérive et des songes funèbres
> Dans mes nuits sans sommeil, hantaient mes yeux hagards...

> O Port, te voilà donc et vainement les houles
> *Aux tumultes sans nombre* t'ont battu; les foules
> T'ont *sans cesse* livré *d'inutiles* assauts,
> Et c'est vers toi que vont les *malheureux* vaisseaux.

Malgré moi, j'aspire en toutes ces pauvretés de vagues relents de sacristie, et des versiculets de cantiques autrefois entendus bourdonnent en mes oreilles :

> Au sang qu'un Dieu va répandre,
> Ah! versez, du moins, des pleurs,
> Chrétiens, qui venez entendre
> Le récit de ses douleurs....

> Dans un jardin solitaire
> Il sent de rudes combats,
> Il prie, il craint, il espère,
> Son cœur veut et ne veut pas...

Que M. Hennebicq me pardonne ces citations, mais cette poésie est m'affirma-t-on jadis, sortie de la plume du grand Bossuet et il ne saurait s'offenser de la comparaison.

J'ai cherché, d'ailleurs, à démêler dans tout le fatras et l'attirail de chapelle symboliste qu'est *le Verbe Auroral*, l'idée générale qui a guidé l'auteur, et j'avoue humblement n'avoir pas réussi. Les hymnes à Vénus et à Éros côtoient les prières et les cantiques mystiques, et tout finit par cette apostrophe aux Mages — oh! combien inutile :

> Mages, insufflez-moi votre subtilité;
> Transmuteurs dos métaux, inventeurs des Pantacles :
> Eblouissez mon âme au récit des miracles
> Et m'aidez à gagner *l'impersonnalité.*

EDMOND COUTANCES.

Premières lueurs, par Paul Fort *(Librairie de l'Art Indépendant).*

C'est, après les « Plusieurs Choses, » où, de si chères et d'exquises, qui disaient un Poète, de celui que l'on savait « Amoureux d'Art, — c'est la confirmation du titre hautain que l'on aimerait plus rare... Un triptyque saisissant : la montée, rude, vers où tant n'ont pu atteindre d'être morts en chemin, repris définitivement et mortellement par le Prochain tout entier; — l'arrivée presque sur la colline :

> J'entrevois un Horizon si clair
> et timide, — on croirait timide comme l'âme,
> d'un hameau pauvre et simplement loin du monde !

dit une voix; — et l'Arrivée enfin, et proche du Rêve, où:

> Le Mystère touché de la chair s'est éteint.

Pourtant, la lumière pleure ses ors splendides; où par miracle, nu de son corps, enfin, saigne et illumine| le cœur du poète, et

> Des cœurs tombent les cuirasses d'or |

L'éclaircie belle, le règne de Vérité dont on avait si grand
soif, pour quoi il y a eu « des morts », n'est qu'une heure,
n'est plus, — fut!...

> Les Poètes dansent en rond sous tes orages
> et l'Avare aux yeux d'or reprend son appétit.

Paul Fort exprima ce Calvaire, la montée dans la Nuit,
vers les pourpres qui saignent et font, en s'éteignant, la
Nuit plus noire, — dans une diversité de rythme que nous
aimons. Les heurts robustes, l'assaut sonore dans la dernière partie cela est sensible surtout, — de la Foule (ici:
les mots colorés et divers!) contre le Poète qui souhaite
s'élever et s'efforce vers le sommet, m'ont reporté vers le
Christ aux Outrages, symbole de l'éternel duel où les
vaincus meurent, avec du ciel dans les yeux, et les vainqueurs
ne voient, à leurs pieds, que la terre et de l'or.

M. Paul Fort annonce *Monnaie de Fer* — poèmes et proses — qu'il met en souscription.

CHARLES-HENRI HIRSCH.

Tous candidats, un acte en prose par Historîne.

Piquante caricature de types provinciaux, tellement piquante que la censure a cru devoir en interdire la représentation. Sujet heureusement choisi, scènes alertement menées,
personnages silhouettés avec verve, cela rappelle un peu le
Labiche première manière. Il n'y a pas que du brio dans ce
petit acte, il y a de l'observation, assez pour qu'il ne soit
poiut téméraire d'attendre de l'auteur mieux que des pochades
— une comédie.

K. E.

LES REVUES

....

Il y en a de trop.... Je choisis, et ne donnerai mon impression que sur les derniers numéros parus : Dans la *Revue Blanche:*
« d'annoncer : on va devenir meilleur et plus fort, qui ne nous consentira le plaisir? »

Ce veut dire que le périodique aura 100 pages in-8°. Et nous souhaitons goûter à les lire le même charme.... Telles pages des *Reposoirs de la Procession*, de Saint-Pol-Roux; tels vers exquis de Verlaine sur *Londres* où :

> Et dans le ciel sali, quelque étoile seulette
> Pronostique la pluie aux gueux sans feu ni lieu.

Et les très intéressantes critiques musicales de A. Ernst. Une innovation, heureuse, déjà : des estampes délicieuses de Bonnard — des plumes qui volètent « autour » d'yeux et de sourires; — de Ranson, précédant les spirituels *Aspects*, où Romain Coolus définit: « Les mots sont de mauvaises pièces... les mots ont des duplicités révélatrices; il y bat de petits cœurs de femme, microscopiques » — de Maurice Denis, où.... mais je suis au numéro d'octobre, et c'est trop antérieur. Regrets de ne pouvoir transcrire, là, mes joies à lire cette Revue, dont *le Chasseur de Chevelures*, certes... Je n'ai pas reçu le numéro de Janvier : amers et cuisants regrets !

M. Rémy de Gourmont publie, au *Mercure*, d'essentiellement beaux vers, et M. E. Barthélemy, sur la « Tétralogie », des pages nombreuses, très discutables, qui me font désirer le moment où les écrivains « redevenus sages » admireront Wagner, tout simplement et sincèrement, pour eux, sans en écrire ! — En ce fascicule de Janvier, encore : la suite des Lettres de Van Gogh, avec un dessin : de la lumière !! — et, de notre collaborateur Charles Morice, de fines notes d'Art sur les récentes « petites » expositions. Au précédent numéro, du même, un Paul Gauguin décrit et défini à côté d'Ibsen. Si le rapprochement n'est point de votre goût, votre raison vous fera convenir que le trait est original et habilement développé. — Des vers de M. Rambosson, en commentaire de celui-ci de Baudelaire :

O vase de tristesse, ô grande taciturne...

que je leur préfère, parce que plus « explicite », en son unité. — Une *admirable* « France et Russie » : au 14 Juillet prochain, tous les « gymnastes » la chanteront, à Asnières. Que les « oubliés » de talent pardonnent mon omission : les pages que, sincèrement, je préfère, je n'en dis mot et les relis...

Reçu la *Nervie* où M. Angelroth dit « en vers » aller dans les bois.

Pleurer le temps passé de sa pauvreté fière
Et celle dont l'amour dans son sein roucoula

et découvre, avec sang froid :

Ainsi l'or est menteur, ainsi la gloire est vaine !

J'y ai lu aussi l'histoire d' « un cheveu » écrite par M. Noli-champs pour démontrer que les petites filles en laissant un cheveu sur l'épaule de leur « papa » peuvent déchaîner, sur leur pauvre auteur, les colères de son irascible collaboratrice. Une « Messe Blanche » par M. Lavachery, écrivain laiteux.

Le *Mouvement Littéraire* a pnblié de valables proses.... mais, vrai, trop de maître Edmond Picard...

Dans *le Réveil*, j'ai vu les seuls vers intéressants parus en Belgique depuis la disparition de *la Wallonie* : MM. Lucien de Busscher, Lionel des Rieux, Tristan Klingsor, les signent; et une prose d'une belle harmonie de M. Fernand Roussel.

Ch.-H. H.

PORTRAITS DU PROCHAIN SIÉCLE

Le tome premier des *Portraits du prochain Siècle* étant actuellement sous presse, nous sommes obligés de fermer, d'une façon définitive, la liste des collaborateurs à ce volume.

Les portraits parvenus jusqu'à ce jour sont au 'nombre d'environ cent cinquante et le volume se divisera en deux parties : *les Précurseurs ; lesMilitants.*

Nous rappelons que toutes les souscriptions devront nous être envoyées avant le 15 mars prochain, dernière limite, et qu'à cette date, les prix des divers exemplaires seront portés respectivement à 3, 9, 12, 15 et 18 francs.

Enfin, nous prions nos collaborateurs de vouloir bien nous retourner, sans aucun retard, les épreuves que nous leur adresserons, tout délai pouvant entraver la marche de l'ouvrage.

Portraituré & collaborateur

Quatrième liste.

Les noms des portraiturés sont en italique, ceux de nos collaborateurs en petites capitales.

Angrand	GASTON LESAULX
Émile Besnus	HENRI ALTERHAUSER
Karl Boès	HENRI MAZEL
Pierre Bonnard	MAURICE CREMNITZ
Émile Bourdelle	CHARLES SAUNIER
Raymond Bouyer	HENRI MAZEL
Antonin Bunand	FIRMIN ROZ
Burne-Jones	ALPHONSE GERMAIN
Jules Case	EUGÈNE HOLLANDE
Charles-Henry	HENRI ALBERT
Tristan Corbière	ÉMILE MICHELET
Edmond Cousturier	CHARLES SAUNIER
de Brinn'Gaubast	MARC LEGRAND
Mme de Courrière	R. DE GOURMONT
Henri de Groux	LÉON BLOY
Louis Dumur	MATHIAS MORHARDT

Ernest Hello	LÉON BLOY
André Fontainas	HENRI DE RÉGNIER
Léo Gausson	FRANCIS JOURDAIN
Alphonse Germain	LUI-MÊME
Louis Germain	HENRY HUOT
René Ghil	CHARLES SAUNIER
Iwan Gilkin	VALÈRE GILLE
Valère Gille	ALBERT GIRAUD
Giran-Max	GASTON LESAULX
Albert Giraud	VALÈRE GILLE
François Guiguet	ALPHONSE GERMAIN
Hamon	PAUL ADAM
L.-W. Hawkins	CHARLES SAUNIER
H.-G. Ibels	ID.
Gustave Kahn	GABRIEL RANDON
Georges Lecomte	CHARLES SAUNIER
Leheutre	GASTON LESAULX
Henry Maubel	ALBERT GIRAUD
Camille Mauclair	MAURICE BEAUBOURG
Ephraïm Mikhaël	PIERRE QUILLARD
J. Péladan	RAYMOND NYST
Adrien Remacle	ALPHONSE GERMAIN
Renan	ÉMILE MICHELET
Antoine Sabatier	MARC LEGRAND
Saint-Pol-Roux	CAMILLE MAUCLAIR
Gabriel Sarrazin	ANTONIN BUNAND
Fernand Séverin	ALBERT GIRAUD
Laurent Tailhade	HENRI DE RÉGNIER
Taine	GUSTAVE GEFFROY
Jules Vallès	FRANTZ JOURDAIN
Van-Lerberghe	VALÈRE GILLE

TABLE

AOUT-SEPTEMBRE-OCTOBRE.

NOVEMBRE.

DÉCEMBRE.

JANVIER, 1894.

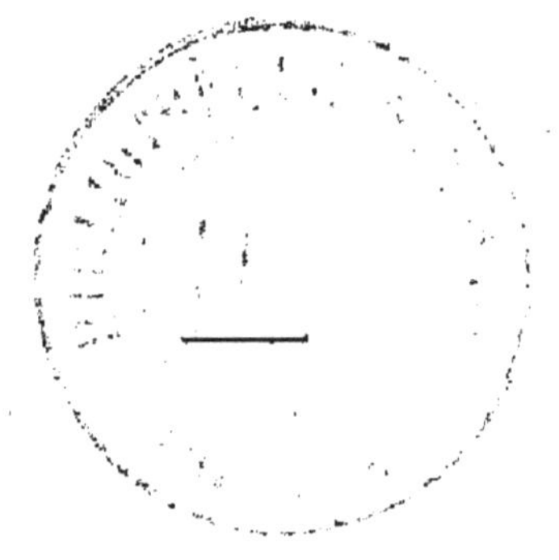

Le gérant : E. GIRARD.

Imprimerie Girard, 8, rue Jacquier.

Portraits

du

Prochain Siècle

TOME PREMIER

Poètes et Prosateurs

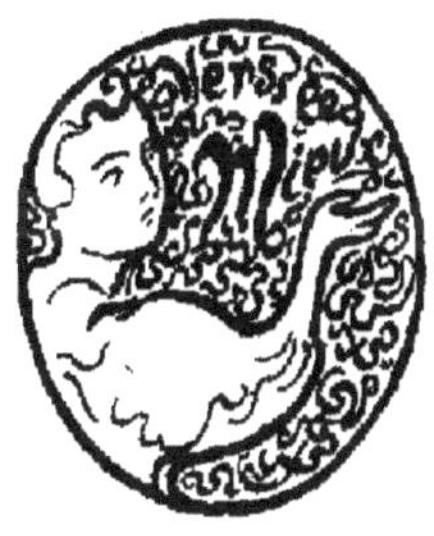

PARIS

Edmond Girard, Éditeur

8, RUE JACQUIER, 8

Stéphane MALLARMÉ

D'abord, l'évidente concentration de toutes les forces vers quelque haut but signale ce visage de poète, puis, le contraste entre l'énergie militaire des traits grands et l'élégance singulière d'une attitude d'hiérophante de ce temps, — je dis de pur littérateur; contraste qni s'harmonise et comme fuse dans la lumière spirituelle jaillie des yeux magnifiques: Le verbe discret et par allusions du causeur — parole qui s'excuserait des mots en les douant d'un sens rare — mène à la pleine entente des vers et des proses du poète, — simples cartons d'une œuvre que nous pressentons sublime et qui peut-être n'aura lieu jamais. Jamais! Que ces mornes syllabes ne poursuivent ni Mallarmé d'un reproche ni nous-mêmes d'un regret. Quoi reste (vraiment ou qui sait!) à faire, que d'ainsi jeter dans les âmes l'espérance d'un miracle? Et, pour nous imposer une telle espérance, ne faut-il pas avoir conquis le rang suprême? Du fond d'une relative obcurité, sans nul titre officiel et de par la seule vertu d'un idéal suggéré — le plus hautain, le plus lointain — Stéphane Mallarmé est, en effet, l'incontestable Recteur des Lettres Modernes, le maître difficile qu'on rêve de contenter. Quiconque l'écouta date de lui.

Charles Morice.

Laurent TAILHADE

Du fait d'une naissance navarraise, au seuil de cette sacerdotale et fervente Espagne, et de par un tour d'imagination pompeux, galant et liturgique, Laurent

Tailhade semblait prédestiné à quelque haute préla-
lature intellectuelle. Le hasard des temps a décroisé
ses mains faites pour l'oraison. A la bassesse d'une
époque, comme est la nôtre, contraire à tout propos
de faste et d'élégance, M. Tailhade a répondu par des
poèmes où il donnait la stature de son âme et fixait à
jamais son rêve en des vers sonores, précis et corus-
cants. Écrivain impeccable, aux vieux lexiques qu'il
consulta doctement pour en extraire les mots dont il
gemmait ses mentales idoles, il fréquenta aussi les
stratifications délaissées du langage et s'y créa par sur-
croit un étonnant vocabulaire satirique qui sent le
musc et le faguenas, apparenté aux archaïsmes des
d'Aubigné et des Saint-Amant et, avec une verve irascible, impitoyable et vindicatrice, par la parole, la re-
partie, l'écrit, il assuma de montrer à nu en soi l'état
intérieur de tout homme en face du siècle : le dégoût
et la colère. Ce fut terrible et inattendu. Le pays du
Mufle en saigne ; d'autant plus qu'il n'y a rien à dire,
car M. Tailhade, en perçant à flèches vives le vol des
stercoraires, a su garder, au repos de son geste d'ar-
cher, je ne sais quoi de hautain et d'une cérémonieuse
politesse.

HENRI DE RÉGNIER.

Ont collaboré à ce volume :

MM. Paul Adam, H. Alterhauser, Léon Bazalgette, Edmond
Barthélemy, Maurice Beaubourg, Henri Bérenger, Léon Bloy,
René Boylesve, Jean Court, Edmond Coutances, Maurice Crem-
nitz, Antoine Cros, Gaston Dancines, J. Declareuil, Rémy de
Gourmont, Henri Degron, Achille Delaroche, Roland de Marès,
Louis Denise, Henri de Régnier, L.-X. de Ricard, Jacques des
Gachons, Georges Docquois, Jean Dolent, Félix Fénéon, Paul
Fort, Gustave Geffroy, Alphonse Germain, Valère Gille, Albert
Giraud, Ludovic Hamilo, A.-Ferdinand Hérold, Ch.-H. Hirsch,

P.-A. Hirsch, Eugène Hollande, H. Huot, Frantz Jourdain, Bernard Lazare, Julien Leclercq, Marc Legrand, Henry Leyret, Louis Lormel, Stéphane Mallarmé, Roger Marx, Camille Mauclair, Henri Mazel, Charles Merki, Émile Michelet, Mathias Morhardt, Charles Morice, E. Newman, Raymond Nyst, Abel Pelletier, Émile Portal, Maurice Pujo, Pierre Quillard, Gabriel Randon, Octave Raquin, Hugues Rebell, Paul Redonnel, Victor Remouchamps, Jules Renard, Firmin Roz, Benjamin Salvat, Charles Saunier, Laurent Tailhade, Alfred Vallette.

Au troisième volume, Épître liminaire par P.-N. Roinard.

Mode et conditions de souscription.

L'ouvrage formera trois volumes, in-8º couronne, d'environ deux cents pages chacun qui pourront être souscrits ensemble ou séparément et qui paraîtront successivement en mars, juin et octobre 1894.

1ᵉʳ volume : *Poètes* et *prosateurs;*

2ᵐᵉ volume : *Musiciens, peintres, sculpteurs,* etc...

3ᵐᵉ volume : *Sociologues, philosophes* et *savants.*

Chiffre du tirage et prix des exemplaires pour chacun des trois volumes.

7 japon impérial	12 fr.
9 vélin	10 fr.
11 chine	8 fr.
11 hollande Van Gelder . , ...	8 fr.
13 japon français blanc	6 fr.
13 — gris	6 fr.
13 — chamois	6 fr.
13 — vert	6 fr.
13 — bleu	6 fr.
13 — rose	6 fr.
300 papier fort teinté	2 fr.

AVIS. — Après clôture de la souscription, tous nos prix seront majorés de 33 0/0.

TOME IV

NUMÉRO TRIPLE

ESSAIS

D'ART LIBRE

DIRECTEUR
Edmond Girard

SECRÉTAIRE DE LA RÉDACTION

SOMMAIRE

Bulletin de souscription.

Je soussigné ....

déclare souscrire a .... *volume de* ILLUSION *, exem-*

plaire à .... *francs, sur papier* ....

payable en souscrivant ou après réception.

Signature
et adresse. ....

Bulletin de souscription.

Je soussigné ....

déclare souscrire au (1) .... *volume de* PORTRAITS

DU PROCHAIN SIÈCLE, *exemplaire à* .... *francs,*

sur papier .... *payable en souscrivant ou*

après réception.

Signaturé
et adresse. ....

---

(1) Indiquer si l'on souscrit au 1er, 2me ou 3me volume ou aux trois volumes à la fois,

Adresser les souscriptions à M. E. Girard, éditeur,
8, rue Jacquier, à Paris.

Supplément aux Essais d'Art Libre d'août-sept.-octobre.

PORTRAITS DU PROCHAIN SIÈCLE

Mode et conditions de souscription.

L'ouvrage formera trois volumes, in-8° couronne, d'environ deux cents pages chacun qui pourront être souscrits ensemble ou séparément.

1er volume : *Poètes* et *prosateurs ;*

2me volume : *Musiciens, peintres* et *sculpteurs.*

3me volume : *Sociologues, philosophes* et *savants ;*

Chiffre du tirage et prix des exemplaires pour chacun des trois volumes.

7 japon impérial	12 fr.
9 vélin	10 fr.
11 chine	8 fr.
11 hollande Van Gelder. ,	8 fr.
13 japon français blanc	6 fr.
13 — gris	6 fr.
13 — chamois.	6 fr.
13 — vert	6 fr.
13 — bleu	6 fr.
13 — rose	6 fr.
300 papier fort teinté	2 fr.

AVIS. — Après clôture de la souscription, tous nos prix seront majorés de 33 0/0.

Bien que nos prix de souscription soient nets et sans remise, nous concédons 10 0/0 à toute personne qui joindra au bulletin ci-dessous le montant de l'exemplaire souscrit.

COLLECTION DES ESSAIS D'ART LIBRE

(Envoi **franco** contre mandats-poste.)

Tome I. — *Février-juillet 1892.* — Un volume broché de près de 3oo pages. — Prix marqué : 3 fr. 5o. Prix majoré : 5 fr. Le même sur vergé des Vosges : . . . . 1o fr.

Tome II. — *Août 1892-janvier 1893.* — Un volume broché de près de 3oo pages, contenant : **Lilith**, *in extenso*, de Remy de Gourmont; **Irénée**, d'Albert Aurier; **Nalla**, de Manuel Sayf. — Prix : . . . . . . , ... 3 fr. 5o.

Tome III. — *Février-juillet 1893.* — Un volume broché de 28o pages, contenant : **Pour le Beau**, *in extenso*, d'Alphonse Germain; **Vieux Saxe**, *fragments*, d'Henri Mazel; **Neigefleur**, *première partie*, d'Edmond Coutances. — Prix : . . 3 fr. 5o.

BULLETIN D'ABONNEMENT [1]

Je soussigné, (2)..

....

déclare prendre à la Revue mensuelle ESSAIS D'ART LIBRE *un abonnement d*......................*qui partira du N⁰* (3)......................*et dont ci-joint le montant, soit*...

A...................... le......................189 .

(Signature.)

(1) Adresser le présent bulletin à M. E. Girard, directeur des Essais d'Art Libre, 8, rue Jacquier, Paris.

(2) Nom et adresse très lisibles.

(3) Les abonnements partent de chaque mois.

DIRECTEUR
Edmond Girard

RÉDACTEUR EN CHEF
P.-N. Reinard

SECRÉTAIRE DE LA RÉDACTION
Ch.-H. Hirsch

FONDATEURS
Edmond Coutances & Abel Pelletier

SOMMAIRE

Supplément des Essais d'Art Libre de novembre 1893.

A paraître en février prochain :

Légendes naïves

PAR

CHARLES-HENRI HIRSCH

volume in-16 raisin, tiré à 300 exemplaires dont 25 de luxe, numérotés et signés.

On souscrit jusqu'au 1ᵉʳ février 1894, aux conditions suivantes.

Nᵒˢ	Papiers	Souscript.	Vente.
1 à 3	japon impérial	Hors commerce	
4 à 13	hollande Van Gelder	6 fr.	9 fr.
14 à 25	japon français blanc	4 fr.	6 fr.
» — »	papier fort teinté	2 fr.	3 fr.

Bulletin de souscription

Je soussigné..

déclare souscrire à .... *un volume de* LÉGENDES

NAIVES, *exemplaire à* ....*francs, sur pa-*

pier ....*, payable en souscrivant ou*

contre réception.

Signature
et adresse. ....

Adresser les souscriptions à M. E. Girard, éditeur,

8, rue Jacquier, à Paris.

Supplément des Essais d'Art Libre de novembre 1893.

TARIF

DE LA PUBLICITÉ

des Essais d'Art Libre

....

PAGES VERTES

La page . . . . 15 fr.

La demi-page . . . . 8 »

La ligne de 50 lettres . . . . 0 fr. 50

NOTES ET COMMUNICATIONS

La ligne de 75 lettres. . . . . 1 fr.

PORTRAITS DU PROCHAIN SIÈCLE

Mode et conditions de souscription.

L'ouvrage formera trois volumes, in-8° couronne, d'environ deux cents pages chacun qui pourront être souscrits ensemble ou séparément.

1er volume : *Poètes* et *prosateurs;*

2me volume : *Musiciens, peintres* et *sculpteurs.*

3me volume : *Sociologues, philosophes* et *savants;*

Chiffre du tirage et prix des exemplaires pour chacun des trois volumes.

7 japon impérial	. . . .	12 fr.
9 vélin	. . . .	10 fr.
11 chine	. . . .	8 fr.
11 hollande Van Gelder . ,	. . . .	8 fr.
13 japon français blanc	. . . .	6 fr.
13 — gris	. . . .	6 fr.
13 — chamois.	. . . .	6 fr.
13 — vert	. . . .	6 fr.
13 — bleu.	. . . .	6 fr.
13 — rose.	. . . .	6 fr.
300 papier fort teinté	. . . .	2 fr.

AVIS. — Après clôture de la souscription, tous nos prix seront majorés de 33 0/0.

Bien que nos prix de souscription soient nets et sans remise, nous concédons 10 0/0 à toute personne qui joindra au bulletin ci-dessous le montant de l'exemplaire souscrit.

Bulletin de souscription.

Je soussigné..
déclare souscrire à.............*volume de* ILLUSION, *exemplaire à*.........................*francs, sur papier*..........................
payable en souscrivant ou contre réception.

Signatture
et adresse..

Bulletin de souscription.

Je soussigné..
déclare souscrire au (I)..................*volume de* PORTRAITS
DU PROCHAIN SIÈCLE, *exemplaire à*.......................*francs,
sur papier*.........................*payable en souscrivant ou
contre réception.*

Signature
et adresse. ....

(I) Indiquer si l'on souscrit au 1er, 2me ou 3me volume ou aux trois volumes à la fois.

Adresser les souscriptions à M. E. Girard, éditeur,
8, rue Jacquier, à Paris.

Tome IV.   Décembre 189[?]

Prix : 50 CENTIMES

ESSAIS

D'ART LIBRE

MENSUEL

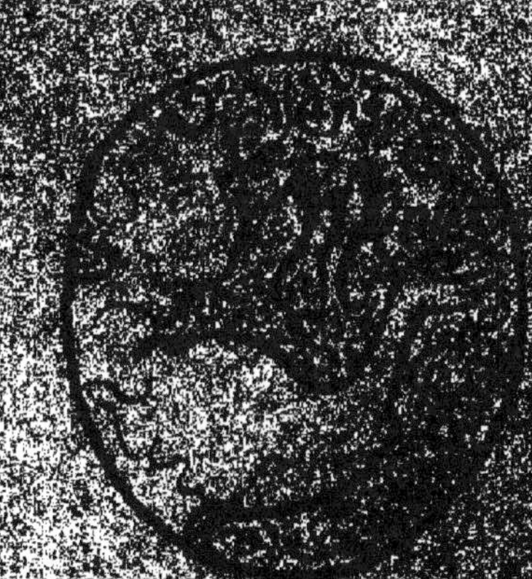

DIRECTEUR
Edmond Girard

RÉDACTEUR EN CHEF
P.-N. Roinard

SECRÉTAIRE DE LA RÉDACTION
Ch.-H. Hirsch

FONDATEURS
Edmond Coutances & Abel Pelletier

SOMMAIRE

ABONNEMENTS

IMPRIMERIE E. GIRAUD

9, RUE JACQUINET 9

Spécialité de petites éditions d'amateur. — ... elzeviriens. — Tirages sur papier de luxe. — ... tion de vignettes, culs-de-lampe, ...

R. DE GOURMONT, Lilith. — 1re édition, in-8° écu, tirée à
à 133 ex. numérotés et signés:
9 japon français vert-enfer (épuisés)
23 vergé des Vosges . . . . 10 fr.
101 papier fort teinté . . . . 5 fr.

A. GERMAIN, Pour le Beau, vol. in-8° écu, accompagné
d'une eau-forte d'Alexandre Séon. — 1re édition, tirée à
200 ex. dont 25 numérotés et signés:
japon impérial
vergé des Vosges . . . . 12 fr
papier fort vélin

R. MAIZEL, Vieux Saxe. — 1re édition, in-8 [illegible], tirée à
1115 ex. — dont 65 de luxe numérotés et signés, avec
[illegible]

CONSCIENCES CONTEMPORAINES

Un état de l'âme est un paysage.

A. P.

I.

Illusion

PAR

ABEL PELLETIER

Un volume in-8° écu de près de 3oo pp. PRIX : 3 fr. 5o

Ce conte est le premier d'un cycle de cinq :
CONSCIENCES CONTEMPORAINES, où il plairait à l'auteur d'exposer que l'amour seul : ILLUSION,
l'activité seule : QUELQU'UN, le dévouement seul :
LINE, la religion seule : LE DON DE NESSUS,
sont insuffisants sans LA FOI, c'est à dire la connaissunce cherchée et l'us de soi pour conduire efficacement un homme dans la vie.

De cette édition, il sera tiré 15 exemplaires de luxe,
en grand papier, numérotés de 1 à 15, dès maintenant
en souscription aux Essais d'Art Libre :

2 japon français vieux-rose à 15 fr.;
5   —   blanc à 9 fr.;
8   —   teinte naturelle à 6 fr. .
La souscription sera close le 1er janvier, et les prix
portés à 20, 12 et 8 francs.

THÉÂTRES

Opéra. — *La Valkyrie.* — *Répertoire.*

Opéra-Comique. — *L'attaque du Moulin.* — *Répertoire*

Français. — *Antigone.* — *Répertoire.*

Odéon. — *Le fils naturel.*

Châtelet. — *Le Chat du Diable.*

Palais-Royal. — *Leurs gigolettes.*

Porte Saint-Martin. — *Napoléon.*

Variétés. — *Madame Satan.*

Gymnase. — *Le député de Bombignac.*

Gaité. — *Les bicyclistes en voyage.*

Vaudeville. — *Madame Sans-Gêne.*

Ambigu. — *Gigolette.*

Renaissance. — *Les Rois.*

Montparnasse. — *Le petit Parisien.*

Casino de Paris. — *Tous les soirs, spectacle varié.*

Eldorado. — *Judic, Kam-Hill.*

Nouveau-Cirque. — *Le yacht de M. Durand.*

Moulin-Rouge. — *Tous les soirs, spectacle et concert.*

Ba-Ta-Clan. — *Concert tous les soirs.*

Folies-Bergère. — *Spectacle varié.*

Bal Bullier. — *Jeudi.* — *Samedi.* — *Dimanche.*

Imprimerie Girard, 8, rue Jacquier, à Paris.

★★★★★★★★★★★★★★★★★★★★★★★★★★★★★★★★

IMPRIMERIE E. GIRARD

8, RUE JACQUIER, 8.

Spécialité de petites éditions d'amateurs. — Caractères elzéviriens. — Tirages sur papiers de luxe. — Belle collection de vignettes, culs-de-lampe & têtes de chapitres.

Nos éditions

E. COUSTURIER, *Neigefleur*. — 1re édition, in-folio, écu, tirée à 120 ex. Larges marges, numérotés et signés, accompagnés d'une page autographe extraite du manuscrit de l'auteur et d'une miniature en couleurs d'André des Gachons.

2 japon impérial et 3 chine (hors commerce)
25 hollande Van Gelder . . . . 9 fr.
70 japon français . . . . 6 fr.
20 papier fort teinté . . . . 3 fr.

2me édition, in-16 soleil, pap. fort teinté.

Exposons ici que, par une originalité presque sans exemple dans l'histoire du livre, le poète Edmond Cousturier s'étant voulu typographe, l'édition a été entièrement illustrée et en tout entier imprimée de la main de l'auteur.

J. BELLERUIT, *Prestiges*. — 1re édition, in-16 soleil, pap. fort teinté, numérotés et signés.

2 japon impérial et 3 chine (hors commerce)
3 vélin . . . . 3 fr.
13 japon impérial et vélin . . . . 16 fr.
27 vergé des Vosges
150 papier fort teinté

N° 24 — Tome IV. — Janvier 1894.

Prix : 50 CENTIMES

ESSAIS

D'ART LIBRE

REVUE MENSUELLE

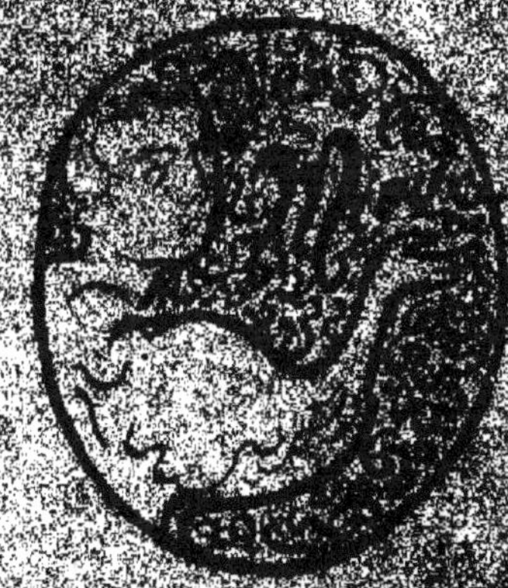

PARIS

DIRECTEUR
Edmond Girard

RÉDACTEUR EN CHEF
P.-N. Roinard

SECRÉTAIRE DE LA RÉDACTION
Ch.-H. Hirsch

FONDATEURS
Edmond Coutances & Abel Pelletier

SOMMAIRE

ABONNEMENTS

	Un an	Six mois
Paris	[illegible]	[illegible]
Départements	[illegible]	[illegible]
Étranger	[illegible]	[illegible]

On s'abonne aux bureaux de la Revue et dans tous les bureaux de Poste.

Adresser toutes les communications à l'administration, rédaction : à M. [illegible], à Paris.

A paraître en février prochain :

Légendes naïves

PAR

Charles-Henry Hirsch

volume in-16 raisin, tiré à 300 exemplaires dont 25 de luxe, numérotés et signés.

On souscrit jusqu'au 15 février, aux conditions suivantes.

Nos	Papiers	Souscript.	Vente.
1 à 3	japon impérial	Hors commerce	
4 à 13	hollande Van Gelder	6 fr.	9 fr.
14 à 25	japon français blanc	4 fr.	6 fr.
» — »	papier fort teinté	2 fr.	3 fr.

AVIS IMPORTANT. — Tous les ouvrages souscrits sont expédiés en franchise, dès que le montant de la souscription (bons de poste ou mandats) nous est parvenu.

L'avis de publication est, d'ailleurs, envoyé à tous nos souscripteurs.

Bulletin de souscription.

Je soussigné ....
déclare souscrire à .... *volume de* ILLUSION, *exemplaire à* .... *francs, sur papier* ....
payable en souscrivant ou contre réception.

Signature
et adresse ....

Bulletin de souscription.

Je soussigné ....
déclare souscrire au (I) .... *volume de* POR-
TRAITS DU PROCHAIN SIÈCLE, *exemplaire à* ....
francs, sur papier .... *payable en souscri-*
vant ou contre réception.

Signature
et adresse. ....

---

(1) Indiquer si l'on souscrit au 1er, 2me ou 3me volume ou aux trois volumes à la fois.

Adresser les souscriptions à M. E. Girard, éditeur,
8, rue Jacquier, à Paris.

Supplément aux Essais d'Art Libre de janvier 1894.

A PARAITRE PROCHAINEMENT

CONSCIENCES CONTEMPORAINES

Un état de l'âme est un paysage.

A. P.

I.

Illusion

PAR

Abel Pelletier

Un volume in-8° écu de près de 300 pp. Prix : 3 fr. 5o

> Ce conte est le premier d'un cycle de cinq :
> CONSCIENCES CONTEMPORAINES, où il plai-
> rait à l'auteur d'examiner comment l'amour seul : ILLU-
> SION, l'activité seule : QUELQU'UN, le dévouement
> seul : LINE, la religion seule : LE DON DE NES-
> SUS, peuvent sans LA FOI, c'est à dire la connais-
> sance cherchée et l'us de soi conduire efficacement un
> homme dans la vie.

De cette édition, il sera tiré 15 exemplaires de luxe, en grand papier, numérotés de 1 à 15\ mis en vente aux prix suivants :

2 japon français vieux-rose à 20 fr. ;
5 — blanc à 12 fr. ;
8 — teinte naturelle à 9 fr..

Nos éditions

E. COUTANCES. Neigefleur. — 1re édition, in-folio mi-écu, tirée à 120 ex. à grandes marges, numérotés et signés, accompagnés d'une page autographe extraite du manuscrit de l'auteur et d'une miniature en couleurs d'Andhré des Gachons.

2 japon impérial et 3 chine (hors commerce)	
25 hollande Van Gelder	9 fr.
70 japon français	6 fr.
20 papier fort teinté	3 fr.
2me édition, in-16 soleil, pap. fort teinté	1 fr.

Exposons ici que, par une originalité presque sans analogie dans l'histoire du livre, le poëte Edmond Coutances s'étant voulu typographe, l'ouvrage que nous publions aujourd'hui est tout entier imprimé de la main de l'auteur.

J. DECLAREUIL. Prestiges. — 1re édition, in-8° écu, tirée à 195 ex., dont 45 de luxe, numérotés.

2 japon impérial (hors commerce)	
3 vélin	25 fr.
13 japon français vert-clair	16 fr.
27 vergé des Vosges	6 fr.
150 papier fort teinté	3 fr.

R. DE GOURMONT. Lilith. — 1re édition, in-8° écu, tirée à
à 133 ex. numérotés et signés.

9 japon français vert-enfer (épuisés)
23 vergé des Vosges   10 fr.
101 papier fort teinté   5 fr.

A. GERMAIN. Pour le Beau, vol. in-8° écu, accompagné
d'une eau-forte d'Alexandre Séon. — 1re édition, tirée à
200 ex., dont 25 numérotés et signés.

5 japon impérial   20 fr.
20 vergé des Vosges   12 fr.
175 papier fort teinté   3 fr.

H. MAZEL. Vieux Saxe. — 1re édition, in-16 soleil, tirée a
315 ex., dont 65 de luxe, numérotés et signés, ornés
d'un frontispice en couleurs d'Andhré des Gachons ainsi
que d'une couverture ornée et de médaillons originaux
d'Henri Gilet.

5 japon impérial   20 fr.
10 japon français gris-souris   12 fr.
10 papier polychrôme   12 fr.
10 papier bleu mourant Pompadour   9 fr.
10 papier rose las de Sèvres pâte tendre   9 fr.
10 papier cuisse de nymphe émue   9 fr.
10 papier vert pâle Dauphin   9 fr.
250 ex. papier fort teinté   3 fr. 50

Essais d'Art Libre, revue mensuelle d'art et de littérature paraissant, depuis février 1892, par fascicules de 48
et 64 pages, formant à la fin de l'année 2 beaux volumes
in-16 jésus. — 3 vol. parus.
Abonnements : France, 6 fr.; Étranger, 7 fr.. Le fascicule, 50 centimes.